鄧子勉 注譯

新譯呻吟語摘

三民書局 印行

國家圖書館出版品預行編目資料

新譯呻吟語摘／鄧子勉注譯.－－初版二刷.－－臺北
市：三民，2019
面； 公分.－－(古籍今注新譯叢書)

ISBN 978-957-14-5983-7 (平裝)
1. 修身

192 103025355

注譯者	鄧子勉
發行人	劉振強
著作財產權人	三民書局股份有限公司
發行所	三民書局股份有限公司
	地址 臺北市復興北路386號
	電話 (02)25006600
	郵撥帳號 0009998-5
門市部	(復北店) 臺北市復興北路386號
	(重南店) 臺北市重慶南路一段61號
出版日期	初版一刷 2015年2月
	初版二刷 2019年1月
編號	S 033650

行政院新聞局登記證局版臺業字第〇二〇〇號

ISBN 978-957-14-5983-7 (平裝)

http://www.sanmin.com.tw 三民網路書店

刊印古籍今注新譯叢書緣起

劉振強

人類歷史發展，每至偏執一端，往而不返的關頭，總有一股新興的反本運動繼起，要求回顧過往的源頭，從中汲取新生的創造力量。孔子所謂的述而不作，溫故知新，以及西方文藝復興所強調的再生精神，都體現了創造源頭這股日新不竭的力量。古典之所以重要，古籍之所以不可不讀，正在這層尋本與啟示的意義上。處於現代世界而倡言讀古書，並不是迷信傳統，更不是故步自封；而是當我們愈懂得聆聽來自根源的聲音，我們就愈懂得如何向歷史追問，也就愈能夠清醒正對當世的苦厄。要擴大心量，冥契古今心靈，會通宇宙精神，不能不由學會讀古書這一層根本的工夫做起。

基於這樣的想法，本局自草創以來，即懷著注譯傳統重要典籍的理想，由第一部的四書做起，希望藉由文字障礙的掃除，幫助有心的讀者，打開禁錮於古老話語中的豐沛寶藏。我們工作的原則是「兼取諸家，直注明解」。一方面熔鑄眾說，擇善而從；一方面也力求明白可喻，達到學術普及化的要求。叢書自陸續出刊以來，頗受各界的喜愛，使我們得到很大的鼓勵，也有信心繼續推廣這項工作。隨著海峽兩岸的交流，我們注譯的成員，也由臺灣各大學的教授，擴及大陸各有專長的學者。陣容的充實，使我們有更多的資源，整理更多樣化的古籍。兼採經、史、子、集四部的要典，重拾對通才器識的重視，將是我們進一步工作的目標。

古籍的注譯，固然是一件繁難的工作，但其實也只是整個工作的開端而已，最後的完成與意義的賦予，全賴讀者的閱讀與自得自證。我們期望這項工作能有助於為世界文化的未來匯流，注入一股源頭活水；也希望各界博雅君子不吝指正，讓我們的步伐能夠更堅穩地走下去。

新譯呻吟語摘 目次

卷下・外篇

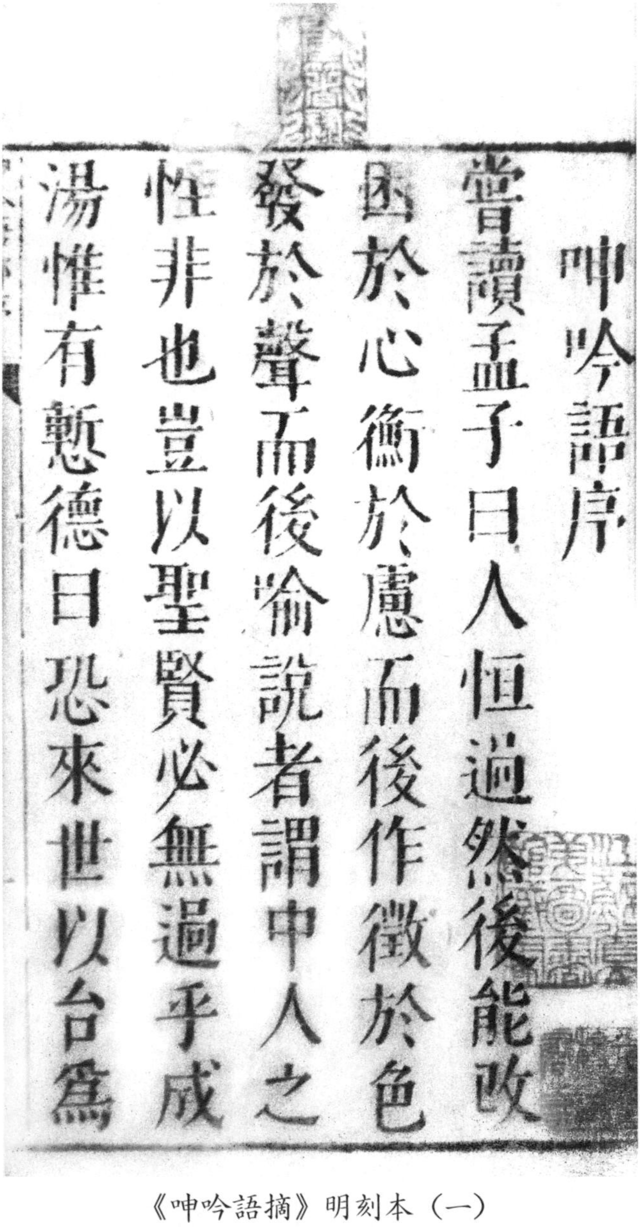

呻吟語序

嘗讀孟子曰人恒過然後能改
困於心衡於慮而後作徵於色
發於聲而後喻說者謂中人之
性非也豈以聖賢必無過乎成
湯惟有慙德曰恐來世以台爲

《呻吟語摘》明刻本（一）

明萬曆四十四年（1616）呂知畏、呂知思校刊本。

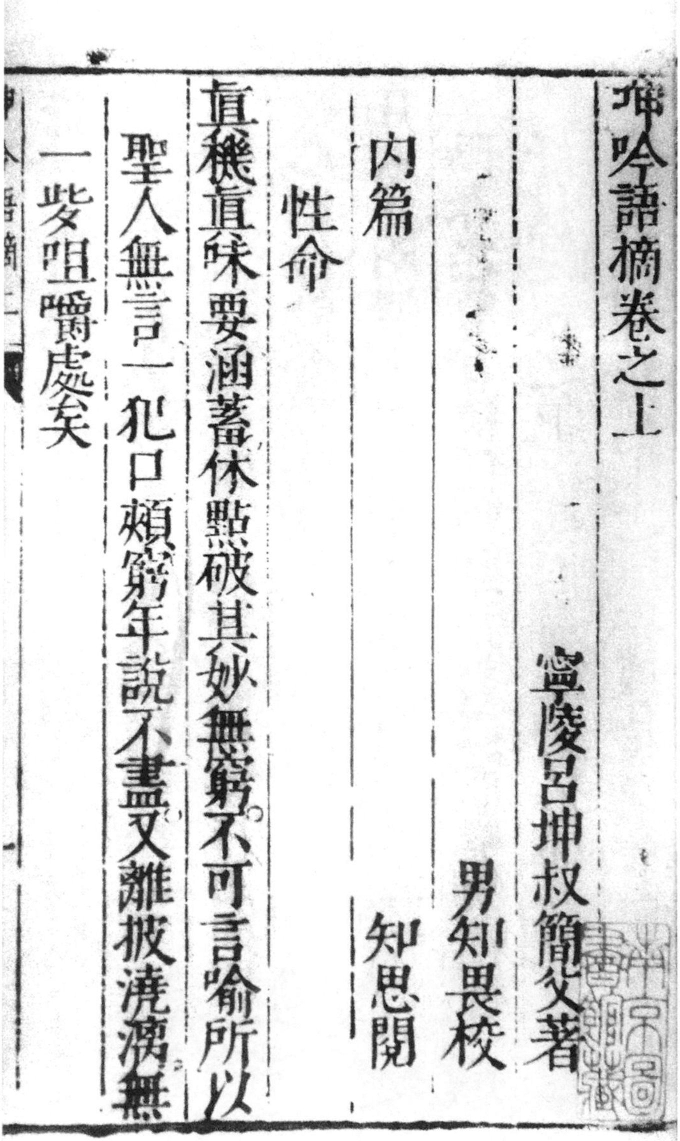
呻吟語摘卷之上
寧陵呂坤叔簡父著
男知畏校
知思閱
內篇
性命
眞機眞味要涵蓄休點破其妙無窮不可言喻所以
聖人無言一犯口頰窮年說不盡又離披澆漓無
一些咀嚼處矣

《呻吟語摘》明刻本（二）

導讀

呂坤（西元一五三六——一六一八年），字叔簡，號新吾，一作心吾，又號抱獨居士，了醒亭居士，河南寧陵人。明萬曆二年（西元一五七四年）進士，在京城及山東、山西、陝西等處做過官，歷任戶部主事，山東參政，山西按察使，陝西右布政使，刑部左、右侍郎等。天啟初，贈刑部尚書。著有《去偽齋集》、《呂公實政錄》、《安民實務》、《呻吟語》等等，多存於世。

《呻吟語》有足本和節選本兩種，足本為六卷本，有明、清刊本。節選本有經作者本人刪定的，名《呻吟語摘》，二卷，有明刻本。又有清人的節選本，如陳宏謀《呻吟語節錄》、阮承緒《呻吟語選》以及《摘錄呻吟語》等。本書選用的是《呻吟語》。《呻吟語》分內編（卷一至卷三）、外編（卷四至卷六），內編所載為性命、存心、倫理、談道、修身、問學、應務、養生八類，外編所載為天地、世運、聖賢、品藻、治道、人情、物理、廣喻、詞章九類。《呻吟語摘》分上下兩卷，卷上為內篇，包括性命、存心、倫理、談道、修身、問學、應務七類，卷下為外篇，包括天地、世運、聖賢、品藻、治道、人情、物理、廣喻、詞章九類。《呻吟語摘》有呂坤之子呂知畏萬曆四十四年（西元一六一六年）後序，云：「家君之為《呻吟語》也，歷寒暑五十餘禩矣，……畏有見，隨錄而集之，亦有偶得未及書而後迺遺忘者，或偶書未及錄而竟難尋覓者。今以所集若干，分類而續於《呻吟語》，各疑之，後人多未見。畏欲續壽梨棗，家君曰：『是書之刻也，板行不一，傳之頗廣，第選擇弗精，校讎弗慎，終非全書，胡可傳也？爾既欲刻，盍擇其最者行之。』乃手自刪削，稿凡三易，並其續入者，僅餘十之二三，題曰《呻吟語摘》。畏乃躬督繕書，手分句讀，再刻之，家藏，視舊板不啻精且慎矣。」此序作於呂坤去逝前的二年，知《呻吟語》刊印後的二十餘年間，呂坤對原書親自刪削訂證，三易其稿，成《呻吟語摘》，而《呻吟語》所載僅十分之二三被保留，並將後來陸續所撰的收入其中，所以說《呻吟語摘》有不少條目為《呻吟語》所未載，兩書互有出入。

明代格言訓語之類的著作盛行，如今保存下來的這類書就有不少，《呻吟語》及《呻吟語摘》就屬於這類著作。書中所載，是作者對自然、社會、人生等方面的思索，較為全面地反映了呂坤的哲學思想、政治態度、人生見解、文學主張等。《呻吟語》前有呂坤萬曆二十一年自序，云：「呻吟，病聲也。呻吟語，病時疾痛語也。病中疾痛，惟病者知，難與他人道。亦惟病時覺，既愈，旋忘也。」又云：「三十年來，所志《呻吟語》凡若干卷，攜以自藥。」知書名之意，蓋所見所聞，信手筆錄，多為一時的感悟之言，用以鞭策自己，警勵他人。卷上〈應務〉云：「余行年五十，悟得五不爭之味，人問之，曰：不與居積人爭富，不與進取人爭貴，不與矜飾人爭名，不與簡傲人爭禮節，不與盛氣人爭是非。」財富、權貴、名聲、禮節，是人們傾慕和追求的東西，孔子云五十而知天命，也就是說到了五十歲，凡事當順應天意，安於現狀，不必再與他人去「爭」了，否則就會自取其辱。全書記載的就是對人生的感悟，涉及到政治、經濟、哲學、修身、養性、接人、待物、文藝等多方面，大到天地自然，小及柴米油鹽，無事不談。以小見大，從一粒沙子看世界，悟人生，是其特色，其中充滿了智慧的光芒。

呂坤經歷了嘉靖、隆慶、萬曆三朝，生活於明代中後期，這時正處於思想界激變的過程中，程朱理學思想為主導的格局被打破，主張個性解放，肯定人的欲望，在思想界、文學界，成為突出點。呂坤的思想雖然不偏激，但主張要有自己的思想和志趣，卻屢有闡述。《呻吟語》卷一〈談道〉云：

> 人問：「君是道學否？」曰：「我不是道學。」「是仙學否？」曰：「我不是仙學。」「是釋學否？」曰：「我不是釋學。」「是老、莊、申、韓學否？」曰：「我不是老、莊、申、韓學。」「畢竟是誰家門戶？」曰：「我只是我。」

聲稱自己既不崇尚道家、佛家之言，也不宣揚諸子學說，而只是我自己，也就是表達的是自己的思想志趣，正如卷二〈問學〉云：「休躡著人家腳跟走，此是自得學問。」不依傍別人，走自己的路，表現出了強烈的獨立意識。做自己的主人，這種理念在其他處也常有流露，《呻吟語摘》卷下〈天地〉云：

心就是天，欺心便是欺天，事心便是事天，更不須向蒼蒼上面討。

心是人的靈魂，主宰和左右著人自己的言行，因此說凡事能對得起自己的良心，就不會招致天誅。做自己的主人，自己的心就是自己的天，欺騙自己的心就是欺騙天。又云：「天者，未定之命；命者，已定之天。天者，大家之命；命者，各物之天。命定，而吉凶禍福隨之，也由不得天，天亦再不照管。」也就是說每個人都是自己的那個「天」，自己的命運不是由外物掌控的。命運不論是好的，還是壞的；是順暢的，還是逆反的，這都是屬於自己的，所以你可以改變命運，就說明你可以做自己的主宰，其間反傳統的意識是極其強烈的。

不過，呂坤思想的主導還是屬於儒家的，儘管不是很純粹的。《呻吟語摘》卷下〈品藻〉云：

千古一條大路，堯、舜、禹、湯、文、武、孔、孟由之。此是官路、古路，乞人、盜蹠都有分，都許由，人自不由耳。或曰：「須是跟著數聖人走。」曰：「各人走各人路，數聖人者走底是誰底路？肯實在走，腳蹤兒自是暗合。」

堯、舜、禹、商湯、文王、武王、孔子、孟子是儒家推崇的先聖前賢，是後人學習的楷模，向聖人看齊，任何人都是有可能做到的，即使是乞丐、盜蹠之類的人，努力的話，都有資格成為聖人，就如同是說人人可以成佛一樣，頗有離經叛道的意味。又如卷上〈談道〉云「七情總是個欲，只得其正了，都是天理。五性總是個仁，只不仁了，都是人欲。」喜、怒、哀、懼、愛、惡、欲，這七種情感，總而言之，就是一個「欲」字，只要做得純正，都是天理的表現。仁、義、禮、智、信，這五種性情，只要不符合「仁」的標準，就都是人的欲望的表現。指出人都有七情六欲，聖人也不例外。只要言行出於純正，符合天理，就可以做；反之，就不要去做。這也是明代中晚期對存天理、滅人欲理學思想反動的說明。雖然如此，儒家思想畢竟已滲入到呂坤的骨子裡，如卷上〈談道〉云：「除了個『中』字，更定道統不得。旁流之至聖，不如正路之賢人。故道統寧中絕，不以旁流繼嗣，何者？氣脈不同也，予嘗曰：『寧為道統家奴婢，不為旁流家宗子。』」古代中國，自漢朝以來，儒家學說成為統治者治國御民的主要思想理論根據，成為一統思想的官方哲學。而儒家學說之外的，一概視為異端邪說，作者從維護封建統治的角度，提出寧願做儒家道統家的奴婢，也不願做旁流邪說家的嫡長子，其觀點和態度也是非常鮮明的。

總的來看，呂坤的思想是基於儒家學說的，《呻吟語摘》一書中也有多方面的發明和強調。

其一、堅守中庸。中庸之道，是儒家的主要哲學思想，也是儒者重要的處世原則。《呻吟語摘》有多處談及這個話題，諸如：

中是千古道脈宗，敬是聖學一字訣。（卷上〈談道〉）

「中」之一字，是無天於上，無地於下，無東西南北於四方，此是南面獨尊，道中的天子，仁、義、禮、智、信，都是東西侍立，百行萬善，但少了這個，都是一家貨，更成甚麼道理？（同前）

除了「中」字，再沒道理；除了「敬」字，再沒學問。（卷上〈問學〉）

作為儒家的處世哲學，中庸之道體現了公正公平的理念，只有做到不偏不倚，才能做到公正平等。而中庸之道被摒棄，人際間的關係就會出問題，卷下〈品藻〉云：

自中庸之道不明，而人之相病無終已。狷介之人病和易者為熟軟，和易之人病狷介者為乖戾；率真之人病慎密者為深險，慎密之人病率真者為粗疏；精明之人病渾厚者為含糊，渾厚之人病精明者為苛刻。

意思是說自從中庸之道晦暗不明，人們相互埋怨沒有休止。孤高自潔的人抱怨溫和平易的人諂諛逢迎，諂諛逢迎的人抱怨孤高自潔的人不通人情；直率真誠的人抱怨謹慎細心的人深沉陰險，深沉陰險的人抱怨謹慎細心的人粗心疏忽；精細聰明的人抱怨淳樸忠厚的人曖昧馬虎，淳樸忠厚的人抱怨精細聰明的人嚴厲刻薄。中庸的缺失，就容易走極端，遇事能審時度勢，有所不為，有所必為，為或不為，堅守中庸，不失為明智的決斷。

其二、民本思想。以民為本，是儒家思想的體現，是為政之道所必需，對此，《呻吟語摘》也有闡明，卷下〈治道〉云：「為政之道，以不擾為安，以不取為與，以不害為利，以行所無事為興廢起敝。」即不擾民，不魚肉百姓，這是為官者御民的底線。又云：

> 為人上者，只是使所治之民，個個要聊生，人人要安分，物物要得所，事事要協宜，這是本縣職分。遂了這個心，纔得暢然一霎懽，安然一覺睡。稍有一民一物一事不妥貼，此心如何放得下？何者？為一郡邑長，一郡邑皆待命於我者也；為一國君，一國皆待命於我者也；為天下主，天下皆待命於我者也。無以答其望，何以稱此職？何以居此位？夙夜汲汲圖惟之不暇，而暇於安富尊榮之奉？身家妻子之謀？一不遂心，而淫怒是逞耶？天付之以生民之寄，寧為盈一己之欲哉！試一反思，便當愧汗。（同前）

> 無事時，惟有丘民好蹂踐，自吏卒以上，人人得而魚肉之。有事時，惟有丘民難收拾，雖天子亦無躲避處，何況衣冠？此難與誦詩讀書者道也。（同前）

作為父母官，要使百姓安居樂業，規矩本分，這是其職責。不論職位高低，不能把國家的利益和百姓的利益放在心上，就不配坐在這個職位上。百姓安居樂業，天下就會太平，統治就會長久。因此擾民害人的事，少做或不做，這才是英明的策略。所謂水能載舟，也能覆舟，百姓，可以幫助你打天下，坐江山，也可以推翻埋葬你。善待百姓，就是善待自己的江山，作為一國之君，應該明白這個道理。卷下〈廣喻〉云：「口塞而鼻氣盛，鼻塞而口氣盛，鼻口俱塞，腹悶而死。治河者不可不知也，故欲其力大而勢急，則塞其旁流；欲其力微而勢殺也，則多其支派；欲其蓄積而有用也，則節其急流。治天下之於民情也，亦然。」對待民情，就像治理河流一樣，該疏導的時候就疏導，該堵塞的地方就堵塞。如果百姓有怨難訴，有恨難洩，對統治者來說就很危險了。所以說「天下之存亡係兩字，曰天命；天命之去就係兩字，曰人心。」（卷下〈治道〉）作為統治者，失去了人心，也就失去了天下。從這些話中可以看出，作為一名官吏，呂坤的思想更多的還是從維護統治者的利益出發的。

其三、修身涵養。加強自身品德和學問的修養，是達到自我完善的重要途徑，也是儒家思想的體現。《呻吟語摘》卷上專門有〈修身〉一類，可見作者對這個問題的看重。其中云：「要得富貴福澤，天主張，由不得我。要做賢人君子，我主張，由不得天。」富貴榮華，自己是決定不了的，所謂聽天由命。但走什麼路，做什麼樣的人，卻是你自己的選擇。又云：「士君子作人不長進，只是不用心，不著力。其所以不用心不著力者，只是不愧不奮。能愧能奮，聖人可至。」人無志向，就會失去奮鬥的動力。作為一個讀書人，沒有理想，不求上進，並且無羞愧之心，更是可悲。做一個有用的人，涵養的工夫是少不了的，書中云：

涵養如培脆萌，省察如搜田蠹，克治如去盤根。涵養如女子坐幽閨，省察如邏卒緝奸細，克治如將軍戰勍敵。涵養用勿忘勿助工夫，省察用勿怠勿荒工夫，克治用是絕是忽工夫。

意思是說修身養性如同培植脆嫩的萌芽，內心反省如同搜尋田間的蠹蟲，克制私欲如同除去盤結的樹根。修身養性如同女子坐在深閨中，內心反省如同巡邏的士兵搜捕奸細，克制私欲如同將軍與強敵作戰。修身養性用的是不要忘記、不要救助的工夫，內心反省用的是不要怠惰、不要荒疏的工夫，克制私欲用的是決絕、是滅亡的工夫。可知修身養性、內心反省、克制私欲，目的就是完善自我的品德，這是一種自覺的行為，是對自己的嚴格要求，也是對自己的負責。完善自己品行，注重涵養是不可少的，所謂：「貧不足羞，可羞是貧而無志；賤不足惡，可惡是賤而無能；老不足嘆，可嘆是老而虛生；死不足悲，可悲是死而無聞。」有理想，有抱負，就不應斤斤計較地位的高低、物質享受的好壞。因為地位的高低、物質享受的好壞是可以通過自己的能力來改變的，問題是要活得充實，活得有意義，而立身成人，修養又是關鍵所在。「人不難於違眾，而難於違己；能違己矣，違眾何難？」能克制自己的欲望，在大是大非面前，就不至於走錯一步。不過，涵養是個長期的過程，急於求成是達不到效果的，能始終保持一個良好心態，這需要平日的涵養。

其四、為人處事。如何做人做事是一個大學問，是一種態度，也是一種境界。《呻吟語摘》卷上〈存心〉云：「恕心養到極處，只看得世間人都無罪過。」按《論語・衛靈公》：

「子貢問曰：『有一言而可以終身行之者乎？』子曰：『其恕乎！己所不欲，勿施於人。』」這裡的「恕」，就是指以寬厚仁愛之心接人待物，原本是說自己不想做的，也不要強求別人去做。當你心胸充滿了這種情感，慈悲為懷，你就會設身處地為他人著想，體諒他人的不是，多些體諒，給人以改過的機會，這就是善意的釋放。又云：

自家好處，掩藏幾分，這是涵蓄以養深；別人不好處，要掩藏幾分，這是渾厚以養大。

善待自己不難，能善待他人，這確是一門學問。自己的長處，不必張揚，這說明自己涵養是否深；別人的短處，也不需張揚，這是可以顯示自己博大的心胸。所謂「謙受益，滿招損」，世無完人，以自己所長攻他人之短，這是最拙劣的處世方式。嚴以律己，寬以待人，只有如此，才能使自己心胸博大，贏得他人的尊重。卷上〈應務〉云：「肯替別人想，是第一等學問。」能替別人著想，這並不是件容易做的事。人們多是從自己的利益出發，來審視社會與他人。替別人著想，就是公而忘私，這是要有胸懷的。卷上〈談道〉云「知彼知我，不獨是兵法。處人處事，一些少不得底。」了解對方，了解自己，這不僅僅是用兵之法的問題。與人相處，處理事情，更應如此。在工作或生活中，常常會遇到不順，究其原因，很多是不能「知彼知我」而造成的，只有善於了解自己的人，才有可能善於了解他人，能多為他人考慮，或者說能換位思考問題，自己的困惑就會少些，事情辦得也會更順暢些。

《呻吟語摘》一書涉及到的類目凡十六，以上所述，只是就其大的方面而言，其間談天說地，論古語今，細大不捐，多是箴言。比起明代那些偏重於談風月、品清賞的類似著作而言，呂坤的《呻吟語》及其《呻吟語摘》更貼近世俗人的生活，於平凡的常理中發掘真諦，更具有現實意義，更富有啟迪性，可借鑑處不少。

《呻吟語摘》今有明萬曆刻本，藏東京大學綜合圖書館，版心上刻「呻吟語摘」，四周單邊，八行二十字，白口，單魚尾，原本四冊，合訂為一冊。與呂坤的其他著作合收在一起，總名曰《去偽齋集》，包括《呂新吾先生去偽齋文集》十卷、《呻吟語》六卷、《呻吟語摘》二卷、《訓世格言》十四卷、《省心紀》一卷、《與槩縣鄉親論修城書》一卷、《展城或問》一卷、《四禮疑》五卷、《四禮翼》八卷、《黃帝陰符經》一卷、《小兒語》二卷續三卷演一卷、《救命書》一卷、《交泰韻》一卷、《無如》四卷、《天日》一卷、《河工書》一卷、《新吾奏疏》一卷、《反輓歌》一卷、《大明嘉議大夫刑部左侍郎新吾呂君墓誌銘》一卷、《宗約歌》一卷、《好人歌》一卷、《閨戒》一卷、《疹科》一卷，共計二十餘種，這些書是陸續刊成而後彙集在一起的，其中多為明萬曆中刻印，個別為清康熙年間其裔孫輯錄或重修本，如《呂新吾先生去偽齋文集》、《訓世格言》、《宗約歌》三種。

《呻吟語摘》前有郭子章萬曆壬辰序，又有總目，末有呂知畏跋。明刊本正文中卷目有卷上〈內篇・應物〉，而〈應物〉總目卻作〈應務〉，此據正文並參見《四庫全書》本《呻吟語摘》統一改作〈應物〉。《呻吟語摘》又有清《四庫全書》本，兩者所載不盡同，但這僅僅是個別條目有出入，如明刊本卷下五〈外篇．治道〉有「六合之內」云云一條，為《四庫》本所不載，而《四庫》本同卷載有「興利無太急，要左視右盼；革弊無大驟，要長慮卻顧」和「茍可以柔道理，不必悻直也；茍可以無為理，不必多事也」二條，為明刊本所無，為保持明刊本原貌，此兩條不作增補，附此說明。此據東京大學綜合圖書館藏明刊本錄入，個別漏印字或錯訛處，則參照影印的文淵閣《四庫全書》本《呻吟語摘》及六卷《呻吟語》本訂證。

鄧子勉

二〇一四年十二月於南京

卷上・內篇

性命

一　真機真味❶要涵蓄，休點破，其妙無窮，不可言喻。所以聖人❷無言，一犯口頰❸，窮年說不盡，又離披❹澆漓❺，無一些咀嚼處矣。

【注釋】❶真機真味　猶言真諦，真實的旨意。❷聖人　指德高望重、有大智慧、已達到最完美境界的人。❸一犯口頰　指用嘴說出來。頰，臉的兩側從眼到下頷的部分，通稱臉蛋。❹離披　散亂、紛散的樣子。❺澆漓　指文風浮豔不實。

【語譯】真機真味要說得含蓄，不要點明，就會令人感到其妙無窮，這種妙處，用言語是表達不出來的。因此說聖人是不著書立言的，一用話語詳細地解說，不僅窮年累月也講不清，而且會顯得支離破碎，華而不實，也會令人覺得乏味。

【研析】世人常會遇到這種情況，在生活中，在自然界，有些事情，有些風光，你會覺得其中奧祕非常，令人癡迷，令人興奮，令人愜意，令人徹悟，但想說個明白，卻又覺得詞不達意，難得要領，這就是其魅力所在，所謂只可意會，不可言傳，講的就是這個意思。

二　性分❶不可使虧歉，故其取數❷也常多。曰窮理❸，曰盡性❹，曰達天❺，曰入神❻，曰致廣大，極高明。情欲不可使贏餘，故其取數也常少。曰謹言，曰慎行，曰約己，曰清心，曰節飲食，寡嗜欲。

【注釋】❶性分　天性；先天具有的本性。❷數　道理；禮數。❸窮理　深究事物的道理。❹盡性　盡可能地展現自己天性。❺達天　明瞭自然規律，樂天知命。❻入神　達到精妙的境界；進入最佳的境界。

【語譯】與生俱來的本性是純善無瑕的，不應該使之受到邪惡的汙損，這樣明白的道理就會多些。所謂能窮究事物的道理，所謂盡可能地展現其純善無瑕的本性，所謂能明瞭自然規律，樂天知命，所謂進入人性的最佳境界，所謂能得到廣大開闊的胸懷，獲得高明超達的智慧。情欲不應使其氾濫，否則明白的道理就會少些。所謂謹於言語，所謂慎於舉止，所謂約束自己，所謂少胡思亂想，所謂節制飲食，減少欲望和偏嗜。

【研析】這裡談到的兩個問題，一是天性，指人生來就有的，本性是善的，要充分地展示這種天性，但後天的涵養更為重要，否則就會受到汙染。至於情欲，所謂七情六欲，你我都有，但需要制約，不可使之任意擴張，應該是適可而止。

三　凡人光明博大，渾厚❶含蓄，是天地之氣；溫煦❷和平，是陽春之氣；寬縱任物❸，是長夏之氣；嚴凝❹斂約❺，喜刑好殺，是秋之氣；沉藏固嗇❻，是冬之氣；暴怒，是震雷之氣；狂肆，是疾風之氣；昏惑❼，是霾霧之氣；隱恨❽留連，是積陰❾之氣；從容溫潤，是和風甘雨之氣；聰明洞達❿，是青天朗月之氣。有所鍾⓫者，必有所似。

【注釋】❶渾厚　此指淳樸、樸實。❷溫煦　和暖。❸寬縱任物　謂寬容放縱，任性妄為。❹嚴凝　嚴肅凝重。❺斂約　謂自制能力強，不肆意而為。❻沉藏固嗇　深沉；不外露。❼昏惑　昏聵困惑。❽隱恨　積壓在內心深處的怨恨。❾積陰　陰氣聚集。寒氣，肅殺之氣。❿洞達　通曉；透徹。⓫鍾　聚集，指偏愛。

【語譯】一般來說，為人光明正大，心胸開闊，樸實含蓄，這是秉承了天地之氣；為人溫順平和，這是秉承了陽春之氣；為人寬容放縱，任性而為，這是秉承了長夏之氣；為人嚴肅威重，喜刑好殺，這是秉承了秋季之氣；為人深沉，情感不輕易外露，這是秉承了冬天之氣；為人易暴怒，這是秉承了震雷之氣；為人狂妄肆行，這是秉承了疾風之氣；為人昏聵迷惑，這是秉承了霾霧之氣；

為人易於生根，卻深藏於心，久久不能釋懷，這是秉承了積聚的陰氣；為人從容和靄，這是秉承了和風甘霖之氣；為人聰慧，洞達事理，這是秉承了青天朗月之氣。凡人對某種自然現象有所偏愛，那麼其品性也會因此趨同。

【研　析】氣，在中國古代，是一個含義非常豐富，而且又複雜的詞。就自然而言，可指其秉性特點；就人來說，可指精神氣質。由於人的品性不同，因此對自然事物的偏愛也不同，如有的人喜歡陽光明媚，有的人卻喜歡細雨迷濛。有的人偏愛秋冬之季的蕭殺景象，有的人卻鍾情於電閃雷鳴的到來。這是因為此情此景可令之充滿活力，充滿嚮往，充滿欲望，只是個人的偏好不同而已。

四

蘭以火而香，亦以火而滅；膏以火而明，亦以火而竭；礟以火而聲，亦以火而洩。陰❶者，所以存也；陽者，所以亡也。豈獨聲色氣味然哉？世知鬱❷者之為足，是為萬年之燭。

【注　釋】❶陰　陰和陽是中國古代哲學中常用的一組概念，以為二者是宇宙中貫通物質和人事的兩大對立面。❷鬱　本指草木茂盛，此指富足、繁多。

【語　譯】蘭草用火點燃才有了香氣，也是因為火的燃燒而消滅；油膏用火點燃才會產生光亮，也是因為火的燃燒而枯竭；礟用火點燃才會發出響聲，也是因為火點燃了而洩氣。所謂陰，是用以使之保存的方法；所謂陽，是用以使之消亡的途徑。難道僅僅聲色氣味是這樣嗎？世人都明白使事物繁多富足，這就是可供萬年使用而不竭的長明之燭。

【研析】古人以為，萬事萬物都是由陰陽構成的，所謂「一陰一陽之謂道」（《周易・繫辭上》），兩者相互依存，事物才能和諧共榮，所謂「陰陽和而萬物得」（《禮記・郊特牲》），反之，則會傷元氣，甚至有損毀。若想蘭香常在，油膏常亮，就得使蘭草和油膏繁盛富足，不能只管取用和耗費，而應考慮的是不使匱乏。

五　一則見性，兩則生情。人未有偶而能靜者，物未有偶而無聲者。

【語譯】單獨一己時，才能見其本性。兩者相處時，就會產生情感。作為人來說，沒有誰與配偶相處時能安安靜靜的。作為物而言，沒有什麼東西成雙時不發出聲音的。

【研析】人與物，獨自相處時，其固有的本性就會暴露，毫無掩飾；若配對成偶，或群處時，原有的本性就會改變，或被掩飾。因此說，欲觀察和了解某人某物特性，在其獨處時，應是最好的時候。

六　聲無形色，寄之於器；火無體質，寄之於薪；色無著落，寄之草木。

故五行❶惟火無體而用不窮。

【注　釋】❶五行　指金、木、水、火、土，古人認為這五種物質構成世界萬物。

【語　譯】聲音沒有形狀和顏色，它是依附器物而發出；火是沒有實體的，是依附薪木的燃燒而成形的；顏色是沒有著落的，它是依附草木花卉而呈現的。因此說，五行中只有火是沒有實體的，但需要它時，隨時可以取用。

【研　析】金木水火土，古代認為是構成萬物的基本要素，稱作五行，其中除火以外，其他四種均以實體而獨立存在於大自然中，人們可見其形，可利用它們，造福於人類自己。然而金木水土作為人類賴以生存的物質，其資源是有限的，五金會匱乏，流水會乾涸，草木會枯萎，土地會荒蕪，其作用是隨著實體的消弱而滅亡。只有火，人們需用時，可借助自然中的任一物體，讓它威力顯現。老子有無之論，這就是「無」的作用。

七　問：「禽獸草木亦有性❶否？」曰：「有。」「其性亦天命❷否？」曰：「天以陰陽五行化生萬物，安得非天命？」

【注　釋】❶性　此指本性。❷天命　自然的規律、法則。也指自然壽命、天年。此指後者。

【語譯】有人問：「禽獸草木也有性嗎？」回答說：「有。」又問：「禽獸草木的本性也屬天命嗎？」回答說：「天通過陰陽五行的變化衍生出萬物，禽獸草木怎麼會沒有天命呢？」

【研析】世界上的萬事萬物之所以千差萬別，各呈其貌，就在於有其自己的面目，亦即是其本性的體現。古人以為萬事萬物都是陰陽五行變化衍生而出的，人是如此，禽獸草木也是如此。上天賦予人以生命，同樣也賦予禽獸草木以生命。不過，作為個體的人而言是有天命，同樣，作為個體的禽獸草木，也是有天命的。有生，必有死，上天對誰都是同一的。

八　或問：「孔子教人，性非所先。」曰：「聖人開口處都是性。」

【語譯】有人問：「孔子教育人時，並不是先談說本性的。」回答說：「孔子作為聖人，開口所說的都是與本性相關的。」

【研析】本性是與生俱來的，處處時時都在顯現著。先天的本性是善的，但會受到後天的影響，一是更加趨向完善和美，一是變壞，甚至原有的善性會喪失殆盡，因此後天的修養就顯得很重要，時時刻刻注重自己的一言一行向善，就會使自己免受汙染。

九　夫水無渣，著土便濁；火無氣，著木便烟。性無二，著氣，質便雜。

【語譯】比如水，原本是沒有泥渣的，但把土放進水中，水便變混濁了；又如火，原本是無煙氣的，把木塊放進去，便煙氣瀰漫嗆人。人性本是淨潔和善的，被汙染了，本性便不純了。

【研析】人先天本性是善良純樸的，之所以變惡，是後天習染所致。所以孔子教人，不外乎是如何加強自身的修養，增強免疫力，使之向善，雖然並非字字言本性，卻處處圍繞這一問題而發明啟迪人心的。

一〇　滿方寸❶渾成一個德性，無分毫私欲，便是一心之仁❷；六尺渾成一個沖和❸，無分毫病痛，便是一身之仁；滿六合❹渾成一個身軀，無分毫間隔，便是合天下以成其仁。仁是全體，無毫髮欠缺。仁是純體，無纖芥❺瑕疵；仁是天成，無些子造作。眾人分一心為胡越❻，聖人會天下以成其身。愚嘗謂兩間❼無物我，萬古一呼吸。

【注釋】❶方寸　指心神。❷仁　中國古代的道德觀，其核心是指人與人相互親愛。❸沖和　指真氣、元氣。又指淡泊平和。❹六合　指上下和四方，泛指天地或宇宙。❺纖芥　即纖介，細小細微。❻胡越　胡在北，越在南，泛指北方和南方的各民族。比喻疏遠隔絕，也比喻敵對關係。❼兩間　謂天地之間，也指人間。

【語譯】滿心渾成一個純正的品性，沒有絲毫的私欲，就會全心存仁；六尺之軀渾成一個沖和，沒有絲毫的病痛，就能全身存仁；整個天地宇宙渾成一個整體，沒有絲毫的間隔，就是使全天下都成仁。仁就是個完整的一體，沒有絲毫的欠缺。仁是純正的一體，沒有絲毫的瑕疵；仁是天生而成，沒有絲毫的造作。眾人心易分不齊，相離如一在北，一在南，聖人會聚天下智慧以成就其一身。我曾經說過兩間無物我之別，萬古同一呼吸。

【研　析】孔子把仁作為最高的道德標準，仁作為儒家學說的重要範疇之一，其核心就是愛。只要做到了仁，就能博愛，就能行善，不僅自己的道德修養得以完善，而且會行善於人，於物，於天地間，就會影響他人的行為，成為楷模。

存　心

一　收放心❶，休要如追放豚，既入苙❷了，便要使他從容閒暢，無拘迫懊憹❸之狀。若恨他難收，一向束縛在此，與放失同，何者？同歸於無得也。故再放，便奔逸，不可收拾。君子之心如習鷹馴雉，搏擊飛騰，主人畧不防閑，及上臂歸庭❹，卻恁忘機❺自得，畧不驚畏。

【注　釋】❶放心　放縱不羈之心。❷苙　畜圈。❸懊憹　煩悶沮喪。❹歸庭　返回家中。❺忘機　沒有機巧、機詐之心。多用以指甘於淡泊，與世無爭。

【語　譯】收束放縱不羈的心，不能像驅趕豬歸圈那樣，既然豬已經進了圈中，就應使它們從容安閒下來，沒有煩躁拘迫之感。如果痛恨他放縱不羈的心難以收束，就一直把他拘束在這，其弊病如同放任不管一樣，為什麼呢？其結局是同歸於無所得。因此若再放出，就如同豬一樣拚命地奔跑，不可收拾。君子之心如同訓練蒼鷹和馴化野雉，搏擊飛騰，依其品性，有放有收，主人無須過度緊張，蒼鷹和野雉就會自覺地落在臂上，隨主人返回，卻是如此地安逸自在，絲毫無驚懼和畏縮之舉。

【研　析】中庸之道，是儒家思想的重要一面。主張待人處事不偏不倚，不走極端，所謂過猶不及。君子處世，能做到如此，就在於善於養心，也就是注重修身養心的問題，宋人司馬光〈答景仁論養生及樂書〉：「朝夕出入起居，未嘗不在禮樂之間，以收其放心，檢其慢志，此禮樂之所以為用也。」就是說平日注重修養，謹於言行，中規中矩，遇事就會處驚不亂。

二　心放不放，要在邪正上說，不在出入上說。且如高臥山林，遊心廊廟❶；身處衰世，夢想唐虞❷。遊子思親，貞婦懷夫，這是個放心否？若不論邪正，只較出入，卻是禪定❸之學。

【注釋】❶廊廟　指朝廷。❷唐虞　唐堯與虞舜，即堯與舜，傳說中上古時期的聖君，後人借以指太平盛世。❸禪定　禪宗修行方法之一。即靜坐斂心，專住一境，久之達到身心安穩、觀照明淨的境地，即為禪定。

【語譯】是放縱心思，還是收束心思，這是針對邪與正而言的，不是就出世與入世而說的。譬如雖然隱居山林，卻想著何時能回朝做官；又如身處衰亂的時代，卻夢想著如唐虞時期的太平盛世。至於遊子在外思念親人，貞節之婦懷思夫君，這是否屬於放縱自己的心思呢？如果不能分辨邪路和正道，只是計較其出世與入世，這卻是屬於禪定的問題。

【研析】人的心思是很難把握的，作為一個君子，就要心無旁騖，尤其不能有邪思雜念。有的人表裡不一，外表是正人君子，內心卻總是想著歪門邪道，這是不可取的。不過如何避免心思趨向邪道，這倒是值得警醒的，所謂一念之差，就有可能鑄成終身大錯。明辨是非，收束心思，堅守正道，強化日常修養是必要的。

三　或問放心如何收，余曰：只君此問，便是收了。這放收甚容易，纔昏昏，便出去；纔惺惺，便在此❶。

【注釋】❶便是收了六句　「收了這放收」五字和末七字「去纔惺惺便在此」原漫漶，未印出。據六卷本補。昏昏，思緒混亂。

【語譯】有人問：放縱的心如何才能收束？我會說：就憑君問到這個，就說明你已經收束了。放縱和收束是很容易，心思才混亂，就出去清醒一下；心思才清醒，就堅守不棄。

【研析】心思的放縱或收束，只在一念之間，而能保持清醒的頭腦，堅守自己的信念，是可以避免心思放縱的。

四 無屋漏❶工夫，做不得宇宙事業。

【注釋】❶屋漏 古代室內西北隅施設小帳，安藏神主，為人所不見的地方稱作「屋漏」，泛指屋之深暗處。此喻不暗中使壞，或生邪念。

【語譯】能不暗中使壞，或生邪念，就能有容納宇宙的心胸，就能成就大事業。

【研析】古人講慎獨，與屋漏工夫相近，不欺暗室，光明磊落。明李東陽〈土室〉詩云：「古人戒屋漏，所貴無愧色。」

五 君子口中無慣語❶，存心故也。故曰：「修辭立其誠❷。」不誠，何以修辭？

【注釋】❶慣語 指脫口而出的話、不加思索的話。❷修辭立其誠 見《周易・乾》。

【語　譯】君子不隨便說話，就在於他們很在意自己的言行。所以說：「講究言辭的表達，可見其誠心。」心不誠，又怎能說好話？

【研　析】這裡是從說話的角度，分析心是否誠。待人接物，全在一「誠」字，誠與否，在言辭的表達中就可體味出。真心的，其言辭必然是能使人信服。

六　「靜」之一字，十二時❶離不了一刻，纔離，便亂了。門盡日開闔，樞❷常靜。妍媸❸盡日往來，鏡常靜。人盡日應酬，心常靜。惟靜也，故能張主得動。若逐而去，應事定不分曉。便是睡時，此念不靜，作個夢兒也胡亂。

【注　釋】❶十二時　古人分一天為十二個時辰，用地支表達，一個時辰相當於今天的二小時。❷樞　門的轉軸或承軸之臼。❸妍媸　一作妍蚩，指美好和醜惡。

【語　譯】「靜」這一個字，一天十二個時辰離不了一刻鐘，才離開，就會出亂。比如門每天開和關，但門樞卻常處在靜態。美的或醜的每天往來相照，而銅鏡卻常處在靜態。人們每天處於應酬中，心卻常能平靜。只因靜的存在，萬物才得以主張啟動。如果追逐不捨，應付事務一定會出現混亂。即使是睡覺時還思慮著，不能平靜，夢中也會胡思亂想。

【研析】在忙碌的今天，希望能得到一份安靜，恐怕是很多人共同的想法。對某些人來說，能從俗務中解脫出來，求得一份寧靜，甚至成為了奢望。如何調節自己的心理，正確地處理得與失，使自己能於追逐功利的世界裡，保持一份寧靜的心態，這樣的話，連睡覺也會感到安穩些。

七　把意念沉潛❶得下，何理不可得？把志氣奮發得起，何事不可做？今之學者將個浮躁心觀理，將個委靡❷心臨事，只模糊過了一生。

【注釋】❶沉潛　平定；安靜。❷委靡　頹唐；不振作。

【語譯】能使煩躁的思慮平定下來，什麼樣的道理不能得？能使志向精神奮發，什麼事情不能做？如今的學者以浮躁的心態審視事理，以委靡的心態處理事務，這只是糊里糊塗地過著一生。

【研析】臨危不懼，處事不亂，這就要靠平日的修養。遇事要冷靜，能做出理性的判斷，才能不致有失誤，也不會有遺憾。

八　心平氣和，此四字非涵養不能做，工夫只在個定火，火定，則百物兼照，萬事得理。水明而火昏，靜屬水，動屬火，故病人火動則躁擾❶

狂越❷，及其甦定❸，渾不能記。甦定者，水澄清而火熄也。故人非火不生，非火不死，事非火不濟，非火不敗。惟君子善處火，故身安而德滋。

【注釋】❶躁擾　急躁好動。❷狂越　狂妄逾分。❸甦定　甦醒安定。

【語譯】心平氣和，這四個字非修身養性不能做到，而花費時間和精力所要做的就是能使火勢穩定，火勢穩定，就能照映萬物，也會事事合理。水明亮，而火昏沉，平靜是水的特性，躁動是火的特性，因此說病人火氣旺就會躁狂不安，胡作非為，等其甦醒平定下來，全然記不起先前的所作所為。甦定，就如水澄明平靜，又如熄滅了的火焰。所以說人離開了火是不能生存的，也因為火而招致死亡，同樣，沒有了火，有些事情是做不成的，也因為有了火，有些事情招致了失敗。只有君子能善於利用火，因此其肉身平安，其品德得以滋潤。

【研析】凡事都有善和惡兩方面的因素，俗云水能載舟，也能覆舟。同樣，火帶給人類以光明和溫暖，也能引發火災，燒死生靈。所謂水火無情，這是就其惡的一面來說的。聰明的人會揚其長而避其短，造福於我。當然，也可作如是解，水和火就如同人性的兩個方面，即冷靜和急躁，前者是靠平日裡的自我修養，要做到「心平氣和」，就得克制自己的急躁，這是需要時日的。

九　未有甘心快意❶而不殃身者，惟理義❷之悅我心，却步步是安樂境。

【注釋】❶甘心快意　此指得意忘形。❷理義　公理與正義，此指道德規範和行事準則。

【語譯】世上沒有得意忘形而不招來禍殃的，只要自己的言行符合社會的道德規範和行事準則，使自己心情愉悅，這樣就會覺得步步安寧快樂。

【研析】人是社會群體中的一員，因此使自己的言行符合社會的道德規範和行事準則，不僅自己會安寧自在，也免於招致羞辱和禍殃。

一〇　自家好處❶，掩藏幾分，這是涵蓄以養深；別人不好處，要掩藏幾分，這是渾厚以養大。

【注釋】❶好處　這裡指長處、優點。下文的「不好處」則指短處、缺點。

【語譯】自己的長處，要掩藏一點，這是通過涵蓄修養自己深厚的品性；別人的短處，要掩藏一點，這是通過渾厚修養自己博大的心胸。

【研析】所謂「謙受益，滿招損」，世無完人，以自己所長攻他人之短，這是最拙劣的處世方式。嚴以律己，寬以待人，只有如此，才能使自己心胸博大，贏得他人的尊重。

一一 胸中情景，要看得春不是繁華，夏不是發暢❶，秋不是寥落，冬不是枯槁，方為我境。

【注釋】❶發暢　猶言暢快地萌發，又通暢運行無阻。

【語譯】胸中的情景，看到春景並不意味著繁麗榮華，看到夏景並不意味著勃發通暢，看到秋景並不意味著凋零冷落，看到冬景並不意味著枯槁死寂，才足以稱得上為我獨有的境界。

【研析】春夏秋冬，四季的變化，意味著萬物的榮盛衰敗，世人的情感也因此受左右，大喜大悲，起落反覆，這是不利於人之心理的健康成長的。春生夏長，秋收冬藏，情形不同，但都是顯現和保存生機的一種方式。作如是觀，我之心不受外物的榮枯左右，才能得到大自在。

一二 目不容一塵，齒不容一芥❶，非我固有也。如何靈臺❷內許多荊榛❸，却自容得。

【注釋】❶芥　小草，喻細微之物。❷靈臺　心靈。❸荊榛　叢生的灌木，常用於比喻危險或困難。也指內心有芥蒂，不愉快。此指後者。

【語譯】眼裡容不下一粒塵沙，齒中容不下絲毫之物，這並非我固有的品性。為什麼說人的內心中有許多不愉悅的事，自己卻能夠容得下。

【研　析】待人接物，以寬容的心，於己於人都是有益的。就像是包容自己的缺點一樣，對別人的缺點或過錯，也應寬待，那麼你生存的空間就會更開闊。

一三　不存心，看不出自家不是。只於動靜❶語默❷、接物應事時，件件想一想，便見渾身都是過失。須動合天則❸，然後為是，日用間如何疏忽得一時？學者思之。

【注　釋】❶動靜　起居作息。❷語默　說話和沉默。❸天則　自然法則。

【語　譯】不用心去觀察和分析，是看不出自己的不對的。只須在平日的起居作息、言談或不語，以及待人應酬時，能件件事仔細用心考慮，就會發現處處有過失。行動必須符合自然規律，然後去做才對，平常的生活中怎麼能疏忽大意得絲毫片刻？學者當謹慎地想一想。

【研　析】待人接物，日常起居，看似平常事，若以事小而每每不在意，往往也會帶來不快。只有考慮周全，事事小心，處處留意，才能保萬無一失。

一四　心相信，則迹者土苴❶也，何煩語言？相疑，則迹者媒孽❷也，益生猜貳❸，故有誓心，不足自明。避嫌反成自誣者，相疑之故也。是故心一而迹萬，故君子治心不修迹。中孚❹，治心之至也。豚魚且信，何疑之有？

【注　釋】❶土苴　渣滓；糟粕。比喻微賤的東西。❷媒孽　酒母。比喻借事端誣罔構陷，釀製冤罪。❸猜貳　猜忌生疑，有二心。❹中孚　《周易．中孚》：「中孚，豚魚吉，利涉大川，利貞。」孔穎達疏：「信發於中，謂之中孚。」後以「中孚」指誠信。

【語　譯】心有信任感，那麼行跡表現如何就不重要了，又何需用煩瑣的言語來點評？心無信任感，那麼行跡的表現易於引起疑慮，甚至會引起猜忌，即使誠心發誓，也不足以證明。迴避不理，倒反成了自己有過的罪證，這都是心無信任感造成的原故。因此心思純一，而行跡萬千，所以說君子要注重心智的修養，而不要關注行跡。《周易》所謂「中孚」的境界，就是心智修養的極至。達到了「中孚」的境界，就連豚魚也信任你，又怎麼會起疑心呢？

【研　析】要使他人對你有信任感，首先是在乎你自己心智的修養，而心智修養的高低，又決定了行跡表現得如何。人與人之間，彼此信任感的培養，並不是件容易的事，這常常是互動的，就本身而言，要贏得他人的信任，除了要強化自身的修養外，還要相信他人，不可輕啟疑心。

一五 忍、激二字是禍福關。

【語譯】容忍、激怒二者是惹禍與得福的關鍵。

【研析】善於容忍和易於激怒，是處理事務時體現出來的兩種不同品性，尤其在大是大非面前，易於激怒，就會失去理智，往往會添亂，甚至招殺身之禍。所謂退一步，海闊天空，這是「忍」的工夫，儘管猶如心頭上插了一把刀。

一六 學者只多忻喜心，便不是凝❶道之器。

【注釋】❶凝 凝固；積聚。

【語譯】學者只是歡天喜地的，就不是成就「道」的人物。

【研析】《周易・繫辭上》：「形而上者謂之道，形而下者謂之器。」宇宙間無形的謂之道，指抽象的東西，如思想、法則、方法、學說等。而有形的就是器，指具體的物象，包括人本身。而「道」往往是通過「器」來體現或實現的。所謂「凝道之器」，就是指學者通過自身的努力使「道」得以實現，造福於社會。或者說學者凡有所作為，均應遵循「道」（即法則、自然規律等）。「道」有行得通的時候，也有行不通的時候，過於樂觀，或得意忘形，都是不可取的，應以嚴肅謹慎的態度來對待。

一七　只脫盡輕薄心，便可達天德❶，漢、唐以下儒者脫盡此二字不多人。

【注　釋】❶天德　先天賦予的品德。

【語　譯】只要徹底清除輕佻浮薄的心態，就可以達到天性的要求，漢、唐以來的讀書人，能徹底清除「輕薄」這二字的人並不多。

【研　析】天德的表現是友善純正，是光明磊落，是高尚謙讓，是莊重恭謹，諸如此類。而後天的習染，就有可能使本性變味變質，輕薄就是其表現形式之一，俗云文人無行，自古而然，講的就是這個道理。

一八　惡惡❶太嚴，便是一惡；樂善甚亟❷，便是一善。

【注　釋】❶惡惡　第一個「惡」，憎恨；厭惡。第二個「惡」，指壞事、不良行為。❷亟　疾速；緊急。

【語　譯】以極其嚴厲的手段對待所憎恨的壞人壞事，這就是一種惡的表現；樂於行善，惟恐不及，這就是一種善的表現。

【研　析】對待壞人壞事，人們深惡痛絕，盛怒之下，往往會採用過激的行為，在今天看來，就等於觸犯了法律的許可，陷自己於不義，這也是惡的表現，所謂過猶不及。至於行善，就不存在這個問題，所謂多多益善。古人云勿以善小而不為，勿以惡小而為之。

一九　投佳果於便溺，濯而獻之，食乎？曰：「不食。」不見而食之，病乎？曰：「不病。」隔山而指罵之，聞乎？曰：「不聞。」對面而指罵之，怒乎？曰：「怒。」此見聞障也。夫能使見而食，聞而不怒，雖入黑海、蹈白刃可也，此鍊心❶者之所當知也。

【注釋】❶鍊心　指修鍊或陶冶心智，一般就培養堅忍的品性而言。

【語譯】把好的水果扔到便溺中，然後撿出來清洗一下，再獻給人吃，會吃嗎？肯定會說：「不吃。」如果沒看見而把水果吃了，會生病嗎？肯定會說：「不會生病。」隔著山峰而指罵他人，能聽見嗎？肯定會說：「聽不見。」對著面而指罵他人，會發怒嗎？肯定會說：「會發怒。」這種差異，就是所謂的目見和耳聽間有障礙。如能使看見了又能吃下去，聽到了而不發怒，這樣的話，即使進入了漆黑的深海中，或踩踏在雪白的刀刃上，也會無所畏懼，這就是陶冶心智的人所應當知道的。

【研析】《孟子》云：「故天將降大任於是人也，必先苦其心志，勞其筋骨，餓其體膚，空乏其身。行拂亂其所為，所以動心忍性，曾益其所不能。」所謂「苦其心志」，就是鍊心。意思是說有志成就大事業者，光有志向還不行，必須有堅忍的心志，能忍受常人不能忍受的，甚至是欺辱，如韓信的胯下之辱，這類例子，古今中外都有。

二〇　屬纊❶之時，般般❷都帶不得。惟是帶得此心，却教壞了。是空身歸去矣，可為萬古一恨。

【注釋】❶屬纊　指用新綿置於臨死者鼻前，察是否斷氣。後又指臨終。纊，新綿紗。❷般般　樣樣。

【語譯】臨終之時，樣樣都帶不走。只是帶得這顆心去，可是這心也被調教壞了。結果是空殼身軀走了，真是萬古一恨啊。

【研析】有生，就有死。有的人雖然已離去，卻名垂千古；有的人死了，卻遺臭萬年。古人有立德、立功、立言之說，其身雖沒，遺澤留存。對許多人來說，雖然不能達到立德，或立功，或立言的境界，但能行善積德，就不會有枉來一世之憾。至於做惡卻是萬萬行不得的，即使是使壞的心思也不應有，俗云鳥之將亡，其鳴也哀；人之將死，其言也善。總之，帶著遺憾而去，沒有留給後人值得思念的東西，這是最大的悲哀，可謂帶著空殼身軀走了。

二一　「暮夜無知」，此四字，百惡之總根也。人之罪，莫大於欺，欺者利其無知也，大姦大盜，皆自無知之心充之。天下大惡，只有二種：欺無知，不畏有知。欺無知，還是有所忌憚心，此是誠偽關。不畏有知，是個無所忌憚心，此是死生關。猶知有畏，良心尚未死也。

【語譯】「暮夜無知（夜晚無人知道）」，這四個字，是百般惡因的總根源。人的罪過，沒有比欺詐更大的了，欺詐的人利用了他人的無知，大姦大盜之人，都是源自其內心滿是無知。普天下大的惡人只有二種：一是因無知而欺詐，二是不怕人知道。因無知而欺詐，這種人內心還是有所畏忌的，這只是誠實和虛偽的界限。不怕人知道，這種人什麼都不懼怕，這是生與死的關頭。仍然有畏懼之心的人，良心還未有死。

【研析】《禮記．大學》云：「此謂誠於中，形於外，故君子必慎其獨也。」所謂慎獨，指即使在獨處中，行為也要謹慎不苟。古人云不欺暗室，前文講的屋漏功夫，都是此意。至於大姦大盜之人，都是源自無知，無知者無所畏，作者在這裡強調的就是後天的教育問題，缺失教育的人，缺乏自我修養的人，不知自律，小則害己，大則危害社會。

二二 只大公❶了，便是包涵天下氣象。

【注　釋】❶大公　以天下為公，又指行事極其公正。

【語　譯】只要立志以天下為公，這可以說是有了胸懷大志、成就偉業的氣象。

【研　析】人都應有志向，而能立志以天下為公，並能始終不悔，為之奮鬥，這類人就不多見，當然，他們也是不尋常的人。至於能否實現目標，則是另一回事，畢竟胸懷這種志向，就會使人顯現出不凡的氣度。

二三　古人也算一個人，我輩成底是甚麼人？若不愧不奮，便是無志。

【語　譯】古代有成就的人，他也算是一個普通的人，我們這些人能把自己成就個什麼樣的人呢？如果既無愧疚之心，又不想奮鬥，這便是沒有志向。

【研　析】人生在世，當有所為。若碌碌無為，只是虛度人生。不僅愧對前人，也無顏見後人。因此，立志，就有了一個奮鬥的目標，就會為之而努力。

二四　聖、狂❶之分，只在苟❷、不苟兩字。

【注　釋】❶聖狂　指聖人和狂人，前者指品德最高尚、智慧高超的人，是古代理想中的楷模。後者指狂放不羈的人，多指不拘禮法者。❷苟　指行為隨便，做事不謹慎。

【語譯】聖人與狂人的區別，就在於一個是臨事不苟，一個是草率隨意。

【研析】成為聖人，當然不是件容易的事，但可以向聖人看齊，這樣，你就會懂得自律，減少與社會的對立。古往今來，多少人就是這麼做的。

二五 恕心❶養到極處，只看得世間人都無罪過。

【注釋】❶恕心 仁愛寬厚之心。

【語譯】仁愛寬厚之心涵養到了極至，這時只看見世上的人都無罪過。

【研析】《論語・衛靈公》：「子貢問曰：『有一言而可以終身行之者乎？』子曰：『其恕乎！己所不欲，勿施於人。』」這裡的「恕」，就是指以寬厚仁愛之心接人待物，原本是說自己不想做的，也不要強求別人去做。當你心胸充滿了這種情感，慈悲為懷，你就會設身處地為他人著想，體諒他人的不是，也就不會有指罪他人的想法了。

二六 說不得真知明見，一些涵養不到，發出來便是本象❶。倉卒之際，自然掩護不得。

【注　釋】❶本象　原形；本來面目。

【語　譯】談不到是正確而深刻的認識，也談不到看得清楚透徹，只要一些涵養不到位，自己知道或看見的也只是原本如此。何況事發於匆忙急迫之時，就掩蓋不了自己在識見方面的不足。

【研　析】世人往往以為自己能看清社會上的一些現象，甚至想滔滔不絕地說個明白，殊不知，人們所看到的多為表象。人世間是是非非，常常是說不清、道不明，這需要學識的修養，經歷的豐富。

二七　憂世者與忘世❶者談，忘世者笑；忘世者與憂世者談，憂世者悲。嗟夫！六合❷骨肉之淚，肯向一室胡越❸人哭哉！彼且謂我為病狂❹，而又安能自知其喪心❺哉？

【注　釋】❶忘世　忘懷時世；不關心時事。❷六合　天、地和東、南、西、北四方。又指整個宇宙。❸胡越　泛指北方和南方的各民族。胡，北方的少數民族。越，地名。今浙江，指南方。❹病狂　謂發瘋。❺喪心　心理反常；喪失理智。

【語　譯】憂慮時世的人與忘懷時世的人交談，後者笑前者多事；忘懷時世的人與憂慮時世的人交談，後者為前者而悲傷。哎！宇宙之間，骨肉的淚水，怎能為同居天地間其他異族哭泣！他們說我們是發瘋，又怎麼能明白自己失去理智、心理反常呢？

【研　析】這段話似乎有針對性，否則「嗟夫」以下與前文意思不連貫。中國自古就有憂世者，如屈原、杜甫等。也有忘世者，如莊子、漁父（指隱者）等。前者是入世者的代表，後者是出世者的代表。唐、宋以來，兩種情態可以在同一個人身上出現調和，得志，則積極參與社會事務，發揮作用，這是所謂的入世。失志，則退職歸隱，冷漠世事，嘯傲山水，自適其適，這是所謂的出世。得志兼善天下，失志卷而懷之，這是儒家的處世哲學，也是中庸之道的反映。

二八　「得」之一字，最壞此心。不但鄙夫❶患「得」，年老戒「得」為不可。只明其道而計功，有事而正心❷。先事而動「得」心，先難而動「獲」心，便是雜霸雜夷❸。一念不極其純，萬善不造其極，此作聖者之大戒也。

【注　釋】❶鄙夫　庸俗淺薄的人。❷正心　使人心端正。又指無私心。❸雜霸雜夷　雜霸，謂用王道攙雜霸道治理國家，又指專橫霸道。雜夷，雜用誅滅的方法。

【語　譯】「得」這一字，最易弄壞人心。不但凡夫庸人為「獲得」而心憂煩神，就連上了年紀的人警惕「貪得」，有的也行不通。只有明白其中的道理，計算自己應得的功勞，臨事而能無私心。

如事情未成之前，就動了自己要有所「獲得」的念頭，或在困難出現之前，就動了「獲取」之念頭，這就是專橫霸道、誅人利己的表現。只要有一絲不純的貪念存在，就不會把事情完成得盡善盡美，要想成為聖人，這是一個大戒。

【研　析】毋用諱言，凡人都有貪得之心，當你想到「擁有」或「獲取」時，首先要想到的是你是否應該得到。也就是說，你的付出，必須與所得相匹配。如果只想多撈多得，甚至貪得無厭，而又不願付出，或者付出有限，這與侵占掠奪沒多大差別。

二九　充一個公己公人❶心，便是胡越❷一家；任一個自私自利心，便是肝膽❸胡越。天下興亡，國家治亂，萬姓死生，只爭這個些子。

【注　釋】❶公己公人　指公正無私之心。❷胡越　參見二七則❸。前指各民族人，後指相隔甚遠。❸肝膽　中醫認為肝與膽互為表裡，稱膽為肝府，故二者常並提。後用以比喻關係密切。

【語　譯】充實一顆大公無私的心，即使是居住在南方和北方的少數民族，也會歸附成一家人；擁有一顆自私自利的心，即使是一家人，心也會像是分居胡、越兩地而有隔膜。朝代的興起和衰亡，國家的安定和動蕩，百姓的死和生，只是爭得這些東西。

【研　析】能做到公正無私，就會得民心，就能攻無不克，戰無不勝。反之，則寸步難行，甚至自取滅亡，古今中外，其例不勝其舉。

三〇 為人辨冤白謗，是第一天理❶。

【注釋】❶天理 天道；自然法則。

【語譯】替他人辨明誹謗，洗清冤情，這是天下第一天理。

【研析】一個人若遭誣陷誹謗，這是最大的不幸，若無法申冤，又無人幫忙，這是最悲哀的事。有的只好以死來證明自己的清白，殊不知卻中了陷害者的圈套，正人君子往往如此。所以說能幫人雪洗冤情，這是替老天還個公道。

三一 沉靜❶，非緘默之謂也。意淵涵❷而態閒正❸，此謂真沉靜。雖終日言語，或千軍萬馬中相攻擊，或稠人廣眾中應繁劇❹，不害其為沉靜，神定故也。一有飛揚動擾之意，雖端坐終日，寂無一語，而色貌自浮。或意雖不飛揚動擾，而昏昏欲睡，皆不得謂沉靜。真沉靜底，自是惺憁❺，包一段全副精神在裏。

【注　釋】❶沉靜　沉穩閒靜。❷淵涵　指氣度深厚。❸閒正　又作嫺正，清純雅正。❹繁劇　指事務繁重。❺惺惚　警覺。

【語　譯】沉靜，並不是指緘默不語。意度深厚廣大，神情清雅純正，這才可以稱得上沉靜。雖然整日在說話，或統率著千軍萬馬相攻擊，或在稠人廣眾中應付著繁重的事務，仍不害其為沉靜，這是因為能處變不驚、神情自若。若一有飛揚煩擾之意，雖然整日裡正襟危坐，不吭一聲，但面容神情卻虛浮。有的雖然無飛揚動擾之意，但昏昏欲睡，精神不振，這些都不能叫做沉靜。真正的沉靜，自然是警醒的，它完全體現在人的整個精神面貌裡。

【研　析】人的氣質，既有天賦的因素，又離不開後天的涵養，而後者卻占有重要的分額。沉靜就是其中的表現之一，尤其是在突發事件來臨時，能處驚不亂，沉穩警醒，非成就大事業者不能如此。

三二　室中之鬥，市上之爭，彼所據各有一方也，一方之見，皆是己非人❶，而濟之以不相下之氣，故寧死而不平。嗚呼！此猶愚人也。賢臣之爭政，賢士之爭理，亦然。此言語之所以日多而後來者益莫知所決擇也。故為下愚人作法吏❷易，為士君子所折衷難。非斷之難，而服之難也。根本處在不見心而任口，恥屈人而好勝，是室人市兒之見也。

【注釋】❶是己非人　是，以為對。非，以為不對。❷法吏　古代司法官吏。又指獄吏。

【語譯】居室中的鬥打，市場上的爭吵，他們所據各有自己這方面的理由，各持一己之見，都認為自己正確，他人不對，而且加上不服輸的氣概，因此有寧死而抱不平的。哎！這仍是屬於愚昧的人。賢明的臣子為時政而力爭，賢能的讀書人為理論而爭議，也是如同這個道理。這就是為什麼言語日益增多，而後來人不知如何選擇。所以說為老百姓配備司法官吏容易，而為官吏讀書人調和不同意見或爭執難。並不是判斷是非難，而是使之信服難。之所以如此，其根本點就在於彼此不知心，信口開河，恥於屈人之下，又好爭勝，這與同室中的鬥打、市場上的爭吵同一般見識。

【研析】是非爭論，為日常生活中常見的現象，若以理性的態度來對待，誰是和誰非，是不難斷定的。問題是當事人往往會失去理智，面子的問題，意氣的左右，使本來容易解決的問題複雜化。彼此若能坦誠交心，少使氣鬥勝，對立是易於被化解的。

三三　知識，帝則❶之賊❷也。惟忘知識以任帝則，此謂天真，此謂自然。一著念便乖違❸，愈著念，愈乖違。乍見之心，歇息一刻，別是一個光景。

【注釋】❶帝則　天帝或天子所定的法則。❷賊　禍害；破壞。❸乖違　背離；反常。

【語譯】知識，是自然法則的禍患。只有忘記知識，聽任天然的法則，這可以稱作天真，這可以稱作自然。一攙進了想法，就會出現背離，想法愈多，就愈背離。初次看到時的心境，休息了片刻，就別是一種景象。

【研析】知識，使人類愈來愈聰明，也不斷地增強了人類征服自然、改造自然的能力和信心。不過，在運用知識使自然造福於人類時，自然的法則也不斷地遭到人為的破壞，就會出現背離，其結果就是自然禍害人類，面對如此，人們往往是束手無策，此時知識的力量也就顯得蒼白乏力了。

三四　或問：虛、靈二字，如何分別？曰：惟虛故靈。頑金❶無聲，鑄為鐘磬❷則有聲；鐘磬有聲，實之以物則無聲。聖心❸無所不有而一無所有，故感而遂通天下之故。

【注釋】❶頑金　堅硬的金屬。❷鐘磬　鐘和磬，均為古代的禮樂器。❸聖心　聖人的心懷。也指帝王的心意。

【語譯】有人問：虛和靈二字如何區別？回答說：只有空虛的存在，所以才能靈驗。堅硬的金屬是不能發出聲音的，但把它澆鑄成鐘和磬，就能發出聲音；鐘和磬能發出聲音，但塞滿東西後，它們就發不出聲了。聖人的心懷無所不有，而又一無所有，這是其能被世人所感知並為天下所效法的原故。

【研　析】擁有並不是驕傲的資本，謙受益，滿招損。虛懷若谷，就會贏得人們的尊重和景仰。

三五　學者欲在自家心上做工夫，只在人心做工夫，便錯❶。

【注　釋】❶學者欲在自家心上三句　此條《四庫全書》本「欲在」作「不在」，又末「便錯」二字明刊本原無，據《四庫》本補。

【語　譯】學者想到的應該是如何在修身養性上下功夫，只是在猜測他人的心思上下功夫，這就是錯誤。

【研　析】作為學者，應該更多地考慮到自己學問是否有長進，道德品性是否日益完善，行為是否成為世人的楷模，諸如此類，所謂日三省其身。若只是想到如何迎合他人，關注自己的得失，則有違於學人的道德品質。

三六　此心常要適，雖是憂勤❶惕勵❷中，困窮❸抑鬱際也，要有這般胸次。

【注釋】❶憂勤　為國事而憂慮勤勞。❷惕勵　又作惕厲，警惕謹慎；警惕激勵。❸困窮　艱難窘迫，多指仕途多厄。

【語譯】這顆心常要順適，即使是在憂慮勤勞、警惕謹慎中，和艱難窘迫、壓抑鬱悶之際，都應該有這種心胸。

【研析】人生不可能是一帆風順的，不論是苦辣酸甜，還是喜怒哀樂，關鍵是要有一顆平常的心，正視現實，能順適所處的境遇，這才是理性的選擇。

三七　不怕來濃艷，只怕去沾戀。

【語譯】不怕濃妝豔抹的女子來臨，就怕離別後沾惹思戀。

【研析】逢場作戲，偶一為之，這在現實生活中司空見慣。問題就在於能否拿得起，放得下，否則，就會惹出無窮的煩惱。

三八　原不萌芽，說甚生機？

【語譯】原本就沒有發芽，還用說什麼生機？

【研　析】為連影子都沒有的事煩心，這種心態，生活中並不少見，世上本無事，庸人自擾之，大概講的就是這個道理。

三九　用三十年心力，除一個「偽」字不得。或曰：「君儘尚實矣。」余曰：所謂偽者，豈必在言行間哉？實心為民，雜一念德我之心便是偽。實心為善，雜一念求知之心便是偽。道理上該做十分，只爭一毫未滿足便是偽。汲汲❶於向義❷，纔有二三心便是偽。白晝所為皆善，而夢寐有非僻❸之干便是偽。心中有九分，外面做得恰象十分，便是偽。此獨覺之偽也，余皆不能去，恐漸潰防閑❹，延惡於言行間耳。

【注　釋】❶汲汲　心情迫切的樣子。❷義　指符合正義或道德規範的要求。❸非僻　一作非辟，謂邪惡。❹防閑　防，堤也，用於制水。閑，圈欄也，用於制獸。引申為防備和禁阻。

【語　譯】花費了三十年的精力和體力，竟然不能清除一個「偽」字。有人會說：「您太實在了。」我會說：所謂「偽」，難道一定是表現於言語和行為之間？真情實意為民著想，若雜有一絲要他人感恩的想法，這就是虛偽。真情實意地做善事，若雜有一絲要他人知道的想法，這就是虛偽。按理說該做十分才完善，只因爭一絲毫而不能達到要求，這就是虛偽。極想使自己的言行符合正義或道德規範的要求，其間若三心二意，這就是虛偽。白天所做的都是好事，而夢中卻做著邪惡的事，這就是虛偽。內心知道自己只有九分的能力，而外表做出來卻像似有十分的能力，這就是虛偽。這是能獨自意識到的虛偽表現，而我卻都不能摒除，恐怕原本是為了防止虛偽逐漸地潰決，其不良影響反而會在言行中表現出來。

【研析】希望自己能真誠地生活在這個世界上，坦誠地與人交往，竭誠盡力地做好事情，但實際上很難達到這一要求。人際關係的錯綜複雜，本能地自我保護，諸如此類，都會影響到人們言行表現的真誠度，俗云做人難，做一個真誠無偽的人更難。

四〇　人生在天地間，無日不動念，就有個動念底道理；無日不說話，就有個說話底道理；無日不處事，就有個處事底道理；無日不接人，就有個接人底道理；無日不理物，就有個理物底道理。以致怨怒笑歌，傷悲感歎，顧盼❶指示，咳唾涕洟❷，隱微❸委曲，造次顛沛❹，疾病危亡，莫不各有道理。只是時時體認❺，件件講求❻。細行小物尚求合則，彝倫❼大節豈可踰閑❽？故始自垂髫❾，終於屬纊，持一個自強不息之心，通乎晝夜，要之於純一不已之地忘乎死生。此還本歸全⑩之道，戴天履地⑪之宜。不然，恣情縱意，而各求遂其所欲，凡有知覺運動者皆然，無取於萬物之靈矣。或曰：「有要乎？」曰：「有。」其要只在存心，心何以存？曰：只在主靜，只靜了，千酬萬應，都在道理上，事事不錯。

【注釋】❶顧盼　向左右或周圍看來看去。❷涕洟　眼淚和鼻涕。指哭泣，涕淚俱下。❸隱微　隱約細微，也指隱私。❹造次顛沛　顛簸流浪，多指戰亂時的情況。造次，指倉猝、匆忙。顛沛，倒仆，指顛簸搖蕩。❺體認　體察認識。❻講求　修習研究。❼彝倫　指綱常倫理。❽踰閑　即逾閑，超出法度。❾垂髫　也作垂齠，指兒童或童年。髫，兒童垂下的頭髮。❿還本歸全　還本，還歸本土；回到原地方。歸全，謂善終，能終其天年。⓫戴天履地　謂頂天立地，猶言生於天地之間。

【語譯】人生在天地間，沒有哪一天不動念頭，而且還有個動念頭的理由；沒有哪一天不說話，而且還有個說話的理由；沒有哪一天不處理事務，而且還有個處理事務的理由；沒有哪一天不接待人，而且還有個接待人的理由；沒有哪一天不整理東西，而且還有個整理東西的理由。以至於怨恨激怒，喜笑歌唱，悲傷感嘆，顧盼指示，咳唾哭泣，隱約委婉，顛簸流浪，疾病危亡等等，無不有著各自的理由。只是需要時時體察認識，件件推求研究。細微的行為，些小的事物，尚且要求與規則吻合，那麼面對著綱常倫理、大的節操，怎能超越法規呢？因此從孩童開始，直到生命的終結，擁有一顆自強不息的心，從早到晚，能一直保持著純一至善之地，忘記生死。這是回歸本土、終其天年的方法，也是立身於天地之間的適宜之舉。不然的話，放縱自己的情感和意願，追求能滿足欲望的方式，那麼，凡是有知覺、能運動的生物都是如此，不獨萬物之靈的人能夠做到啊。有人問：「有要領嗎？」回答說：「有。」其要點只是專心，那麼心如何才能專一呢？回答說：只要以靜心為主宰，惟有此心靜了，千萬般的應酬，都會合乎情理，事事就不會出錯。

【研析】人生天地間，會碰到各種事情，會有各種遭遇，就會有各種情感的產生，就會有各種煩惱來騷擾，究其原因，很大一部分是由於心太「活」。各種欲望接踵而至，由此而心煩意亂，甚至迷失了自我。治病之方，就在於能使此心「靜」下來，不為外界所影響，不為外物所左右，就會坦然順適得多。

四一　一念孳孳❶，惟善是圖，曰正思。一念孳孳，惟欲是願，曰邪思。非分之福，期望太高，曰越思❷。先事徘徊，後事懊恨，曰縈思。遊思❸千里，歧慮百端，曰浮思。事無可疑，當斷不斷，曰惑思。事不涉己，為他人憂，曰狂思。無可奈何，當罷不罷，曰徒思。日用職業，本分工夫，朝惟暮圖，期無曠廢，曰本思。此九思者，日用之間不在此則在彼，善攝心❹者，其惟本思乎？身有定業，日有定務，暮則省白晝之所行，朝則計今日之所事。念茲在茲，不肯一事苟且，不肯一時放過，庶心有著落，不得他適，而德業日有長進矣。

【注釋】❶一念孳孳　一念，一動念間；一個念頭。佛家用以指極短促的時間。孳孳，同「孜孜」。努力不懈；盡心盡力。❷越思　超越本分的思想。❸遊思　指用心不能專一。❹攝心　收斂心神。

【語譯】即使是動一個念頭間，竭盡心力，只想到如何把事情做好，可以說是純正的思想。即使是動一個念頭間，竭盡心力，只想到如何實現自己的欲望，可以說是邪惡的思想。非分的乞福，期望所得過高，可以說是越軌的思想。事先狐疑不決，事後悔恨不已，可以說是縈繞牽掛的思想。心緒遊蕩千里，百般多樣的想法紛至沓來，可以說是飄浮不定的思想。事情本來沒有可疑處，應當做出決定卻不能下決心，可以說是迷惑的思想。事情與己無關，卻為他人煩憂，可以說是狂妄的思想。沒有辦法解決，又無法可想，應當放棄卻又不想放棄，可以說是徒勞無用的思想。日常事務，屬於分內該做的，早上開始，直到天黑，期望不要荒廢，可以說是本分的思想。這九種思想，日常生活間，不在這裡出現，就會在那裡出現，善於收斂心神的，大概只有本分的思想？自身有固定的職業，每天有規定的任務，晚上就反省白天所作所為，早晨就考慮今天所要做的事。想到做什麼事就專心於此，不肯在任何一件事上馬虎，不肯一時間放棄，這樣，心思就會有歸屬，不能有其他的想法，品德和事業每天也都會有進步。

【研析】人的思想是豐富多樣的，也是十分活躍的，若不能有效地控制，甚至會產生邪念。若只思考本分的事，少有或摒棄非分之想，這樣，就不會被雜念煩擾得寢食難安。能心安理得，就是最大的幸福和快樂。

四二 耳目之玩，偶當於心，得之則喜，失之則悲。此兒女子常態也。世間甚物與我相關，而以得喜、以失悲耶？聖人看得此身，亦不關悲喜，是吾道之一囊橐❶耳。愛囊橐之所受者，不以囊橐易所受，如之何以囊橐棄所受也，而況耳目之玩，又囊橐之外物乎？

【注釋】❶囊橐　袋子。

【語譯】供耳聽目看的各種東西，偶然適合心意，得到了就高興，失去了就悲傷。這是兒女常情。世間又會有什麼東西與我密切相關，因而得到了就高興、失去了就悲傷呢？聖人體察此身，與悲喜全無關，認為這不過像是我行途上的一個行囊布袋而已。喜歡行囊布袋裡裝的東西，不會因行囊布袋而換易其中所裝的東西，那麼因喜歡行囊布袋而拋棄其中所裝的東西，這又會怎樣呢，何況供耳聽目看的東西又是行囊布袋之外的事物呢？

【研析】世間可供人們娛樂歡心的東西可謂多如牛毛，如果僅僅是因為遇到了適意的就高興，失去了就傷心，那麼就會活得很辛苦。聖人之道，在於養心，不以物喜，不以己悲，得之不喜，失之不悲，這才是心之常態。

四三　道義心胸發出來，自無暴戾❶氣象。怒也，怒得有禮，若說聖人不怒，聖人只是六情❷。

【注　釋】❶暴戾　殘暴酷虐；粗暴乖戾。❷六情　人的六種感情，即喜、怒、哀、樂、愛、惡。

【語　譯】以符合道德義理要求的心胸表現，自然沒有粗暴乖戾的神情。發怒，要怒得符合禮制的要求，若說聖人不發怒，其實聖人也是有喜、怒、哀、樂、愛、惡六種情感的。

【研　析】七情六欲，凡人皆然，喜怒哀樂，發洩出來，這是人之常情。從醫學的角度來看，適度地發洩也是有益身心健康的，只是要有節制，否則會適得其反。

四四　定靜安慮，聖人胸中，無一刻不如此。或曰：「喜怒哀樂到面前，何如？」曰：「只憑喜怒哀樂。」定靜安慮，胸次❶無分毫加損。

【注　釋】❶胸次　胸懷。

【語　譯】思慮鎮靜安定，聖人心胸中無時無刻不是這樣的。有人問：「喜怒哀樂來到眼前，怎麼辦？」回答說：「只是如此這般地或喜、或怒、或哀、或樂就行了。」事後，思慮鎮靜安定，而內心卻無絲毫的損傷。

【研析】遇到或喜，或怒，或哀，或樂，應順其自然，該發洩的，不應壓抑。只是事後能冷靜地思考其成因，整理自己的情感，多往好處著想，不要給自己留下太多的負面影響就行了。

倫理

一 爵祿恩寵，聖人未嘗不以為榮，聖人非以此為加損❶也。朝廷重之以示勸，而我輕之以示高，是與君忤也，是窮❷君鼓舞天下之權也。故聖人雖不以爵祿恩寵為榮，而未嘗不榮之以重帝王之權，以示天下帝王之權之可重，此臣道也。

【注釋】❶加損　褒貶；增減。又指愈加減少。❷窮　使窘迫。

【語譯】官爵和俸祿，優渥和恩寵，聖人未嘗不認為這是榮幸，但聖人並不會因此而不加努力。朝廷看重官爵俸祿以及優渥恩寵，目的是用來勉勵人們，而我輕視之，以示清高，這是違背君王的意願的，就會使得君王用以鼓勵天下的權威變得窘迫。因此說聖人雖然不是以官爵俸祿和優渥恩寵為榮幸，但未嘗不以為這樣做能提高君王的權威而感到榮幸，並以此向天下顯示君王權威應該得到重視，這就是做臣子的準則。

【研 析】為臣之道，就是要維護和宣揚君王的權威，也就是如何更好地維護君王的統治。官爵俸祿和優渥恩寵，不僅受朝廷的重視，得到「爵祿恩寵」的臣子庶民更應看重，否則，就會有損君主的權威。當然，如果把「爵祿恩寵」當作沽名釣譽的手段加以炫耀，這是有違於朝廷初衷的，而實際上世人常常是如此看待這個問題的。

二 孝子之事親也，上焉者先意❶，其次承志，其次共命❷。共命，則親有未言之志，不得承也；承志，則親有未萌之意，不得將❸也。至於先意，而悅親之道至矣。或曰安得許多心思，能推至此乎？曰：事親者以悅親為事者也，以悅親為事，則孳孳皇皇❹，無以尚❺之者。只是這個念頭，親有多少意志，終日體認不得？

【注 釋】❶先意 即先意承志，謂孝子先父母之意而承順其志，後泛指揣摩人意，諂媚逢迎。❷共命 敬從命令。共，通「恭」。❸將 遵奉；秉承。❹孳孳皇皇 孳孳，同「孜孜」。勤勉；努力不懈。皇皇，惶恐不安的樣子。皇，通「惶」。❺尚 增加；勝過。

【語譯】孝子事奉雙親，首先是能事先體察到父母的想法，其次是能順從父母的意願，再次就是敬從父母的命令。敬從父母的命令，那麼雙親有未能說出來的意願就不能順承；順從父母的意願，那麼雙親有未能表露的想法就不能遵奉。至於能事先體察到父母的想法，這樣，取悅雙親的方式可謂盡善盡美了。有人就會說哪裡會有那麼多的心智，能推測出雙親的想法以至如此細微周全？可以這麼說：事奉雙親的人就應當以取悅雙親為分內事，以取悅雙親為分內事，就會勤勉努力，惴惴不安，惟恐考慮不周，這樣做的話，應該說是至善至美的。只要存有這個念頭，雙親有多少意願，終日也體察不完的呢？

【研析】孝子不僅要時時照料好雙親，遵命承歡，更重要的是做到能想其所想，明瞭其所未言，做到這一點，實在是不易之事。

三　門戶可以託父兄，而喪德辱名，非父兄所能庇。生育可以由父母，而求疾❶蹈險❷，非父母所得由❸，為人子弟者不可不知。

【注釋】❶疾　有毀謗、或厭惡、或憎恨、或嫌怨等意思。❷蹈險　歷險；冒險。❸由　通「猶」。想要；圖謀。

【語譯】家事可以託付給父兄照料，而喪失品行、辱沒名聲，這不是父兄能幫你庇護的。養育成長可以由父母負責，而惹恨冒險，這不是父母所希望的，作為人之子或弟，不可不懂得這個道理。

【研　析】父母給你生命，把你培養成人，在困難的時候，能得到父兄的幫助，這就是幸福。若不顧惜自己的名聲和性命，這不僅是對自己的不負責，也是對家庭及父母兄弟的不負責，因為他們會為你傷心，甚至因此也賠上性命。

四　繼母之虐，嫡妻❶之妒，古今以為恨者也。而前子不孝，丈夫不端，則舍然❷不問焉。世情之偏也久矣，懷非母之迹，而因以生嫌。借恃父之名，而無端造謗，怨讟忤逆❸，父亦被誣者，世豈無耶？恣淫狎❹之性而恩重綠絲❺，挾城社❻之威而侮及黃裏❼，〈谷風〉、〈柏舟〉❽，妻亦失所❾者，世豈無耶？惟子孝夫端，然後繼母嫡妻無辭於姻族矣，居官不可不知。

【注　釋】❶嫡妻　正妻。❷舍然　同「釋然」。疑慮隔閡頓然消逝。❸怨讟忤逆　怨讟，怨恨誹謗。忤逆，冒犯；不孝順。❹淫狎　荒淫下流。❺綠絲　即墨髮，黑亮的頭髮，指年輕女子。❻城社　城池和祭地神的土壇。代指城鎮。也指邦國。❼黃裏　《詩經·邶風·綠衣》：「綠兮衣兮，綠衣黃裏。心之憂矣，曷維其已。」古時以黃色為正色，綠為間色。以綠色為衣，用黃色為裡。比喻尊卑反置，貴賤顛倒。❽谷風柏舟　均《詩經》中篇名。〈邶風·谷風序〉云：「〈谷風〉，刺夫婦失道也。」柏舟，柏木作的船。〈鄘風·柏舟序〉云：「〈柏舟〉，共姜自誓也。衛世子共伯蚤死，其妻守義，父母欲奪而嫁之，誓而弗許，故作是詩以絕之。」後因以謂夫死，妻子矢志不嫁。❾失所　失去應處的地方。此指妻子得不到尊重。

【語譯】繼母的殘忍暴虐，嫡妻的嫉妒悍潑，自古及今都認為這是件可恨的事。而前妻之子的不孝，丈夫行為的不端，就全然無疑問了。世俗人情的偏見久已有之，心中懷有不是親生母親的念頭，因此而產生了嫌疑。借助於父親的名望，無緣無故地造謠，怨恨誹謗，甚至做出忤逆之事，父親也被誣陷，世上難道沒有這事嗎？放縱自己荒淫的行為，寄深情於青春美女，依仗著有後臺撐腰，而汙辱同里的人，《詩經》中的〈谷風〉和〈柏舟〉二首詩，講的就是正妻失去了應有的名分和地位，世上難道沒有這事嗎？只有兒子孝順，丈夫行為端正，就不會發生繼母和嫡妻被休棄而還歸娘家的事，在任的官員不可不明白這個道理。

【研析】古代中國有著較為完善的宗法和禮制，規範著人們的行為，維繫著家庭或家族的和諧與穩定。自古就有所謂的「三綱五常」的說法，三綱指的是君為臣綱、父為子綱、夫為妻綱；五常指的是父義、母慈、兄友、弟恭、子孝。「三綱五常」就是中國古代社會提倡的主要道德規範，也是處理人與人之間關係的準則，更是統治階級維護治理社會的工具。如果亂了綱常，也就是說秩序和名分出現了混亂或顛倒，就會引發爭吵動亂，甚至會有大逆不道的事發生，大到弒君，小到殺父，都是如此。

五　閨門之中少了個「禮」字，便自天翻地覆，百禍千殃，身亡家破，皆從此起。

【語譯】閨門之中如果少了個「禮」字，就會引起秩序大亂，社會動蕩，禍患災難頻繁地發生，以至家破身亡，都是源於此。

【研析】古代中國有諸種規範女性言行的書，如《女兒經》、《女誡》等等。雖然說是女主內，男主外，但女性是可以通過男性發揮作用的。作為家庭主婦，相夫教子，侍奉公婆，操持家務，這是其主要職責。作為母儀天下的后妃，管理好後宮，為天下女性的儀範，這也是其職責。相反，如果不遵守規範，行為不檢點，甚至出現所謂牝雞司晨，就會引起動亂，小至家庭的破敗，大到國家的滅亡，歷史上確實有例可援。當然，其中也反映了作者女人為禍水的觀點，自有其局限性。

六　責人到閉口捲舌、面赤背汗時，猶刺刺❶不已，豈不快心？然淺隘❷刻薄甚矣！故君子攻人，不盡其過，須含蓄以餘人之愧懼，令其自新，方有趣味，是謂以善養人。

【注釋】❶刺刺　多言的樣子；絮絮叨叨的樣子。❷淺隘　狹小；心胸不寬廣。

【語譯】責備他人，以至於人家閉口不言、臉色紅赤，汗流浹背，仍喋喋不休，難道不是很開心嗎？雖然如此，未免心胸太狹隘，言辭太刻薄啦！所以說，作為一個君子，揭人所短，不必全都抖落出來，須是含蓄地點撥一下，使人感到慚愧，心存畏懼，從而改過自新，這才富有情趣和人情味，這可以說是善於教養他人。

【研　析】是人皆會犯錯，得理不饒人，這並不是教育他人的良方，往往還會適得其反，起不到絲毫的作用。是人都有面子，就連小孩也是如此，適當的時候，適當的語言，指出其不足，點到為止，於人於己，都是有好處的。這種教育觀念，在今天仍有其借鑑意義。

七　恩禮❶出於人情之自然，不可強致❷。然禮係體面，猶可責❸人，恩出於根心❹，反以責而失之矣。故恩薄，可結之使厚。恩離，可結之使固。一相責望❺，為怨滋深，古❻父子、兄弟、夫婦之間，使骨肉為寇讎，皆坐❼「責」之一字耳。

【注　釋】❶恩禮　寵信和禮遇。❷強致　用強力得到或達到。❸責　求取；期望。❹根心　本心。❺責望　責怪抱怨。❻古　《四庫》本作「故」，字相通，意相同。❼坐　因為。

【語　譯】寵信和禮遇應當是出於人情的自然表達，不可憑強力獲得。然而禮遇關係到面子，仍然可以向別人求取，而寵信則出於本心，反而因為向人索取而失去。因此說寵信不深，可不斷積聚使之加深。寵信疏遠，可密切聯繫使之堅固。一旦互相責怪抱怨，產生的怨恨就會逐漸加深，因此父子、兄弟、夫婦之間，使骨肉親人變成強盜或仇人，都是由於一個「責」字啊。

【研析】對他人的信任和敬重，當出於本心，彼此才會真誠相待，互助互愛。我們不能總是奢望從別人處索取，獲得更多的恩寵和禮遇。一旦不能如願，便產生不滿和怨恨，這是不可取。多給予人以真誠的幫助，少責怨，一定會有回報，幸福感也會時刻相伴的。

八　宋儒云：「宗法[1]明而家道[2]正。」豈惟家道？將[3]天下之治亂[4]，恒必由之。宇宙內無有一物不相貫屬，不相統攝[5]者。人以一身統四肢，一肢統五指。木以株統幹，以幹統枝，以枝統葉。百穀以莖統穗，以穗統稃，以稃統粒。蓋同根一脈，聯屬[6]成體，此操一舉萬之術，而治天下之要道也。天子統六卿[7]，六卿統九牧[8]，九牧統郡邑[9]，郡邑統鄉正[10]，鄉正統宗子[11]。事則以次責成，恩則以次流布，教則以次傳宣，法則以次繩督[12]。夫然後上不勞，下不亂，而政易行。自宗法廢，而人各為身，家[13]各為政，彼此如飄絮飛沙，不相維繫，是以上勞而無要領可持，下散而無脈絡相貫，姦盜易生而難知，教化易格⑭而難達。故宗法立而百善⑮興，宗法廢而萬事弛。或曰：「宗子而賤，而弱，而幼，而不肖，何以統宗？」曰：「古之宗法也，如封建⑯，世世以適長，適長不得人，則一宗受其敝，且豪強得以豚鼠視宗子，而魚肉⑰孤弱，其誰制之？蓋有宗子，又當立宗長，宗子以世世長子孫為之，宗長以闔族之有德望，為眾所推服，能佐宗子者為之，胥⑱重其權而互捄⑲其失，此二者，宗人一委聽焉，則有司有所責成，而紀法易於修舉⑳矣。」

【注釋】❶宗法　古代以家族為中心，按血統、嫡庶關係制定的社會法則，便於組織和統治。❷家道　成家之道，指家庭賴以成立與維持的規則和道理。❸將　大概。❹治亂　安定與動蕩。❺統攝　統轄；總領。❻聯屬　聯接。❼六卿　周代以天官冢宰、地官司徒、春官宗伯、夏官司馬、秋官司寇、冬官司空分掌邦國之政，統稱六官或六卿。這裡指中央主要部門負責的大臣。❽九牧　古代中國分為九州，九牧即指九州的長官，此指各地方長官。❾郡邑　指府縣。❿鄉正　隋、唐以五百戶為鄉，置鄉正一人，治理民間訴訟。也指鄉大夫。⓫宗子　古代宗法制度稱大宗的嫡長子為宗子，也泛指嫡長子。又指族長。⓬繩督　督正；糾正。⓭家　古代指卿大夫或卿大夫的采地食邑。漢時列侯稱家，也指分封列侯。⓮格　抗拒；阻礙。⓯百善　各種善事。⓰封建　封邦建國。古代帝王把爵位、土地分賜給親戚或功臣，被封者可在該區域內建立邦國，即附屬國。⓱魚肉　魚和肉，泛指葷腥之食。比喻受侵害、欺壓者。⑱胥　相互；都。⑲捄　同「救」。⑳修舉　興復；恢復。也指事務能得到及時地處理。

【語　譯】宋代的儒學家說過：「宗法明確，成家之道就會端正。」難道僅僅成家之道是這樣嗎？大概天下的穩定和動蕩，總是由於這個道理。宇宙中沒有那一種事物不是相互關連的，不是相互統轄的。人是以一個身軀統領四肢的，以一個肢體統領五指的。樹木以樹根統領樹幹，以樹幹統領樹枝，以樹枝統領樹葉。百穀以莖幹統領穗，以穗統領稃，以稃統領粒。大概是屬於同根同脈，聯接成一體，這是控制主幹而帶動所屬的方法，也是治理天下的重要方法。天子統管六卿長官，六卿統管各地方長官，各地方長官統管所屬府縣，府縣統管鄉正，鄉正統管宗子。這樣，任務會依次按指令由專門部門負責完成，君主施予的恩惠會依次散布傳播，教化會依次得到宣傳，法規會依次得到糾正。這樣居上位的不必百般煩勞，下屬的百姓也不會動亂，而國家的政策方針就會易於施行。自從宗法制被廢除，人各為己，大家族各自為政，彼此像似飄浮的柳絮、揚起的塵沙，不相集聚在一起，因此居上位的就會煩勞，抓不到要領，下面的百姓如同散沙，不能團結在一起，姦詐與盜竊之事容易發生而難以預知，教化易於受阻而難於施行。因此說宗法制度確立，就會看到各種好事，宗法制度廢棄，各種事務就會敗壞。有人問：「宗子如果地位低下，或軟弱，或幼小，或不成材，憑什麼管理宗族呢？」回答說：「古代的宗法制度，如封建，世世代代是以嫡長子為繼承人，如果嫡長子不能勝任其職位，那麼整個宗族就會因他而受罪，而且豪強就會像對待豬、鼠一樣對待宗子，欺負孤獨弱小者，又有誰能制止呢？一般說來，立了宗子，又應該立族長，宗子世代是以嫡長子、嫡長孫來擔任的，族長是以全族中有德行、有名望，並能為眾人推崇欽佩，能輔佐宗子的人擔任，互相尊重其權位，互相補救其失誤，這兩人，宗族的人把所有的全都託付給他們，並聽從其指揮，有關部門也會責成，而且法紀也就容易復興了。」

【研析】宗法制是封建社會維繫人際關係，維持社會穩定，維護皇權統治的一項重要措施。其要點就是要求人們依照既定的法則來處理事務，接人待物，遵守秩序，敬重尊長，這樣就不會生逆叛之心，家族、社會也會避免出現混亂和動蕩。

九

「母氏聖善，我無令人❶」，孝子不可不知。「臣罪當誅兮天王聖明❷」，忠臣不可不知。

【注釋】❶母氏聖善二句　為《詩經・邶風・凱風》中句。聖善，聰明善良。令人，品德美好的人。❷臣罪當誅兮句　傳說周文王在羑里作〈拘幽操〉，其中云：「朝不日出兮夜不見月與星，有知無知兮為死為生，嗚呼！臣罪當誅兮天王聖明。」

【語譯】「母親聰明善良，而我們無美好的品德」，這句詩孝子不可不知。「臣有罪，當誅滅啊，君王是英明聖哲，無所不知的」，這句話忠臣不可不知。

【研析】作為人子，應當盡孝，使父母無失壽養之憂。作為人臣，應當盡忠，輔佐君主至太平盛世。這都是理所當然的事，否則，就是失職。

一〇　士大夫以上有祠堂❶，有正寢，有客位。祠堂有齋房、神庫，四世之祖考居焉，先世之遺物藏焉，子孫立拜之位在焉，犧牲❷鼎俎盥尊❸之器物陳焉，堂上堂下之樂列焉，主人之周旋❹升降由焉。正寢，吉禮❺，則生忌❻之考妣❼遷焉；凶禮❽，則尸柩前之食案香几衣冠設焉，朝夕哭奠之位容焉，柩旁床帳諸器之陳設、五服❾之喪次、男女之哭位分焉，堂外弔奠之客祭器之羅列在焉。客位，則將葬之遷柩宿焉，冠禮❿之曲折⓫、男女之醮⓬位、賓客之宴饗⓭行焉。此三所者，皆有兩階，皆有位次，故居室寧陋，而四禮之所斷乎其不可陋。近見名公，有以旋馬容膝⓮，繩樞甕牖⓯，為清節⓰高品者，余甚慕之，而愛禮一念，甚於愛名，故力可勉為。不嫌宏裕⓱，敢為大夫以上者告焉。

【注釋】❶祠堂　舊時指祭祀祖宗或先賢的廟堂。宗族宗祠也稱祠堂。❷犧牲　本指供祭祀用的純色全體牲畜，也泛指用其他動物所作的祭品。❸鼎俎盥尊　指各種祭器。鼎，古代炊器，又為盛熟牲之器，多用青銅或陶土製成。圓鼎兩耳三足，方鼎兩耳四足。後多用為宗廟的禮器和墓葬的明器。俎，古代祭祀、宴饗時陳置牲禮或其他食物的禮器。盥，古代洗手的器皿。尊，又作「樽」或「罇」。古盛酒器，用作祭祀或宴饗的禮器。早期用陶製，後多以青銅澆鑄。形制較多，常見的有圓形及方形。❹周旋　古代行禮時進退揖讓的動作。❺吉禮　古代五禮之一，為祭祀之禮，又指婚禮。❻生忌　指死者的生日，舊俗於此日設祭，忌娛樂。❼考妣　父曰考，母曰妣。❽凶禮　逢凶事而舉行哀弔的儀禮，也特指喪禮。❾五服　古代以親疏為差等的五種喪服，即「斬衰、齊衰、大功、小功、緦麻」。❿冠禮　古代男子二十歲舉行加冠之禮，表示成人。⓫曲折　委曲；詳細情況。⓬醮　古代冠禮、婚禮中的一種簡單儀節，指尊者對卑者酌酒，卑者接受敬酒後飲盡，不需回敬。⓭宴饗　設宴饗客。⓮旋馬容膝　形容居住的地方狹小。旋馬，喻僅能供馬身掉轉。容膝，僅能容納雙膝。⓯繩樞甕牖　以繩子繫門樞，以破甕作窗戶，形容居住的屋舍極其簡陋。⓰清節　高潔的情操。⓱宏裕　寬宏；宏大。

【語　譯】古代士大夫以上，家有祠堂，祠堂有正堂，有客廳。祠堂還有齋戒的居室、神位存放的房間，四代以來的祖先神位安放於此，祖先的遺物收藏於此，子孫立拜的位置設於此，犧牲、鼎、俎、盥、尊等器物也陳放於此，堂上和堂下的樂器排列於此，主人行禮時進退、揖讓、上下是從這開始的。正堂，遇有吉禮，正逢過世父母生日的那天，把他們的神位遷到這裡；遇有凶禮，在這裡之棺柩前的食案香几上供奉逝者的衣冠，設有朝晚哭弔祭奠的位置，棺柩旁陳設有床和帳子等器用，五服中人員的位次、男女哭喪排列的位次、堂外前來弔喪祭奠客人奉獻的祭器的排列也都在這裡。客廳，將要入葬的棺柩安放在這裡，舉行冠禮的詳情、男女醮飲的位次、設宴招待客人，都在這裡舉行。這三個地方，都有兩個臺階，都有依次排定的位置，因此說居住的臥室寧可簡陋，而舉行四種禮典祭祠的地方是斷斷不能簡陋的。近來見到的名公大臣，其中有的居住地以及居室狹小，設施極其簡陋，這真是品行高潔，我很是羨慕他們，而且他們對禮儀的崇敬之心，要高於對自己名聲的愛護，所以可以勉勵自己去做。我不揣固陋，不避忌那些心胸開闊的人，對要想成為大夫以上的人，在此提出自己的看法。

【研析】中國自古就是禮儀之邦，講求禮儀，規範人們的言行，所謂「愛禮一念，甚於愛名」，做到由自覺到自律，那麼社會的秩序就會井然，紛亂動蕩的局面就能避免，人們的幸福感就得以提高。

一一　朝廷之上紀綱❶定而臣民可守，是曰朝常。公卿❷大夫❸百司庶官各有定法，可使持循❹，是曰官常❺。一門之內，父子兄弟，長幼尊卑，各有條理❻，不變不亂，是曰家常。飲食起居，動靜語默，擇其中正❼者守而勿失，是曰身常。得其常則治，失其常則亂，未有苟且冥行❽而不取敗者也。

【注釋】❶紀綱　法度；綱領。❷公卿　三公九卿的簡稱，泛指高官。❸大夫　古職官名。周代，國君之下有卿、大夫、士三等。後世泛指任有官職的人。❹持循　遵循。❺常　典章法度；秩序。❻條理　這裡指秩序、等級。❼中正　得當；不偏不倚。❽冥行　本指夜間行路，喻盲目行事。

【語譯】朝廷上制定了法規，官僚和百姓就可以遵守，這就是所說的朝綱。公卿大夫以及各級官員，各有相應制定的法規，可使他們遵循，這就是所說的官常。一家之內，父子兄弟，長幼尊卑，各有秩序，不改變它們，就不會出現動亂，這就是所說的家常。在日常的飲食起居，活動與靜處、說話或不語中，選擇適當的應對方式，堅守不變，這就是所說的身常。符合了典章法度，就好治理；不符典章法度，就會出現動亂，沒有不遵守法規、盲目行事而不失敗的人。

【研析】法度是約束人們行為的，大到朝綱官常，小至鄉約家規，人人若能自律，就不會行為失常，也不會有非分之想。社會就能安定，人民就能安心。

一二　人心喜則志意暢達，飲食多進而不傷，血氣沖和❶而不鬱，自然無病而體充身健，安得不壽？故孝子之於親也，終日乾乾❷，惟恐有一毫不快事到父母心頭，自家既不惹起，外觸又極防閑❸，無論貧富貴賤、常變順逆，只是以悅親為主。蓋「悅」之一字，乃事親第一傳心口訣也。即不幸而親有過，亦須在「悅」字上用工夫，幾諫積誠，耐煩留意，委曲方略，自有回天❹妙用。若直諍以甚其過，暴棄❺以增其怒，不悅莫大焉，故曰不順乎親，不可以為子。

【注釋】❶沖和　平和舒緩。❷乾乾　敬慎的樣子。❸防閑　防備；禁阻。❹回天　比喻力量大，能左右或扭轉難以挽回的局勢。❺暴棄　突然離棄，這裡指不理不睬。

【語譯】人遇心喜，就會神情煥發，多飲多食也不會傷胃，這是因為血氣平和舒緩而不鬱結，自然不生病，並且是身體強健，這樣，怎麼不會長壽呢？所以說孝子對於雙親，終日恭敬謹慎，惟恐絲毫不快的事出現在父母心中，既然自己不會惹起父母的不快，也要防止因接觸外界而引起的不快，不論是貧富貴賤，還是處在常態或突變、順境或逆境，都是以取悅雙親為主要。大概「悅」這一個字，是侍奉雙親的第一個傳心的口訣。即使不幸雙親有過錯，也必須在「悅」字上花費時間和精力，幾經勸諫，積累精誠，耐心留意，方法和策略的委婉，自然會有扭轉的妙方。如果直言規勸，就會加重其過錯，有的不予理會，又會強化其怒氣，不能取悅雙親沒有比這更嚴重的了，所以說不能順從雙親，不配作人之子。

【研析】孝順，就是善事父母，並取悅父母。家庭是社會的基本單元，父母是家庭的主人，是支柱。對父母的孝順，既是對父母養育之恩的回報，也有利於社會的和諧和穩定。

一三

郊社❶，報天地生成之大德也。然災沴❷有禳❸，順成❹有祈，君為私田❺則仁，民為公田❻則忠。不嫌於求福，不嫌於免禍，子孫之祭先祖，以追養繼孝也。自我祖父母以有此身也，曰：「賴先人之澤，以享其餘慶也。」曰：「吾朝夕奉養承歡，而一旦不復獻杯棬❼，心悲思而無寄，故祭薦以伸吾誠也。」曰：「吾貧賤，不足以供菽水❽，今鼎食❾而親不逮，心悲思而莫及，故祭薦以志吾悔也。」豈為其遊魂虛位能福我而求之哉？求福己，非君子之心。而以一飯之設、數拜之勤，求福於先人，仁孝誠敬之心，果如是乎？不謀利，不責報，不望其感激，雖在他人猶然，而況我先人乎？《詩》之祭必言福，而〈楚茨〉❿諸詩為尤甚，豈可為訓耶？吾獨有取於〈采蘩〉、〈采蘋〉⓫二詩，盡物盡志，以達吾子孫之誠敬而已，他不及也。明乎此道，則天下萬事萬物，皆盡我所當，為禍福利害，皆聽其自至，人事修而外慕之心息，向道專而作輟⓬之念忘矣。何者？明於性分⓭而無所冀倖也。

【注釋】❶郊社　指祭祀天地，也指祭祀天地之處。古代冬至祭天稱郊，夏至祭地稱社。❷災沴　自然災害。❸禳　祭名，指除邪消災的祭祀，也指除去邪惡或災異。❹順成　順承天施而成功，指風調雨順，五穀豐登。❺私田　古代井田制度，每井九百畝，八家各分配百畝，稱為私田。❻公田　古代井田制度，把土地劃成「井」

字形，分為九區，中區由若干農夫共同耕種，將收穫物全部繳給統治者，稱為「公田」。與中區以外的「私田」相對稱。❼杯棬　木製的飲器。❽菽水　豆與水。謂所食惟有豆和水，形容生活極清苦。❾鼎食　列鼎而食，指貴族大姓的豪奢生活。❿楚茨　《詩經・小雅》篇名，〈序〉云：「〈楚茨〉，刺幽王也。政煩賦重，田萊多荒，饑饉降喪，民卒流亡，祭祀不饗，故君子思古焉。」⓫采蘩采蘋　均《詩經・召南》篇名，〈序〉云：「〈采蘩〉，夫人不失職也。夫人可以奉祭祀，則不失職矣。」即貴族夫人自詠其奉祭祀能盡職之事。又云：「〈采蘋〉，大夫妻能循法度也。能循法度，則可以承先祖，共祭祀矣。」即是說古代女子出嫁前去宗廟祭祀祖先。現代多認為是寫女奴們為主人採辦祭品以供奉祭祀之用。⓬作輟　中途停止，不能持之以恒。⓭性分　本性；天性。

【語　譯】郊社的祭祀活動，是為報答天地養育的大德。而出現了自然災害，就會舉行祭祀，祈求消災去邪，遇到風調雨順、五穀豐登，也會祭祀祈福，作為君主，以仁德來管理私田，百姓就會盡心於公田的耕種。祈福不嫌棄，遇禍不埋怨，子孫祭祀祖先，是為了追思養育之恩，並且承傳孝心。自從有了祖父祖母，才會有我這身軀，如云：「幸得祖先遺留的恩惠，子孫得以享受其福澤。」又云：「我早晚侍奉雙親，迎合他們心意，祈盼他們歡愉，如果一旦不能於飲食間向雙親敬獻，內心悲感而無所寄託，所以祭祀時獻上供品，藉此表達我的追思之情。」又云：「我貧窮時，不能為雙親提供基本的飲食所需，如今富貴了，但雙親未能享受到，內心悲感，又無法釋懷，所以祭祀時獻上供品，藉此表達我的追悔之意。」難道是因為這些浮散遊蕩的魂魄，或空無的神位能保祐我而向他們祈福嗎？祈求賜福於己，這不是君子的心願。況且僅以供奉一碗飯、勤於跪拜來祈福於祖先，所謂的仁愛孝順、誠懇敬畏的心願，果真就是這樣的嗎？不謀取私利，不要求回報，不期盼他們的感謝，即使對他人尚且如此，何況對自己的祖先呢？《詩經》中涉及祭祀的作品一定會涉及到祈福，而〈楚茨〉等詩作尤其突出，難道這可以作為範例援引嗎？我獨於〈采蘩〉、〈采蘋〉二詩有所悟得，二詩既能完美地詠吟其物，又能完全地表白心意，表達我們這些子孫後代的誠懇敬畏而已，不旁及其他的思想內容。明白了這個道理，那麼天下的萬事萬物，都竭盡我力，做自己應當做的，而禍福利害，都聽任其自然降臨，做好力所能及的事，摒除其他奢望的想法，專心於正道，而忘掉半途而廢的想法。為什麼這樣說呢？這就是明白本性而不存在僥倖之心。

【研析】舉行祭祀，祈福於天地祖先，不僅僅是為了完成一種儀式而已。虔誠的態度，認真地履行，持之以恒，這才是重要的。三心二意，口是心非，或半途而廢，都是不可取的。

一四　友道❶極❷關係，故與君父並列而為五❸。人生德業成就，少朋友不得，君以法行，治我者也。父以恩行，不責善❹者也。兄弟怡怡❺，不欲以切偲❻傷愛。婦人主內事❼，不得相追隨。規過❽，子雖敢爭❾，終有可避之嫌。至於對嚴師，則矜持收斂❿而過無可見。在家庭則狎昵親習⓫，而正言不入。惟夫朋友者，朝夕相與，既不若師之進見有時，情禮無嫌，又不若父子兄弟之言語有忌。一德虧則友責之，一業廢則友責之。美則相與獎勸，非則相與匡救。日更月變，互感交摩，駸駸⑫然不覺其勞且難，而入於君子之域矣。是朋友者，四倫之所賴也。嗟夫！斯道之亡久矣。言語嬉媟⑬，樽俎⑭嫗煦⑮，無論事之善惡，以順我者為厚交；無論人之姦賢，以敬我者為君子。躡足附耳⑯，自謂知心；接膝拍肩，濫許刎頸⑰。大家同陷於小人而不知，可哀也已。是故物相反者相成，見相左⑱者相益。孔子取友曰直、諒、多聞⑲，此三友者，皆與我不相附會者也，故曰益。是故得三友難，能為人三友更難。天地間不論天南地北、縉紳⑳草莽㉑，得一好友，道同志合，亦人生一大快也。

【注釋】❶友道　朋友交往的準則。❷極　窮究。❸五　指五倫，舊指君臣、父子、兄弟、夫妻、朋友之間五種倫理關係，也稱五常。❹責善　勸勉從善。❺怡怡　指兄弟和睦相處的樣子。❻切偲　即「切切偲偲」，指朋友間相互敬重、切磋勉勵的樣子。❼內事　室內之事；家內之事。❽規過　規正過失。❾爭　一作諍，直言規勸。❿收斂　謂檢點行為、約束身心。⓫親習　親近熟悉。⓬駸駸　馬疾速奔馳的樣子，喻漸進。⓭嬉媟　指言語輕慢、不莊重。⓮樽俎　古代盛酒食用的器具，樽以盛酒，俎以盛肉。後謂宴席。⓯嫗煦　和悅之色。⓰躡足附耳　腿腳疊加，對著耳朵說話，形容彼此關係密切。下文「接膝拍肩」也是此意。⓱刎頸　即刎頸交，生死之交的意思。⑱相左　互相違異；不一致。⑲孔子取友句　《論語・季氏》：「益者三友，損者三友。友直，友諒，友多聞，益矣；友便辟，友善柔，友便佞，損矣。」諒，誠信。⑳縉紳　插笏於紳帶間，舊時官宦的裝束。借指官僚士大夫。㉑草莽　草野，指普通百姓。

【語譯】朋友交往的準則能窮究人與人之間的聯繫，因此與君臣、父子等並列而稱為五倫。人生中，德行與功業若想取得成就，少不了朋友的幫助，君主推行法規，是用來管理我們。父輩施行恩惠，並不是勸勉從善。兄弟間和睦相處，不會以友朋間相互敬重、切磋勉勵的方式傷害親愛之情。婦人主管家中的事務，不可追隨夫君干預外事。規勸過失，子女雖然可以直言勸諫，但還是有法可以避免不孝的嫌疑。至於面對著令人敬重的老師，就應該竭力保持莊重，檢點自己的行為，約束自己的身心，這樣就不會出現過錯。在家裡，因關係親密熟悉，不會說嚴正的話。只有朋友，朝夕相處，既不像是拜見老師那樣需守時，感情和禮儀方面不能有違礙之處，又不像父子兄弟相處，言語上有忌諱。德行一有不足，朋友就會直言責備，事業一有荒廢，朋友也會直言責備。德業方面表現得美好，彼此會互相獎勵勸勉，德業方面表現得不夠，彼此會互相匡正救助。隨著時間的變化，相互影響，相互切磋，漸漸地，不覺得辛苦困難，就可以進入到成為君子的境界了。這種朋友，是其他四倫所依賴的。哎！這種人倫之道久已消亡了。言談輕慢，不莊重，飲食間隨意說笑，不問事情好壞是非，以順從我的為至交；不問其人姦詐賢能，以敬重我的為君子。彼此腿腳疊加，對著耳朵說話，自云是知心之交；促膝拍肩，就隨意稱作生死之交。大家都變成了小人，而自己還不覺得，真可謂是悲哀呀。因此說事物間既有相互對立的一面，也會有相互依賴、相互促成的一面，事物間既互相違礙，又互相補益。孔子交友的原則是與正直的人結交、與誠信的人結交、與博識的人結交，這三類朋友，都不會無原則地附和我們，因此稱作有益的朋友。所以說得三種益友難，而成為他人的三種益友更難。天地間，不論是在天南地北，不論是官僚士大夫，還是普通老百姓，得一個好朋友，志趣相同，也是人生的一大快樂啊。

【研析】結交朋友，是封建社會中五倫之一，也是維繫社會人際關係的重要紐帶。然而交友有道，孔子云「益者三友，損者三友」，對今天的人來說仍具有指導意義。如今的社會，人與人之間相遇相識的機會是很多的，但關係仍是複雜的，而謹慎地選擇，認真地考察，就顯得重要了。畢竟得一值得信任、有益於己的朋友，是需要彼此間共同努力的。

談道

一　廟堂❶之樂，淡之至也，淡則無欲，無欲之道，與神明❷通。素之至也，素則無文，無文之妙，與本始通。

【注釋】❶廟堂　太廟的殿堂，又指太廟和明堂、廟宇。❷神明　天地間一切神靈的總稱。

【語譯】廟堂上演奏的音樂，極其淡雅，淡雅就不會引起欲望，達到了沒有欲望的境界，就可以與神明感應相通。樸素達到了極至，樸素就沒有文綵，沒有文綵的妙境，就可與萬物的本源感應相通。

【研析】耳之所聽，音樂可以娛心；目之所見，色彩可以賞心。節奏的歡快，曲調的高亢，色彩的斑斕，會使人血氣沸騰，欲望大增。這是初始時期，也就是肉欲享受的階段。但不是最高境界，最高境界是精神享受的階段，即樂之淡雅和色之樸素。肉欲享受的階段有可能對人身心有傷害，而精神享受的階段才是身心俱適，得到的是平淡溫和後的愉悅和輕鬆。

二 至道❶之妙，不可意思，如何可言？可以言，皆義❷之淺也。玄之又玄❸，猶龍公❹亦說不破。蓋公亦囿於玄玄之中耳，要說，說個甚然？却只在匹夫匹婦共知共行之中，外了這個，便是虛無。

【注釋】❶至道　最好的學說、道德或政治制度。又佛、道謂極精深微妙的道理或道術。❷義　一作「道」。

❸玄之又玄　《老子》：「玄之又玄，眾妙之門。」本指「道」幽昧深遠，不可測知。後泛指事理奧妙難懂。

❹猶龍公　《史記・老子韓非列傳》引孔子話云：「至於龍，吾不能知，其乘風雲而上天。吾今日見老子，其猶龍邪？」謂道之高深奇妙，如龍之變化不可測，猶龍此指老子。

【語譯】至道的妙處，在於不可以明白它的意圖，又如何能用言語說個明白？能用言語說明白的，都是至道的表象。至道幽昧深遠，是不可測知的，連老子都說不明白。大概老子也是拘泥於至道的高深奇妙而不能自拔，想要說明白，又能說成怎樣的呢？所說不過是男女百姓都知道的，都在身體力行的，除了這個，就是空無虛有。

【研　析】至道，就是高深幽渺、難以測知的道理法則等，人們常常是在追求至道，但能得到的卻少之又少。一般來說，日用生活，萬事萬物，均含有至道，或是無心而體悟到，只可意會，不能言傳，這未嘗不也是一種收穫，自己有所得，就有所值。

三　除了個「中❶」字，更定❷道統❸不得。旁流❹之至聖，不如正路之賢人。故道統寧中絕，不以旁流繼嗣，何者？氣脈不同也，予嘗曰：「寧為道統家奴婢，不為旁流家宗子。」

【注釋】❶中　指中庸之道。儒家主張待人、處事不偏不倚，無過無不及。為儒家的政治、哲學思想。❷更定　修改；修訂。❸道統　宋、明理學家稱儒家學術思想授受的系統。❹旁流　意即旁門左道、邪說。

【語譯】除了堅守個「中」字，修改儒家的道統是不行的。旁流邪說，即使是品德智能極高尚的人，也不如宣傳正道之賢能的人。所以寧願儒家道統中途斷絕，也不會用旁流邪說來繼承，為什麼呢？這是因為兩者的血氣和脈息不同啊，我曾經說過：「寧願做儒家道統家的奴婢，也不願做旁流邪說家的嫡長子。」

【研　析】自漢朝以來，儒家學說成為中國統治者治國御人的主要理論根據，成為一統思想的官方哲學。而儒家學說之外的，一概視為異端邪說。作者從維護封建統治的角度，提出「寧為道統家奴婢，不為旁流家宗子」之言說，就不足為奇了。

四　「中」之一字，是無天於上，無地於下，無東西南北於四方，此是南面獨尊❶，道中的天子，仁、義、禮、智、信❷，都是東西侍立，百行萬善，但少了這個，都是一家貨，更成甚麼道理。

【注釋】❶南面獨尊　古代以坐北朝南為尊位，帝王諸侯見群臣，或卿大夫見僚屬，均是面向南而坐，因此用以指帝王或諸侯、卿大夫之位。又泛指居尊位或官位。❷仁義禮智信　為三綱五常之「五常」。

【語譯】「中」這一個字，是上不歸天管，下不歸地屬，也不屬於東西南北四方的統轄，它是面南而坐，唯我獨尊，是道統中的天子，仁、義、禮、智、信，都是侍立在兩旁，各種品行善念，只要缺少了這個「中」字，都是一樣的東西，又會有什麼道理可言。

【研析】中庸之道，是儒家的主要哲學思想，也是儒者重要的處世哲學。只要做到不偏不倚，就能達到公正平等，再棘手的事也能解決得了。

五　愚、不肖者不能任道，亦不能賊道，賊道全是賢智。後世無識之人不察道之本然面目，示天下以大中至正❶之矩，而但以賢智者為標的❷，世間有了賢智，便看的中道❸尋常，無以過人，不起名譽，遂薄中道而不為。道之壞也，不獨賢智者之罪，而推崇賢智，其罪亦不小矣。《中庸》❹為賢智而作也，「中」足矣，又下個「庸」字，旨深哉！此難與曲局❺之士道。

【注釋】❶大中至正　大中，指無過與不及的中正之道。至正，最為中正之道。❷標的　目標；準則。❸中道　中正之道。❹中庸　「四書五經」中的「四書」之一，相傳為孔子的孫子子思所作，原為《禮記》中的一篇，宋代朱熹把它析出，作為「四書」之一。❺曲局　又作曲跼，枉邪不正。

【語譯】愚笨的人、不正派的人不能肩負推行仁義的重任，也不能損害仁義之道，損害仁義之道的都是賢能和智慧的人。後世無知的人不能體察道統的本來面目，向天下人展示最為中正之道的法則，只是以賢能智慧為目標，世上有了賢能智慧，就把達到中正之道看成尋常，認為沒有過人之處，不會帶來名譽，於是輕視中正之道，而不努力去實踐之。中正之道被損害，不僅僅是賢能智慧的罪過，而推崇賢能智慧，其罪過也是不小。《中庸》就是為賢能智慧而創作的，「中」的意思已經表達得很充分了，又增加了個「庸」字，其意旨是多麼的深奧啊！這個道理難與鄉曲偏邪之士說。

【研析】中庸之道，其目的就是能做到公正平等，不偏不倚。而一些人自以為賢能智慧，打著推行中道的旗號，幹的卻是違背中道的事，這類例子，古今中外，層出不窮。

六　道者，天下古今共公之理，人人都有分的。道不自私，聖人不私道，而儒者每私之，曰聖人之道。言必循經，事必稽古❶，曰衛道。嗟夫！此千古之大防❷也，誰敢決之？然道無津涯，非聖人之言所能限；事有時勢，非聖人之制所能盡。後世苟有明者出，發聖人所未發，而默契聖人欲言之心，為聖人所未為，而脗合聖人必為之事，此固聖人之深幸，而拘儒❸之所大駭也。嗚呼！此可與通者道，漢、唐以來，鮮若人矣。

【注釋】❶稽古　考察古昔之事。❷大防　大堤壩。比喻重要的、原則性的界限。❸拘儒　指固執守舊、目光短淺的儒生。

【語譯】中正之道，這是天下古今共公的道理，人人都有責任實踐它。中正之道沒有自私的因素，聖人作為品德最高尚、智慧最高超的人，是不會借助道來謀私利，而那些所謂尊崇儒學、通習儒家經書的人常常會把道作為謀私利的手段，並聲稱這就是聖人主張的「道」。言語一定要遵循經典，行事必須考核古昔，聲稱這就是堅守道統。哎！這就像是千百年來的大堤壩，誰敢使它潰決呢？然而中正之道是沒有邊界的，不是聖人的言語所能局限的；凡事都有其發生的時代及趨勢，不是聖人定下的規則所能包括得盡的。後世如果有聖明的人出現，闡發聖人所未能談到的，並能和聖人要表達而未說出的達成默契，實踐聖人未做的事，並且與聖人一定想要做的事相吻合，這對聖人來說，固然是深感榮幸，而對目光短淺、固執守舊的儒生來說，卻是覺得震驚。哎！這只可與通情達理的人說，漢、唐以來，像這樣的人太少了啊。

【研析】能嚴格地按中庸之道行事，就不會受私欲的左右。中庸之道是一項原則，是真理，而世事是千變萬化，實踐中庸之道的方法和途徑也是多變的，靈活運用，才能充分地體悟聖人之意，為我所用，達到目的。

七

《易》❶道渾身都是，滿眼都是，盈六合都是。三百八十四爻❷，聖人特拈起三百八十四事來做題目，使千聖作《易》，人人另有三百八十四說，都外不了那陰陽道理。後之學者求《易》於《易》，穿鑿附會以求通，不知《易》是個活的，學者看做死的；《易》是個無方體的，學者看做有定象的。故論簡要，乾、坤❸二卦已多了；論窮理，雖萬卷書，說不盡《易》的道理，何止三百八十四爻。

【注釋】❶易　古代卜筮之書，有《連山》、《歸藏》、《周易》三種，合稱三《易》，今僅存《周易》，簡稱《易》，為儒家經典之一。❷爻　《周易》中組成卦的符號，分為陽爻和陰爻。每三爻合成一卦，可得八卦，稱為經卦；兩卦（六爻）相重則得六十四卦，稱為別卦。爻有交錯和變化之意。❸乾坤　乾，《周易》之卦名，為八卦之一；又為六十四卦之一。代表陽；象徵天。坤，《周易》之卦名，為八卦之一；又為六十四卦之一。代表陰；象徵地。

【語　譯】《周易》所說的「道」滿身都能感覺到，滿眼都能看得到，天地四方都存在。三百八十四爻，聖人特意選取三百八十四件事來做題目，使一千位聖人解讀《周易》，人人又有三百八十四種說法，但這些解說都不外乎是陰陽二氣如何構成萬事萬物的道理。後來的學者想從《周易》中求得對《周易》的解說，為求得明白，不惜穿鑿附會，不懂得《周易》所說的道理是活的，學者把它看成是僵硬的教條；《周易》不是方正規矩的實體，學者卻把它看作有固定形狀的東西。所以說若論簡要，乾、坤二卦已嫌多了；若論窮究事物的本性，即使有萬卷書，也說不盡《周易》中所說的道理，又何況三百八十四爻呢？

【研　析】《易》又稱《易經》、《周易》，為古代中國占卜用的書。後成為儒家的經典著作之一，為六經之首。講述的是宇宙萬物形成的道理。由於《易經》是由文字和符號組成的，多具象徵性意義，以致後人的解讀也是智者見智，仁者見仁。牽強附會，也就在所難免了。

八

五色❶勝則相掩，然必厚益之，猶不能渾然無迹。維黑一染，不可辨矣。故黑者，萬事之府也，斂藏之道也。帝王之道黑，故能容保無疆；聖人之心黑，故能容會萬里。蓋含英采、韜精明、養元氣❷、蓄天機❸，皆黑之道也，故曰惟玄惟默。玄，黑色也；默，黑象也。《書》稱舜曰「玄德升聞❹」，《老子》曰：「知其白，守其黑。」❺得黑之精者也。故外著而不可掩，皆道之淺者也。雖然，儒道內黑而外白，黑為體，白為用，老氏內白而外黑，白安身，黑善世。

【注釋】❶五色　指青、赤、白、黑、黃五種顏色，古代以此五者為正色。❷元氣　天地未分前的混沌之氣，泛指宇宙中的自然之氣。也指人的精神、精氣。❸天機　猶靈性，天賦靈機。❹玄德升聞　見《尚書・舜典》。玄德，指潛蓄而不著於外的德性。升聞，上聞。❺老子曰三句　謂自知有能力，卻不張揚，安於暗昧，保持玄寂。《老子》云：「知其白，守其黑，為天下式。」

【語譯】五色占居優勢就會相互超越，不過必是大力增加，仍然不能做到渾然無跡。只是一染黑色，就不能辨識了。因此黑色，是萬物的歸宿，也是收斂閉藏的方式。帝王的統治之道黑，所以能容納一切，保證江山永遠；聖人的心意黑，所以能容納一切，會心於萬里。大概能蘊含英華、斂藏精明、涵養元氣、積蓄靈性，都屬於黑的方法，所以說只有黑色，才會靜默。玄，是指黑色；默，是黑色的表象。《書》稱舜云「濬蓄的德性向上呈報給朝廷」，《老子》云：「明知可以白亮，卻堅守著黑寂。」可以說是得到了「黑」之意的精髓。因此說外露而不能掩飾的，都是由於品性涵養的浮淺。雖然如此，儒家的思想是內含斂藏，外用彰明，斂藏是主體，彰明是功用，老子的思想是內含彰明，外用斂藏，彰明是為了容身於世，斂藏是為了行善於世。

【研析】為人處世，揚才露己，就會招致嫉妒，甚至惹來殺身之禍。聰明的人不是這樣做的，所謂「知其白，守其黑」，黑意味著斂藏，含而不露，即使知道自己是有能力和才華的人，在這個方面也更應注意。善於保護自己，也會善於施展自己的才能。

九　道在天地間，不限於取數之多。心力勤者得多，心力衰者得少，昏弱者一無所得。假使天下皆聖人，道亦足以供其求。苟皆為盜跖❶，道之本體自在，也分毫無損。畢竟是世有聖人，道斯有主，道附聖人，道斯有用。

【注釋】❶盜跖　一作「盜蹠」。傳說古時民眾起義的領袖。「盜」是統治者對他的貶稱。

【語譯】道存在於天地之間，不局限於得到的數量之多。心思和能力勤苦的人得到的多些，心思和能力衰減的人得到的少些，昏庸懦弱的人一無所得。假如天下都是聖人，道也足以供應其需求。假使天下都是盜蹠，道的本體依然存在，也不會受到絲毫的損傷。畢竟世間有聖人存在，道有了主人，道依附聖人，道就會發揮作用。

【研　析】這裡的「道」是指儒家的道統，作者認為儒家的道統不會因朝代的更替、社會的變化而消失，也不會因統治者的賢明與否而失傳。只要有虔誠的儒者在，儒家的道統之脈就會傳承下去。

一〇　或問：「中之道，堯、舜傳心❶，必有至玄至妙之理。」余嘆曰：只就我兩人眼前說，這飲酒不為限量，不至過醉，這就是飲酒之中。這說話不緘默，不狂誕，這就是說話之中。這作揖跪拜❷，不煩不疏，不疾不徐，這就是作揖跪拜之中。一事得中，就是一事的堯、舜，推之萬事皆然。又到那安行❸處，便是十全的堯、舜。

【注　釋】❶傳心　指儒家的道統傳授。❷作揖跪拜　作揖，舊時行禮的一種形式，兩手抱拳高拱，身子略彎，表示向人敬禮。跪拜，屈膝下拜；磕頭。❸安行　徐行；從容不迫地實行。

【語　譯】有人問：「中庸之道，為堯、舜思想的傳承，必定有極其深奧微妙的道理。」我深有感嘆地回答說：就拿我倆眼前的情況作比，這樣的飲酒不限量，就不至於太醉，這就是飲酒的適中。這樣的說話不會沉默寡言，也不會狂妄怪誕，這就是說話的適中。這樣的作揖跪拜，既不繁瑣，也不簡陋，不快不慢，這就是作揖跪拜的適中。一件事做得適中，這一事就體現了堯、舜的思想，推廣到所有事情，都是如此。如果又能做到從容不迫地實行，那就是堯、舜思想的完美實現了。

【研析】凡事能做到恰如其分，適中適度，於己於人，感覺都會舒服完美，這就是中庸之道。

一一　形神一息不相離，道器❶一息不相無，故道無精粗，言精粗者妄也。因與一客共酌，指案上羅列者，謂之曰：這安排必有停妥處，是天然自有底道理。那僮僕見一豆❷上案，將滿案尊俎❸東移西動，莫知措手。那熟底入眼，便有定位，未來便有安排。新者近前，舊者退後，飲食居左，匙箸居右，重積不相掩，參錯不相亂，布置得宜，楚楚齊齊❹，這個是粗底。若說神化❺性命，不在此，卻在何處？若說這裏有神化性命，這個工夫還欠缺否？推之耕耘簸揚之夫，炊爨❻烹調之婦，莫不有神化性命之理，都能到神化性命之極。學者把神化性命看得太玄，把日用事物看得太粗，原不曾理會，理會得來，這案上羅列得天下古今，萬事萬物，都在這裏。橫豎❼推行，撲頭❽蓋面、腳踏身坐底，都是神化性命，乃知神化性命極粗淺底。

【注　釋】❶道器　道器為中國哲學的一對基本範疇。語本《周易・繫辭上》：「形而上者謂之道，形而下者謂之器。」道是無形的，含有規律和準則的意義；器是有形象的，指具體事物或名物制度。道器關係實即抽象道理與具體事物之間的關係問題。❷豆　古代的一種食用器具，也用作裝酒肉的祭器。形似高足盤，大多有蓋。多為陶質，也有用青銅、木、竹製成的。❸尊俎　古代盛酒肉的器皿。尊，盛放酒的器具。俎，放置肉的几案。❹楚楚齊齊　清晰整齊的樣子。❺神化　神妙地潛移默化；變化為神。❻炊爨　燒火煮飯。❼橫豎　猶反正，表示肯定。❽撲頭　即幞頭，古代的一種頭巾。

【語　譯】形骸與精神不能有一分秒的分離，道和器是互相依存的，因此說道沒有精密和粗劣之分，說道有精密和粗劣之分的人是胡扯。因與一客人一同飲酒，指著桌案上羅列的菜肴，我對他說：這樣的安排必然有其妥當之處，是天然自有的道理。那些僕人看見一豆器擺上桌案，就將滿桌案上的器具東移西動，不知如何著手處理。那些熟悉中看的，便有固定的位置，將來就有安排。新的靠近前面，舊的退居後面，吃的喝的放在左邊，勺子筷子放在右邊，重疊堆積，但不相掩蓋，參差交錯，但不相混亂，布置得體，排列得整整齊齊，這就是所說的粗劣。若說本性的潛移默化，不在這裡反映出來，卻又在哪裡呢？如果說這裡有著本性的潛移默化，這樣花費的精力和時間還有什麼欠缺嗎？推廣到耕種簸揚的農夫，燒火煮飯烹調的主婦，無不體現了本性潛移默化的道理，都能達到本性潛移默化的極至。學者把本性的潛移默化看得太不可捉摸，把日常事物看得太粗劣，原本沒有弄明白，若明白這個道理，就知道了這桌案上如同羅列著天下古今，萬事萬物的道理，都會在這裡表現出。反正推廣言之，小到頭巾蓋面、腳踏身坐的行為，都是本性的潛移默化，才知道本性的潛移默化是極其粗淺的。

【研析】所謂一粒沙裡看世界，一朵花中知乾坤，與這條所講的道理是相通的。道與器的關係就是如此，世間的萬事萬物，不論是多麼普通，多麼微小，其間都蘊含有大道理，也就是說在日常生活中，我們隨時隨刻都會體悟自然之道和人生哲理。

一二 靜中看天地萬物，都無些子❶。

【注釋】❶些子　少許；一點兒。

【語譯】於寂靜中觀察天地萬物，好像什麼都沒有。

【研析】澄懷觀道，即是以空明的心境觀察世界，易於達到主體與客體的統一，「靜中看天地萬物」，就是這種境界。進入了這種境界，生活中的種種煩惱和不快，都消失了；紅塵的紛雜與誘惑，也都蕩然無復存在。只是空靈純清，心無雜念。

一三　天下之大防❶五，不可一毫潰也，一潰，則決裂不可收拾。宇內之大防，上下名分是已。□□之大防❷，夷夏❸出入是已。一家之大防，男女嫌微❹是已。一身之大防，理欲消長是已。萬世之大防，道脈純雜是已。

【注　釋】❶大防　大堤。喻重要的、原則性的界限。❷□□之大防　此條《四庫全書》本無，故兩字不能確知。❸夷夏　夷狄與華夏，古稱東方部族為夷，北方部族為狄。夷狄常用以泛稱除華夏族以外的各族，華夏原指中原地區。❹嫌微　嫌疑。

【語　譯】天地間重要的原則有五，如同大的堤壩，不能有絲毫的潰決，一旦潰決，就會破碎，以至不可收拾。宇宙之內的重要法則，就是上下的名位與身分罷了。□□的重要原則，就是夷狄與華夏的異同變化罷了。一家之中的重要原則，就是男女間要迴避嫌疑罷了。人一身的重要原則，就是理性和欲望的增減罷了。萬世的重要原則，就是道統血脈的純正與混雜罷了。

【研　析】沒有規矩，不成方圓。原則的遵守也是如此，生活中處處有原則，能嚴格依照原則辦事，就不會有非分之想，社會的秩序也能得到維護。

一四　七情❶總是個欲，只得其正了，都是天理❷。五性❸總是個仁❹，只不仁了，都是人欲。

【注釋】❶七情　指人的七種感情或情緒，即喜、怒、哀、懼、愛、惡、欲。中醫指喜、怒、憂、思、悲、恐、驚。此指前者。❷天理　天道；自然法則。又指天性。又宋代理學家把封建倫理看作永恆的客觀道德法則，稱「天理」。❸五性　謂人的五種性情，所指不一，此是仁、義、禮、智、信。❹仁　古代一種含義極廣的道德觀，其核心是指人與人之間的相互親愛。

【語譯】喜、怒、哀、懼、愛、惡、欲，這七種情感，總而言之，就是一個「欲」字，只要做得純正，都是天理的表現。仁、義、禮、智、信，這五種性情，就是一個「仁」字，只要不符合「仁」的標準，都是人的欲望的表現。

【研析】凡人都有七情六欲，聖人也不例外。只要言行出於純正，符合天理，就可以做；反之，就不要去做。後世儒者主張存天理，滅人欲，即為了堅守儒家的道德法則，應克制自己的欲望。

一五　莊、列❶見得道理，原著不得人為，故一向不盡人事。不知一任自然，成甚世界。聖人明知自然，却把自然閣起❷，只說個當然，聽那個自默。

【注釋】❶莊列 莊子，中國先秦時的思想家、哲學家和文學家，戰國時期宋國蒙（今安徽蒙城）人，是道家學說的創始人之一，著有《莊子》。列子，戰國前期思想家，為道家思想的代表人物。莊、列都主張清靜無為。❷閣起 同「擱起」。擱置。

【語譯】莊子、列子懂得的道理，原來就是不能有人力所為，因此一直不會做盡人力所能及的事。不知道一旦聽任了自然，還成個什麼人世。聖人了解自然，卻把自然擱置起來，只談及合情合理，聽任那個自我默契。

【研析】這裡談的是儒家和道家對待事物的態度不同，道家是無為，即主張不攙入人力的作用。而儒家主張了解自然，順應自然情理，取得默契，也就是說攙入人力作用，但要合乎情理。

一六 氣盛便不見涵養，浩然之氣❶雖充塞天地間，其實本體閑定，冉冉❷口鼻中，不足以呼吸。

【注釋】❶浩然之氣 《孟子．公孫丑上》云：「我善養吾浩然之氣……其為氣也，至大至剛，以直養而無害，則塞於天地之間。」後人用以指正氣，正大剛直之氣。❷冉冉 緩慢地移動。

【語譯】氣勢盛大，就體現不出善於控制情緒的能力，正大剛直之氣，雖然充溢塞滿天地之間，實際上其本身安閑平靜，即使在口鼻中，也不足以供呼吸。

【研析】浩然之氣是一團正氣，極具親和力，極有感召力，但出之於平淡自然，這是靠平日的涵養，容不得絲毫私欲。

一七　以吾身為內，則吾身之外皆外物❶也，故富貴利達❷，可生可榮，苟非道焉，而君子不居。以吾心為內，則吾身亦外物也，故貧賤憂戚，可辱可殺，苟道焉，而君子不辭。

【注釋】❶外物　身外之物，多指利欲功名之類。❷利達　顯達。

【語譯】以我的自身為內，那麼我自身之外的都屬於身外之物，因此說富貴顯達，可以使人生存，可以使人榮耀，如果不符合道的要求，君子是不會擁有的。以我的心靈為內，那麼我的身體也屬於身外之物，因此說貧賤憂煩，可以使人受辱，可以使人被殺，如果符合道的要求，君子是不會拒絕的。

【研析】這裡的道，指的是儒家主張的做人原則。《論語》云：「不義而富且貴，於我如浮雲。」講的就是前部分的意思。而後部分則有殺身成義的意思，也就是說為了維護正義，即使獻出生命也在所不惜。

一八　滿腔子是惻隱❶之心，滿六合是運惻隱之心處。君子於六合飛潛動植，纖細毫末之物，見其得所，則油然而喜，與自家得所一般；見其失所，則閔然而戚，與自家失所一般。位育❷念頭，如何一刻放得下。

【注　釋】❶惻隱　同情；憐憫。❷位育　得其位，安其養。

【語　譯】滿腔都是憐憫之心，滿天地間都是運行憐憫之心的地方。君子對於天地間，不論是天上飛的，還是水中游的；不論是動物，還是植物，以及細小的生物，見到它們得到安居的處所，就會自然而然地為之高興，就像自家得到安居的處所一樣；看到它們無處安身就會為之悲傷，就像自家無處安身一樣。關注萬物能得其位、安其養的想法，怎能有片刻不存於心上。

【研　析】充滿愛心的人，會用真誠的心看待世間的一切，會用無私的心為他人付出，會用善良的心救助困難中的生靈，與之同歡喜、共憂傷，是最值得信賴的人。

一九　人一生不聞道，真是可憐。

【語　譯】人的一生如果對道一點都不了解，真是可憐呵。

【研　析】這裡的道，當是指做人的法則，也就是按照儒家的倫理道德來行事。否則就會處處碰壁，事事不順，如此，能不可憐嗎？

二〇 天德❶只是個無我，王道❷只是個愛人。

【注釋】❶天德 天的本質。❷王道 儒家提出的以仁政治理天下的主張。

【語譯】天的本質只是個沒有自我，以仁政治理天下的王道主張的只是個慈愛眾生。

【研析】人法天，天道是無私博愛的，作為統治者的天子，理應秉持公心，惠愛百姓，這才是長治久安之策。

二一 凡動天感物，皆純氣也。至剛至柔，與中和❶之氣皆有所感動❷，只純故也。十分純裏纔有一毫雜，便不能感動。無論佳氣❸戾氣❹，只純了，其應便捷於影響。

【注釋】❶中和 儒家認為能「致中和」，則天地萬物能各得其所，達於和諧境界。中正平和。❷感動 猶感應，受影響而引起反應。❸佳氣 美好的雲氣。古代以為是吉祥、興隆的象徵。❹戾氣 邪惡之氣。

【語譯】凡是能感動上蒼萬物的，都是純正之氣。純正之氣極其剛強，又極其柔弱，與中正平和之氣都有所感應，這是由於其純正的原因。十分的純正裡只要有一毫的雜質，就不能感動上蒼萬物。不論是佳善之氣，還是邪惡之氣，只要純正，其感動就會快於影響。

【研　析】純正之氣，是強大剛直之氣，其感動的力量也是強大的。

二二　萬事萬物有分別，聖人之心無分別，因而付之耳。譬之日因萬物以為影，水因萬川以順流，而日、水原無兩，未嘗不分別，而非以我分別之也。以我分別，自是分別不得。

【語　譯】萬事萬物都是有分別的，聖人的心裡卻是沒有分別，因而順之自然罷了。比如太陽依附萬物而有影子，水依附萬條河而順勢奔流，而太陽和水原本沒有二體，卻未曾不分別，而不是因我人為地把它分別為二。以我的主觀意識而加以分別，當然是不能分別的。

【研　析】聖人以善心看待一切，不會因萬事萬物有區別而起差別之念，因為一有差別之念，就會分彼此、優劣、貴賤、高低等，就會失去公平公正之心。

二三　下學❶學個甚麼，上達❷達個甚麼。下學者學其所達也；上達者達其所學也。

【注　釋】❶下學　《論語・憲問》：「子曰：不怨天，不尤人，下學而上達。」下學謂學習人情事理的基本常識，也指向不如己者學習。❷上達 《論語・憲問》：「君子上達，小人下達。」上達就是上進的意思，謂士君子修養德性，務求通達於仁義。

【語譯】所謂下學，是學什麼東西呢，所謂上達，是達到什麼目的呢。下學的目的是能學到其所能達到的目標，即通過修養德性，以求通達於仁義；上達的目的是能使其所學的通達，也就是使所學人情事理的基本常識有助於強化自我品性的修養和完善。

【研析】不恥下問，積極向上，這大概是孔子下學上達的意思。下學上達不是各自孤立的兩件事，是互為因果的。下學的目的就是夯實基礎，通過不斷地強化自我修養，使品行昇華，日臻完善，這就是上達的終極目的。

二四

六經❶言道而不辯，辯自孟子❷始。漢儒解經而不論，論自宋儒始。宋儒尊理而不僭❸，僭自世儒❹始。

【注釋】❶六經 儒家的六部經典，即《詩》、《書》、《禮》、《樂》、《易》、《春秋》，其中《樂》今不存。❷孟子 名軻，字子輿，戰國時期儒家思想的代表性人物。其言行被編為《孟子》一書。❸僭 超越本分。❹世儒 俗儒。

【語譯】六經講述道，但不辯駁，辯駁是從孟子開始的。漢朝的儒者注解六經，但不論說，論說是從宋代的儒者開始的。宋代的儒者尊崇理學，但不越軌，越軌則是從見識淺薄的俗儒開始的。

【研析】有了辯駁，就會有對立；有了論說，就會有偏執。對立也罷，偏執也罷，都是為了傳承儒家的道統，並發揚光大之。越軌則不同，它是背離背叛的問題，是異端邪說的問題。

二五　知彼知我，不獨是兵法。處人處事，一些少不得底。

【語譯】了解對方，了解自己，這不僅僅是用兵之法的問題。與人相處，處理事情，更應如此。

【研析】在工作或生活中，常常會遇到不順，究其原因，很多是不能「知彼知我」而造成的，知人難，了解自己也不容易。只有善於了解自己的人，才有可能善於了解他人。

二六　談道者雖極精切，須向苦心人說，可使手舞足蹈，可使大叫垂泣，何者？以求通未得之心，聞了然透徹之語，如饑得珍羞❶，如旱得霖雨❷，相悅以解，妙不容言。其不然者，如麻木之肌，鍼灸終日尚不能覺，而以爪搔之，安知痛癢哉！吾竊為言者惜也。故大道❸獨契，至理❹不言。非聖賢之忍於棄人，徒嘵嘵❺無益，是以聖人待問而後言，猶因人而就事。

【注釋】❶珍羞　即珍饈，美味珍貴的食物。❷霖雨　連綿的大雨；及時雨。❸大道　正道；常理。指最高的治世原則，包括倫理綱常等。也指自然的法則。❹至理　真理；最精深的道理。❺嘵嘵　爭辯聲；嘮叨。

【語　譯】談論道學的人雖然講得非常精當貼切，但必須是向費盡心力思考的人說，可使他們手舞足蹈，可使他們大聲吼叫、淚水直落，這是為什麼呢？這是因為他們有一顆很想明白卻又不能的心，當聽到詳盡深入而又明白的講解，如同飢餓的人得到了美味珍貴的食物，如同大旱得到及時降落的雨水，彼此歡悅明瞭，感覺美妙，難以用言語表達。至於聽不明白的人，如同麻木了的肌體，即使終日用針灸刺，還不能有感覺，卻用手抓撓，怎能覺得有痛癢呢？我私下為這些談論道學的人感到惋惜。所以說大道需獨自去體悟以達到默契，至深的道理是不需要表白的。不是聖人忍心捨棄眾人，只是喋喋不休地說教是沒用的，所以聖人是等待求問而後回答，就像是針對不同的人而採用不同的方法來處理一樣。

【研　析】《論語・述而》載孔子云：「不憤不啟，不悱不發，舉一隅不以三隅反，則不復也。」意思是說不到發憤想弄明白，就不要啟發他；不到努力想說出來，就不要引導他。列舉一個方位而不能推知其他三個方位的，就不要再去教他了。呂坤的這段話就是對孔子觀點的進一步闡發，也就是說要有主動的需要，求知的渴望，這樣點撥啟發才會奏效，否則就是對牛彈琴，費力不討好。

二七　人皆知異端之害道，而不知儒者之言亦害道也。見理不明，似是而非，或騁❶浮詞❷以亂真，或執偏見以奪正，或狃❸目前而昧萬世之常經❹，或徇❺小道❻而潰天下之大防。而其聞望❼又足以行其學術，為天下後世人心害，良❽亦不細。是故有異端之異端❾，有吾儒之異端，異端之異端，真非也。其害小，吾儒之異端似是也。其害大，有衛道之心者，如之何其不辯哉？

【注釋】❶騁　放縱；施展。❷浮詞　虛飾浮誇的言詞。❸狃　局限；迷惑。❹常經　固定不變的法令規章；永恆的規律。也指通常的行事方式、常規。❺徇　依從；曲從。❻小道　禮樂政教以外的學說；邪說。❼聞望　聲望；名望。❽良　確實；果然。❾異端　古代儒家稱其他學說、學派為異端，此為第一個「異端」之意。又指各種說法，不同見解，此指第二個「異端」之意。

【語譯】人們都知道異端邪說有害道統，卻不知道儒者的言論也會危害道統。說理不明確，似是而非，或無所顧忌地發表虛飾浮誇的言論以混淆真情，或固執地堅守一己之見以取代正確的道理，或為目前情勢所局限而違心地否認萬世傳承下來的常識，或曲從邪說而破壞儒家學說的重要原則不顧。而這些儒者的威望又足以推行其學說，危害天下後世人心，確實不小。因此說有異端別派的邪說，也有儒者的各種見解，這的確是不對的。其危害小的，就像儒者的各種見解。其危害大的，那些有堅守儒家道統之心的人，為什麼不辯正呢？

【研析】外來的異端邪說並不可怕，因為對此人們早有戒備之心。危險的是自家人的叛逆，俗謂家賊難防，打著維護和宣揚儒家道統的旗號，做的卻是掛羊頭賣狗肉的事，這就是作者最擔憂的地方。

二八 發不中節❶，過不在已發之後。

【注釋】❶發不中節 《禮記・中庸》：「喜怒哀樂之未發謂之中，發而皆中節謂之和。」中節，合乎禮義法度。

【語譯】喜怒哀樂的發洩不符合禮法，其過錯不在於諸般情緒發洩之後。

【研析】這裡是說如何節制自己情緒的發洩，喜怒哀樂諸般情緒是隨時都有可能被觸發的，問題是不能使之失控，否則不僅會有傷大雅，而且還有可能對自己的身心造成傷害。儒家持「中」（即中庸之道）的觀點，就在於使情緒的渲洩如何控制在適度的範圍內，是在不違背禮義法度的情況下的表現。要做到這一點，也並非易事，平常的涵養是必不可少的，情緒的表露多為突發性的，而自我掌控能力的高低決定於自身修養的水平。

二九 「相在爾室，尚不愧於屋漏❶。」此是千古嚴師。十目所視，十手所指，此是千古嚴刑。

【注釋】❶相在爾室二句　見《詩經・大雅・抑》。相，觀察。屋漏，古代室內西北隅施設小帳，安藏神主，人所不易見，故稱作「屋漏」。用以泛指屋之深暗處。後世用以比喻即使身在無人所見處，也能端正自己的行為。

【語　譯】「看你獨處屋中，還是無愧於屋漏。」這句話可作千古以來要求嚴格的老師。為眾人雙目所見，雙手所指，這就如同是嚴酷的刑罰。

【研　析】古有所謂慎獨，也就是說即使在獨處中，也要做到品行端正，不會因小小的過失，而使之玷汙，成為千古遺恨。

三〇　誠與才合，畢竟是兩個，原無此理。蓋才自誠出，才不出於誠，算不得個才，誠了，自然有才。今人不患無才，只是討一誠字不得。

【語　譯】誠實與才幹相結合，但畢竟這是兩件事，原本沒有誠實與才幹一定會相結合的道理。大概是才幹須出自誠實，才幹不出於誠實，算不得個才幹，誠實了，自然會有才幹。如今不擔憂沒有才幹，只是求得一個「誠」字，卻沒有。

【研　析】誠實的人，未必有才幹；有才幹的人，為人未必誠實。有才幹，卻心術不正，是不會成就大事業的。誠實是本性，先天的因素更多些。才幹可靠後天的工夫來培育，因此說「誠」是第一位的，是做人的原則，立身的根本。

三一　宇宙內原來是一個纔說同，便不是。

【語譯】宇宙之內原來是一個才說同一就變化了的世界。

【研析】同，是從不變的角度來說的，然而世界是千變萬化的，是時時在變，只是一時我們感覺不到，才有了不變的錯覺。

三二　人欲擾害天理❶，眾人都曉得。天理擾害天理，雖君子亦迷，況在眾人？而今只說慈悲是仁，謙恭是禮，不取是廉，慷慨是義，果敢是勇，然諾是信，這個念頭真實發出，難說不是天理，卻是大中至正❷。天理被他擾害，正是執一賊道❸。舉世所謂君子者，都在這裏看不破，故曰道之不明也。

【注釋】❶天理　宋代理學家把封建倫理看作永恒的客觀道德法則，稱「天理」。具體指仁、義、禮、智、信等。❷大中至正　大中，指無過與不及的中正之道。至正，最中正之道。❸賊道　損害仁義之道。

【語譯】人的欲望干擾危害著天理，這個大家都明白。天理干擾危害著天理，即使是作為一個君子也會迷惑不解，又何況是普通人呢？如今只說慈愛悲憫是仁，謙虛恭順是禮，無私不貪是廉，慷慨大方是義，果斷敢為是勇，堅守然諾是信，這種想法真實地表白了出來，很難說這些不是天理，而且是最為中正之道。不過天理被干擾危害，所堅守的正是被損害了的仁義之道。全世界所謂的君子們，都在這裡看不破其弊端，因此說儒家道統被蒙蔽了。

【研析】存天理，滅人欲。這是宋以來程、朱理學的主張，也就是說為了維護天道的正常運行，人們應該克制自己的欲望，不要因私欲而造成天道的紊亂。而世間偏偏有一些人，打著捍衛天理的旗幟，卻做著危害天理的勾當，對此，應該保持警惕。

三三　士之於道也，始也求得，既也得得，既也養得，既也忘得。不養得，則得也不固；不忘得，則得也未融。學而至於忘得，是謂無得，得者，自外之名，還我故物，如未嘗失，何得之有？心放失，故言得心，從古未言得耳目口鼻四肢者，無失故也。

【語譯】讀書人對於道，起初是追求，既然得到了，就應當涵養，又要會忘記。不涵養，那麼求得了也不會牢固；不忘記，那麼求得了也不能融會。學習以至於忘記，這是所說的無所得，獲得，這是外在的名稱，如同歸還我原有的東西，未曾損失，又有什麼「獲得」之說呢？心會因放縱而迷失，因此會重新「獲得」心，自古就沒聽說過有重新「獲得」耳目口鼻四肢的，那是因為它們從不會迷失。

【研析】這裡所說的道，即是儒家的道統。對儒家道統的傳承與維護，是在不斷強化自我的道德、學問等修養中逐漸完善的，善於學養，又要善於忘記，忘記的是別人的東西，得到的是自己融會貫通後的心得。人的心會因放縱而迷失，就是指背離儒家的學說，而迷失了方向，找不到歸宿。

三四　只隔一絲，便算不得透徹之悟，須是入筋肉，沁骨髓。

【語譯】只要隔著一絲毫，就不能算是透徹地領悟，必須是深入筋肉中，沁透骨髓中。

【研析】徹底地領悟，就不會再有絲毫的迷惑、疑問，做不到這點，就不能說是徹底的領悟。

三五　宇宙內主張萬物底只是一塊氣，氣即是理。理者，氣之自然者也。

【語譯】宇宙內主宰萬物的只是一團氣體，氣就是天理，天理就是氣的自然本性。

【研　析】宇宙萬物之所以能存在並正常運行，就在於自然法則的作用，古人以為氣就是自然法則的體現。

三六　義，襲取不得❶。

【注　釋】❶義二句　《孟子・公孫丑上》云：「敢問何謂浩然之氣？」曰：「難言也，其為氣也，至大至剛，以直養而無害，則塞於天地之間。其為氣也，配義與道，無是，餒也。是集義所生者，非義襲而取之也。行有不慊於心，則餒矣，我故曰告子未嘗知義以其外之也。」襲取，掩取，即乘其不意獲取或捕捉。

【語　譯】義，是不能靠投機獲取的。

【研　析】義是指言行符合正義或道德規範的要求，這是需要自覺自主地強化修養，是需要長期的培育過程，自然而形成的。

三七　任是千變萬化，千奇萬異，畢竟落在平常處歇。

【語　譯】不管是千變萬化，還是千奇百怪，必定是要在平常處停留下來的。

【研　析】變是永恒的，不變是相對的。而我們所見到的，多是不變的表相，這就是平常之相貌。平常之下仍在變，這只是個漸變，有的只是不為人們知覺罷了。

三八 物欲從氣質來，只變化了氣質，更說甚物欲。

【語譯】物質享受的欲望是自氣質中而來的，只要氣質發生了變化，更不用說什麼物質享受的欲望了。

【研析】氣質是個性特點的表現，是長時間形成的。氣質發生了變化，就意味著生活環境、生存條件發生了變化，而對物欲的追求，往往會使人降低對氣質培育的標準，甚至是捨棄之。

三九 耳、目、口、鼻、四肢有何罪過？堯、舜、周、孔之身，都是有底。聲色貨利，可愛可欲，有何罪過？堯、舜、周、孔之世，都是有底。千萬罪惡，都是這點心。孟子「耳目之官不思而蔽於物」❶，太株連了。只是先立乎其大，有了張主❷，小者都是好奴婢，何小之敢奪？沒了窩主❸，那怕盜賊？問：「誰立大？」曰：「心立大❹。」

【注釋】❶孟子耳目之官不思句　見《孟子・告子上》。不思，指不用耳朵去聽，不用眼睛去看。❷張主　主張；作主。❸窩主　窩藏罪犯或贓物的人或人家。❹心立大　原作「大立大」，據《四庫全書》本改。

【語　譯】耳、目、口、鼻與四肢有什麼罪過呢？堯、舜、周公、孔子的身體，這些都是有的。淫聲女色、貨物財利，是可愛的，也是人們想要的，有什麼罪過呢？堯、舜、周公、孔子的時代，這些就有的。千萬的罪惡，都是由於這顆心。孟子說：「耳朵不去聽、眼睛不去看，這些器官就會受到外物的蒙蔽。」這種說法太過於株連了。只是先確立了大的方面，有了主張，小的方面就如順從的奴婢，小的怎麼敢篡位？沒有了窩主，怎會擔憂盜賊？有人問：「確立大的方面是指什麼？」回答說：「確立了正確的心思，這就是大的方面。」

【研　析】聲色貨利是現實生活中就存在的，不論是古今中外，還是盛世或亂世，把人世間的罪惡之因歸於聲色貨利，這是不對的，它們至多只能算是外因。起主導作用的是人自己，也就是人的心思欲望。人心正，則聲色貨利不會侵蝕，反之，則成為罪惡之源。

四〇　絜矩❶是強恕❷事，聖人不絜矩，他這一副心腸，原與天下打成一片，那個是矩？那個是絜？

【注　釋】❶絜矩　儒家以絜矩象徵道德上的規範。絜，度量。矩，畫方形的用具，引申為法度。❷強恕　勉力於恕道。《論語・衛靈公》：「子貢問曰：『有一言而可以終身行之者乎？』子曰：『其恕乎！己所不欲，勿施於人。』」恕即指推己及人，仁愛待物。

【語　譯】自覺地遵守道德規範，這是勉力於恕道的事情，聖人是不需要提醒自己遵守道德規範的，聖人擁有的這一副心腸，原本是服務於天下的，是與天下打成一片，又怎能區分出哪個是矩？哪個是絜呢？

【研析】聖人是道德品行的完美體現者，自覺執行者，是世俗眾人的楷模。

四一　內外本末，交相培養，此語余所未喻。只有內與本，那外末張主得甚？

【語譯】內與外，本與末，相互培養，這種說法我不明白。我看只有內與本起作用，外和末又能起什麼作用呢？

【研析】內因是動力，外因為輔助，外因通過影響內因而起作用。同樣，「本」是基礎，捨本逐末，難以成事。

四二　處明燭幽❶，未能見物而物先見之矣。處幽燭明，是謂神照❷。是故不言者非暗，不視者非盲，不聽者非聾。

【注釋】❶燭幽　照亮昏暗。比喻明察事物隱微之處。❷神照　用精神去體察觀照的能力。

【語　譯】處在光明觀察昏暗處，沒有看到物體而物體已看到你了。處在昏暗觀察明亮處，這被稱作用精神去體悟。因此不說話的人不等於是啞巴，不能看的人不等於是盲人，不能聽的人不等於是聾子。

【研　析】精神是人的統治者，雙耳、雙目、嘴及四肢等，是為精神所役使的。雙耳、雙目、嘴及四肢等為正常時，能更好地為精神服務。當它們不正常或失常時，精神仍能發揮作用，也就是說即使眼睛看不見、耳朵聽不到、嘴巴說不出，其所能產生的負面作用會盡可能降到最小，其缺陷會得到盡可能多的彌補。

四三　惟得道❶之深，然後能淺言。凡深言者，得道之淺者也。

【注　釋】❶得道　謂順應自然、與天合一的境界。

【語　譯】只有達到順應自然、與天合一的深厚境界，這樣之後才能用淺顯的語言表達出來。凡是用深奧的言語表達的，都屬於得道淺薄的人。

【研　析】得道深厚的人，對道的理解也最透徹，因此用通俗易懂的話講解，這不是件難事。而得道淺的人，自己還沒參透，講解也就不易清楚了，而以艱深文其淺薄，這是常用的手法。

四四 道❶非淡不入，非靜不進，非冷不凝。

【注釋】❶道 指宇宙萬物的本原、本體。又指規律、法則等。

【語譯】探求道，不是以平淡的心態是不能深入的，不是以安寧的心境是不能前進的，不是以冷靜的心思是不能凝聚的。

【研析】對道的探求，是件枯寂的事，是追求精神的愉悅，而不是獲得物欲的享受。因此說心態平淡、心境安寧、心思冷靜，是探求道的前提。

四五 三千三百❶，便是無聲無臭。

【注釋】❶三千三百 《禮記・中庸》：「禮儀三百，威儀三千。」指古代祭享等典禮中的動作儀節及待人接物的禮儀。

【語譯】威儀三千，禮儀三百，就是無聲無味的道的體現。

【研析】道是法則，是規範，「威儀三千，禮儀三百」，即是道的具體體現。

四六 天德王道，不是兩事，內聖外王❶，不是兩人。

【注　釋】❶內聖外王　古代指修身為政的最高理想。謂內以聖人的道德為體，外以王者的仁政為用，體用兼備，各盡其極致。

【語　譯】天德和王道，不是兩回事，內聖與外王，不是兩種人。

【研　析】天德是與生俱來的高尚品性，王道是施用仁政的統治之術。能廣施仁政的統治者，其品德自然是高尚的。而品德是需要不斷地提高修養而日臻完善，與此同時，其德性也就會在施政中體現出來，感染著官僚百姓，影響著社會風氣。所以說修身與治理國家是二而合一的，是互為表裡的。

四七　形用事，則神者亦形；神用事，則形者亦神。

【語　譯】形骸主控時，那麼精神也就體現為形骸；精神主控時，那麼形骸也就體現為精神。

【研　析】形骸通過精神來表現其活力，精神是依賴形骸而說明其存在，形神一體，缺一不可。

四八　中是千古道脈❶宗，敬是聖學❷一字訣。

【注　釋】❶道脈　指儒家道統。❷聖學　指孔子之學。

【語譯】「中」是千古以來儒家道統的宗主，「敬」是孔子學說的一字祕訣。

【研析】中庸之道是儒家處事的哲學思想，體現了公正公平的理念。對他人對事物的恭敬，是一種責任感的體現。責任感強，才能用心去做，才能把事情做好。

四九　人事就是天命。

【語譯】盡人力之所為，這就是上天旨意的反映。

【研析】生活中，我們會遭遇到許多事情，有的可以輕易地解決，有的即使費盡心力，也是無濟於事。不過只要盡力了，就不會留有遺憾，所謂天意如此，又能怎麼樣呢？

五〇　我盛，則萬物皆為我用；我衰，則萬物皆為我病。盛衰勝負，宇宙內只有一個消息❶。

【注釋】❶消息　消長；盛衰。

【語譯】我強盛，那麼萬物都會為我所用；我衰弱，那麼萬物都會因我而貧病。盛衰勝敗，宇宙內只表現為一種狀況，即消耗或增長。

【研析】消耗和增長，是宇宙中萬事萬物存在的自然法則。生命力表現為強盛時，就是強者，就能役使其他。反之，就會拖累其他。

五一　義❶，合外內之道❷也。外無感，則義只是渾然在中之理。見物而裁制❸之則為義。義不生於物，亦緣物而後見。告子❹只說義外，故孟子❺只說義內，各說一邊以相駁，故窮年相辯而不服。孟子若說義，雖緣外而形，實根吾心而生。物不是義，而處物乃為義也，告子再怎開口？性合理氣❻之道也。理不雜氣，則純粹以精，有善無惡，所謂義理之性也。理一雜氣，則五行❼紛揉，有善有惡，所謂氣質之性也。諸家所言，皆落氣質之後之性；孟子所言，皆未著氣質之先之性，各指一邊以相駁。故窮年相辯而不服，孟子若說有善有惡者，雜於氣質之性；有善無惡者，上帝降衷❽之性。學問之道，正要變化那氣質之性，完復❾吾降衷之性，諸家再怎開口？

【注　釋】❶義　符合正義或道德規範。指行為按照正義或道德規範的要求。❷外內之道　指內聖外王之道，即對內強化自我修養，具備聖人的美德，並能施才能於外，為古代修身為政的最高理想。❸裁制　裁剪製作，泛指製作。又指規劃、安排。❹告子　名告不害，戰國時人，與孟子同時，主張生之為性，性無善惡。❺孟子　名軻（西元前三七二？—前二八九年），字子輿，戰國鄒人。繼承孔子的學說，兼言仁和義，主張性善。認為人性本善，強調內心修養的工夫。❻理氣　中國哲學的一對基本範疇，「理」指事物的條理或準則，「氣」指一種極細微的物質。宋以後，理、氣關係成為哲學中兩種觀點爭論的中心。❼五行　中國古代稱構成各種物質的五種元素，即水、火、木、金、土，古人常以此說明宇宙萬物的起源和變化。❽降衷　施善；降福。❾完復　恢復；復原。

【語　譯】義，是融合了內聖外王的方法。外不能施展，那麼義也只是處於內中的道理，渾然未明。觀察物象而能謀劃裁剪製作，這就是義。義不是從物象中產生的，但也是依託物象而後顯現的。告子只談到義的外在表現，因此孟子只說義的內在自我修養的問題，告子、孟子各自強調「義」的一方面問題而相互辯駁，所以二人窮年相互辯駁而彼此不心服。孟子如果說到義，雖然是依託物象的外部而顯現，其實是植根於我們的心而生成。物象不是義，而善於與物相處，這就是義，告子又怎麼能再開口論辯呢？性是綜合了理和氣的規律。理不夾雜有氣，就會純正完美並且精致，有善性而無惡性，這就是所說的義理的本性。理一旦夾雜有氣，那麼五行之水、火、木、金、土就會紛亂雜揉，有善性也有惡性，這就是所說的氣質的本性。各家所說的，都是落於氣質之後的本性；孟子所說的，都是未曾沾染氣質之先的本性，各家都是抓住問題的一邊以相互辯駁。因此窮年相互辯駁而彼此不心服，孟子如果論說有善性、有惡性的，這是夾雜於氣質的特性；所說有善性而無惡性的，這是上帝施福的特性。從事學問的方法，正是要改變那氣質的特性，復原自我的上帝施福的特性，諸家又怎麼能再開口論辯呢？

【研　析】孟子認為人性天生就是善的，而惡的表現是由於後天的習染所致，因此強調不斷地加強自身修養，完善自己的品性。

五二　理會得簡之一字，自家身心，天地萬物，天下萬事，盡之矣。一粒金丹❶，不載多藥；一分銀魂，不攜錢幣。

【注　釋】❶金丹　古代方士煉金石為丹藥，認為服之可以長生不老。

【語　譯】要理會簡這一個字，自己的身軀和精神，天地間所有的物體，天下所有的事情，都可以用簡字來說明。就像擁有了一粒金丹妙藥，就不需要攜帶更多的其他藥品；擁有了一分銀子的靈魂，就不需要攜帶錢幣了。

【研　析】簡便而又有效的思想和方法，既可解決問題，做好工作，又不至於留有遺憾，這是人們應該追求的。

五三　耳聞底，眼見底，身觸頭戴，足踏底，燦然確然，無非都是這個。

拈起一端來，色色都是這個。却向古人千言萬語，陳爛❶葛藤❷，鑽研窮究，意亂神昏，了不可得。則多言之誤後人也，噫！

【注釋】❶陳爛　陳腐；缺乏新意。❷葛藤　葛的藤蔓，比喻事物糾纏不清或話語囉嗦繁冗。

【語譯】耳朵聽到的，眼睛看見的，身上披的，頭上戴的，腳下穿的，明白可信，無非都反映了這個「簡」字。拿取其中的一方面來看，樣樣都反映了這個「簡」字。反而面對古人，用盡了千言萬語，言辭陳腐，缺乏新意，囉嗦繁冗，或用心鑽研，費力窮究，以致思緒混亂，神情昏瞶，全然沒有收穫。也就是說煩瑣的話語會誤導後人的，哎！

【研析】這主要是針對腐儒們解說儒家經典而言的，費盡心思，皓首窮經。為解說數個字，動輒千言萬語，卻難得要領。自己還未弄懂參透，又如何教人明白？

五四　鬼神無聲無臭，而有聲有臭者，乃無聲無臭之散殊❶也。故先王以聲臭為感格❷鬼神之妙機。周人尚臭，商人尚聲，自非達幽明❸之故者，難以語此。

【注釋】❶散殊　各不相同；各有區別。❷感格　感動；感化。❸幽明　陰間和陽間。

【語譯】鬼神是沒有聲音沒有氣味的，而有聲音有氣味的，是沒有聲音沒有氣味的各種不同類別的表現。因此說遠古的賢明君主用聲音和氣味作為感動鬼神的奇妙機巧。周朝人崇尚氣味，商朝人崇尚聲音，如果不是通曉聯繫陰間和陽間緣由的人，難以和他們談論這個問題。

【研析】古人是相信鬼神存在的，鬼神可以賜福於人，也可降禍於人，因此敬鬼神，崇祀祠，便成了聯繫和溝通陰間和陽世的主要形式。

五五　使人收斂❶莊重莫如禮，使人溫厚和平莫如樂。德性之有資於禮樂，猶身體之有資於衣食，極重大，極急切。人君治天下，士君子治身，惟禮樂之用為急耳。自《禮》❷廢而惰慢❸，放肆之態慣習於身體矣。自《樂》亡❹而乖戾忿恨之氣充滿於一腔矣。三代以降，無論典秩❺之本，聲氣❻之元，即儀文器數❼，夢寐不及。悠悠六合，貿貿❽百年，豈非靈於萬物，而萬物且能笑之？細思先儒「不可斯須去身❾」六字，可為流涕長太息矣。

【注釋】❶收斂　檢點行為；約束身心。❷禮　指儒家六經之一的《禮》，今存有《周禮》、《儀禮》。❸惰慢懈怠不敬；懈怠渙散。❹樂亡　《詩》、《書》、《禮》、《樂》、《易》、《春秋》為儒家六經，其中《樂經》後人或認為亡於秦始皇焚書，其餘五經均存。❺典秩　典常；常法。指典章制度。❻聲氣　聲音氣息。❼儀文器數　儀文，禮儀形式。器數，指古禮中禮器、禮數的種種規定。❽貿貿　目眩的樣子，引申為不明方向或目的。此指時間的不確定性。❾不可斯須去身　謂任何時候都應講求禮樂。斯須，片刻；須臾。

【語譯】使人檢點行為、約束身心、舉止莊重的沒有比得上知禮儀，使人溫順厚道、平靜安定的沒有比得上懂音樂。品性的培養有賴於禮和樂，就像是身體有賴於衣著和食物，這個問題極其重大，極其迫切。君王治理天下，士君子修養身心，只有習禮、懂樂是當務之急。自從《禮經》廢棄不講而懈怠不敬，放縱不羈的神態就會習慣地出現於身上。自從《樂經》佚亡，違背情理、憤怒怨恨之氣充滿胸中。夏、商、周三代以來，不用說典章制度的根本，聲音氣息的本元，即使是禮儀形式和禮器、禮數的種種規定，做夢也不會見到。悠悠久長的宇宙，漫漫的數百年，難道為萬物之靈的人，且為萬物所嘲笑？仔細思量先儒所云禮樂「不可斯須去身」六個字，可叫人流涕並長久嘆息啊。

【研析】禮是用來規範和約束人們的行為的，樂是用以陶冶人們的情操的。作為萬物之靈的人，注重修身養性，使自己的言行符合道德規範，若此，社會就不會出現動蕩。

五六　惟平脈❶無病，七表、八裏、九道❷，皆病名也。惟中道❸無名，五常❹、百行❺、萬善❻，皆偏名❼也。

【注　釋】❶平脈　中醫謂健康人的脈搏。❷七表八裏九道　《脈訣》把二十四脈分作七表、八裏、九道三類。❸中道　中正之道。❹五常　古代指五種倫常道德，即父義、母慈、兄友、弟恭、子孝。❺百行　各種品行。❻萬善　各種善念。❼偏名　指某一部分的名稱，相對於總名而言。

【語　譯】只有平脈屬於無病，七表、八裡、九道，都是病狀的名稱。只有中道沒有具體的稱指，五常、百行、萬善，都是偏指的名稱。

【研　析】中道即中庸之道，不偏不倚，沒有稜角，因此是最平妥，最安穩的，如同平脈一樣，看似平常，卻屬於最健康。

五七　百姓凍餒，謂之國窮；妻子困乏，謂之家窮；氣血❶虛弱，謂之身窮；學問空疏，謂之心窮。

【注　釋】❶氣血　中醫學名詞。指人體內的氣和血。中醫學認為氣與血各有其不同作用而又相互依存，以營養臟器組織，維持生命活動。

【語　譯】百姓受凍挨餓，這叫做國家的貧窮；妻與子女貧困匱乏，這叫做家庭的貧窮；氣血空虛薄弱，這叫做身體的貧窮；學問空虛淺薄，這叫做思想的貧窮。

【研　析】物質的貧乏困窮，經過努力，是可以改善的。而思想精神的貧窘，就會失去生活的希望，這不是豐裕的物質條件可以替代的。

五八　悟有頓❶，修❷無頓。立志在堯，即一念之堯；一語近舜，即一言之舜；一行師孔，即一事之孔；而況悟乎？若成一個堯、舜、孔子，非真積力❸久，斃而後已不能。

【注釋】❶頓　佛教有頓悟和漸悟之分，頓悟謂不假時間和階次，直接悟入真理。❷修　指修身，為儒家教育八條目之一，謂陶冶身心，涵養德性。❸積力　合力；盡力。

【語譯】覺悟有頓然醒悟之說，修身卻無頓然醒悟之說。立下志向，做像堯一樣的聖人，那麼每一個念頭都應想到向堯看齊；說的每一句話都近似於舜說的，那麼句句就會符合成為舜一樣的聖人；每一種行為都師學孔子，那麼完成的每件事就會合於孔子的要求；做到這些，又何況覺悟呢？若能變成像堯、舜、孔子那樣的人，不是真誠持久地努力，直到死而後已，是不能達到的。

【研析】向聖人看齊，向賢者學習，不是一朝一夕的事。堅定的信念，持久的努力，離目標就會越來越近。而用投機取巧的方法，或是抱著僥倖的心理，都是不可取的。

五九　有人於此，其孫呼之曰祖，其祖呼之曰孫；其子呼之曰父，其父呼之曰子；其甥呼之曰舅，其舅呼之曰甥；其伯叔呼之曰姪，其姪呼之曰伯叔；其兄呼之曰弟，其弟呼之曰兄；其翁呼之曰壻，其壻呼之曰翁。畢竟是幾人，曰一人也。呼之畢竟孰是，曰皆是也。噫！「仁者見之謂之仁，知者見之謂之知❶」，無怪矣，道二乎哉？

【注釋】❶仁者見之謂之仁二句　語見《周易・繫辭上》，知，同「智」。後以「見仁見智」表示對同一問題各有各的見解。

【語譯】此處有種人，其孫稱他為祖父，其祖稱他為孫子；其子稱他為父親，其父稱他為子女；其舅稱他為外甥，其甥稱他為舅父；其伯叔稱他為侄兒，其侄稱他為伯叔；其兄稱他為弟弟，其弟稱他為哥哥；其翁稱他為女壻，其壻稱他為翁父。稱呼有兩種，這畢竟是幾個人呢，回答說是一個人。稱呼中畢竟誰對呢，回答說都對。哎！「仁者看見的稱作仁，智者看見的稱作智」，沒有什麼見怪的，道難道會有二面性嗎？

【研析】同一件事，同一個人，從不同的角度來看，就會有不同的答案。這並不是等於說事物有兩面性，本性是不變的，變的只是事物的表象或附屬性。如同人還是這個人，而與之處於不同關係的對其稱呼就會不同。

六〇　豪放之心，非道之所棲也，是故道凝於寧靜。

【語　譯】豪邁奔放的心，不是道棲身的地方，因此說道凝聚在寧靜處。

【研　析】體悟儒家的道統思想和學說，是要在寧靜的心態下進行的，惟有心靜，沒有雜念的侵擾，才能悟出道的真諦，才能有所得。

六一　聖人制規矩❶，不制方圓❷，謂規矩可為方圓，方圓不能為方圓耳。

【注　釋】❶規矩　禮法；法度。❷方圓　方法；準則。

【語　譯】聖人制定了禮法制度，沒有制定方法準則，意思就是說禮法制度可以作為方法準則，方法準則卻不能變成方法準則。

【研　析】禮法制度是天理的體現，是不變的法則。而方法準則是具體的措施，因人因事的不同，而可制定不同的措施。方法準則要體現禮法制度的精神，不能違背禮法制度。

六二　終身不照鏡，終身不認得自家。乍照鏡，猶疑我是別人，常磨常照，纔認得本來面目。故君子不可以無友。

【語　譯】終身不照鏡子，終身不能認識自家面目。初照鏡子，仍然懷疑自己是別人，常磨亮鏡子，常照照鏡子，才認識自己的本來面目。所以說君子不可以沒有朋友。

【研　析】你的朋友，就像是你的一面鏡子，他可以讓你明白你是怎樣的一個人，或是你將會變成一個怎樣的人。朋友有好有壞，與什麼人交朋友，也就決定了你是那一類的人。

六三　天、地、人物，原來只是一個身體，一個心腸，同了便是一家，異了便是萬類。而今看著風雲雷雨都是我胸中發出，虎豹蛇蠍都是我身上分來，那個是天地，那個是萬物。

【語　譯】天、地以及人，原來只是同一個身體，同一副心腸，相同，就屬於一家人，不同，就成了萬類。如今看著風、雲、雷、雨都是從我的胸中派發出來，虎、豹、蛇、蠍都是從我的身上分化出來，哪個是天與地，哪個又是萬種不同的物類呢。

【研　析】人是秉承天地之氣而生的，是萬物之靈。其氣概可以呼風喚雨，可以降龍伏虎，於頂天立地中左右著這個世界。

六四　或問敬之道，曰外面整齊嚴肅，內面齋莊中正❶，是靜時涵養的敬。讀書則心在於所讀，治事則心在於所治，是主一❷無適❸的敬。出門如見大賓，使民如承大祭❹，是隨事❺小心的敬。或曰：若笑談歌詠、宴息❻造次❼之時，恐如是，則矜持不泰然矣。曰敬以端嚴為體，以虛和❽為用，以不離於正為主。齋日衣冠而寢，夢寐乎所祭者也。不齋之寢，則解衣脫冕矣，未有釋衣冠而持敬❾也。然而心不流於邪僻，事不詭於道義，則不害其為敬矣。君若專去端嚴上求敬，則荷鋤負畚，執轡御車，鄙事❿賤役，古聖賢皆為之矣，豈能日日手容恭、足容重耶？又若孔子曲肱⓫指掌⓬，及居不容，點之浴沂⓭，何害其為敬耶？大端心與正依，事與道合，雖不拘拘⓮於端嚴，不害其為敬。苟心遊千里，意逐百欲，而此身却兀然⓯端嚴在此，這是敬否？譬如謹避深藏，秉燭鳴珮⓰，緩步輕聲，女教⓱〈內則〉⓲，原是如此，所以養貞信也。若饁婦汲妻⓳，及當顛沛奔走之際，自是回避不得，然而貞信之守，與深藏謹避者同，是何害其為女教哉？是故敬不擇人，敬不擇事，敬不擇時，敬不擇地，只要個心與正依，事與道合。

【注釋】❶齋莊中正　齋莊，嚴肅誠敬。中正，正直；忠直。❷主一　專心；專一。❸無適　即無適無莫。語出《論語・里仁》。謂沒規定該如何，也沒規定不該如何。多指在堅持一定目標下，善用靈活權宜手段。❹大祭　指重大的祭祀，如祭天地等。❺隨事　隨時隨地。❻宴息　休息，又指宴樂和安居。❼造次　輕率；隨便。又指輕率隨便之事。❽虛和　原作「虛活」，據《四庫》本改。平和之意。❾持敬　持守恭敬之心。❿鄙事　鄙人之事。舊時多指各種技藝與耕種等體力勞動。也指鄙俗瑣細之事。⓫曲肱　《論語・述而》：「飯疏食飲水，曲肱而枕之，樂在其中矣」。謂彎著胳膊作枕頭。後世用以比喻清貧而閒適的生活。⓬指掌　語出《論語・八佾》：「或問禘之說，子曰：『不知也。知其說者之於天下也，其如示諸斯乎？』指其掌。」比喻事理淺顯易明或對事情非常熟悉了解。也比喻事情容易辦。⓭及居不容二句　《論語・先進》載孔子的弟子子路、曾點（即曾皙）、冉有等侍坐，各言其志，其中曾點云暮春時，與人：「浴乎沂，風乎舞雩，詠而歸。」孔子非常讚賞他的想法。浴沂謂在沂水洗澡，後世多用「浴沂」比喻一種怡然處世的高尚情操。沂，水名，源出山東鄒縣東北。⓮拘拘　拘泥。⓯兀然　昏沉的樣子。⓰鳴珮　即佩玉，比喻出仕。⓱女教　舊時謂對女子進行的教育。⓲內則　《禮記》篇名，內容為婦女在家庭內必須遵守的規範和準則。借指婦職、婦道。⓳饁婦汲妻　指普通勞動婦女。饁婦，往田野送飯的婦女。汲妻，於井中打水的妻子。

【語譯】有人問如何才能做到敬，回答說外表要整齊莊重，內心要誠敬忠直，這是安靜時滋潤培養的敬。讀書時，心思專注於所讀的內容，治理事情時，心思就專注於治理的事情，這是能專心、有目標懂權宜的敬。外出如同拜見貴賓，役使百姓如同負責重大的祭祀，這是隨時隨地小心的敬。有人問：若是笑談歌詠、休息空閒的時候，恐怕像這樣的，就會顯得莊重，或是心情不安定。回答說敬是以端莊嚴謹為體統，以平靜溫和為作用，以不離於正道為主。齋戒的日子，穿好衣、戴好帽而安寢，睡夢中想的都是祭祀的事。不齋戒而睡覺時，就可以脫衣服、摘帽子，沒有脫衣服、摘帽子，就得保持堅守恭敬之心。然而心思不變成歪邪不正，事情不違背於道義，就不會有損於其為誠敬。你若是專注於端莊嚴謹方面尋求誠敬，那麼扛著鋤頭和背著畚箕，或手執韁繩駕御車子，這些鄙俗瑣碎的事情和卑賤的職事，古代的聖賢都曾做過，難道會容許天天雙手垂下、雙足並重地恭順嗎？又如孔子曲肱而枕，於事了如指掌，及其閒居不修飾容貌，以及讚賞曾點沐浴於沂水，怎麼會有損於孔子的誠敬呢？大抵心思向純正靠攏，做事與道統吻合，雖然不拘泥於端正嚴謹，不會損害其為誠敬。如果心思遊走千里之遠，意念奔逐各種欲望，而此身卻兀然端正嚴謹，這是誠敬嗎？譬如謹慎迴避、深藏不露，或出仕以持燭照明，或緩步輕聲，或教育女子以〈內則〉，原本這樣是用以培養正直誠信。至於送飯的婦女、汲水的妻子，當其正在顛簸奔走的時候，自然是迴避不了的，然而堅守正直誠信，與深藏謹避的人相同，這又怎能有損於對女子的教育呢？所以說誠敬是不會選擇人的，誠敬是不會選擇事情的，誠敬是不會選擇時間的，誠敬是不會選擇地點的，只要個心思向純正靠攏，做事與道統吻合。

【研　析】誠敬，是儒家修身所必需。心懷誠敬，不拘何時何地，不論是遇到什麼事情，其行為都不會超越禮制。至於閒適時的放鬆，或事出於急迫，難以保持恭敬之貌，這是權宜之需，只要誠敬永駐於心，仍不失為正人君子。

六五　自非生知之聖，未有言而不思者。貌深沉而言安定，若蹇❶若疑，欲發欲留，雖有失焉者寡矣。神奮揚而語急速，若湧若懸，半跲❷半晦，雖有得焉者寡矣。夫一言之發，四面皆淵阱❸也。喜言之則以為驕，戚言之則以為懦，謙言之則以為諂，直言之則以為陵，微言之則以為險，明言之則以為浮。無心犯諱則謂有心之譏，無為發端則疑有為之說。簡而當事，曲而當情，精而當理，確而當時。一言而濟事，一言而服人，一言而明道，是謂修辭之善者。其要有二：曰澄心❹，曰定氣❺。余多言而無當，真知病本云云，當與同志者共改之。

【注釋】❶蹇　困厄；不順。❷跲　窒礙。❸淵阱　深淵陷阱。❹澄心　使心情清靜；靜心。❺定氣　使氣沉定。

【語譯】如果不是生而知之的聖人，沒有說話而不思考的。面容沉重而言談安定，像是不順又像是多疑，想說出來又不想說，這樣的人即使有失誤，也是少的。神情飛揚而話語急速，像是泉水湧出又像是口若懸河，半似窒礙半似昏暗，這樣的人即使有所得，也是少的。話一說出來，四周都是深淵陷阱。說話時喜氣洋洋就認為驕傲，說話時悲傷的樣子就認為怯懦，說話時謙卑的樣子就認為諂媚，說話時正直的樣子就認為欺侮，說話時微妙的樣子就認為陰險，說話時明朗的樣子就認為虛浮。無心冒犯忌諱就稱作有心的譏諷，無意的開始就懷疑說是有意而為。簡約而適合事務，婉曲而適合情理，精要而適合道理，確切而適合時代。一句話而能解決事情，一句話而能說服人心，一句話而能闡明道理，這被稱作善於修飾文辭的人。其要點有二：曰靜下心，曰沉住氣。我說了許多，但卻不恰當，如今真的明白了其病根如上云云之所在，當與志同道合的人共同更改。

【研析】話語多而不起作用，或者說是效果不大，這是生活中常遇到的事，有時是很令人頭痛的。是表達方式的不同呢？還是欠考慮？或是詞不達意呢？「澄心」是便於靜下心來，認真地思考所要說的。「定氣」是為了更充分更準確地表達，不要亂了思路。

六六　不是與諸君不談奧妙，古今奧妙，不似《易》與《中庸》？至今解說二書，不似青天白日，如何又與晦夜添濃雲也？望諸君哀此後學，另說一副當言語，須是十指露縫，八面開窗，你見我知，更無躲閃，方是正大光明男子。

【語譯】不是與諸君不談奧妙，談論古今奧妙的著作，不就像是《易》和《中庸》嗎？迄今為止解說二書的，不像是青天白日那樣清楚，為何卻像是給黑暗的夜晚再增添濃雲呢？希望諸位憐憫這些晚輩，另外說一番適當的話，必須像是十指露縫、八面開窗那樣清楚，你所見到的就是我知道的，更不需要閃爍其詞，這才是正大光明的男子。

【研　析】《易》是中國古代的一部占卜之書，後來成為儒家的經典著作之一。其中用符號表達象徵意義，以致後人解讀不一，大則可反映宇宙萬物的變化之象，小則可為個體生死窮達的指向。《中庸》原本是《禮記》中的一篇，南宋時朱熹把《中庸》與《大學》、《論語》、《孟子》併在一起，合稱「四書」，成為明清科舉考試的必讀之書。人性本無善亦無惡，這就是中庸。以不偏不倚的態度處理人情事務，這就是中庸。但是要能準確地把握這個「臨界點」，卻不是件說得清、做得好的事。

六七　輕重只在毫釐，長短只爭分寸，明者以少為多，昏者惜零棄頓。

【語　譯】輕重只在毫釐之差，長短只爭分寸之間。聰明的人以小的代價獲得更多的利益，昏庸的人珍惜零頭而放棄了大頭。

【研　析】以最小的代價獲取盡可能大的利益，這是聰明的做法。

修　身

一　六合是我底六合，那個是人？我是六合底我，那個是我？

【語　譯】天地四方是屬於我的天地四方，哪個又是例外？我是屬於天地四方的我，哪個又是我本身？

【研　析】每個人都是天地四方中的一個分子，沒有誰能是例外。因此，你必須學會處理好與每一個分子的關係，學會與他人相處，不能只想到自己的得失與利益。

二　作人怕似渴睡漢，纔喚醒時，睜眼若有知，旋復沉困❶，竟是夢中人。須如朝興櫛盥之後，神爽氣清，冷冷勁勁❷，方是真醒。

【注　釋】❶沉困　謂異常乏力。又指沉淪困窘。❷冷冷勁勁　冷冷，清涼的樣子；冷清的樣子，此指清醒的樣子。勁勁，清醒的樣子。

【語　譯】作為一個人，就怕像渴睡漢，才被喚醒時，睜著眼，像是清醒，馬上又陷入困乏，竟然像是睡夢中的人。必須如朝晨起來梳洗之後，神氣爽快清朗，冷冷勁勁，這才是真正的清醒。

【研　析】作為一個有志向、有作為的人，應該是保持著清醒的頭腦，知道自己應該做什麼，怎樣做，這樣成功的機遇就會高得多。

三　廣所依，不如擇所依；擇所依，不如無所依。無所依者，依天也。依天者，有獨知之契，雖獨立宇宙之內，而不謂孤。眾傾之，眾毀之，而不為動，此之謂男子。

【語譯】擴大所依靠，不如選擇所依靠；選擇所依靠，不如無所依靠。無所依靠時，就依靠上天。依靠上天，可以達到人所不知的契合，即使獨立宇宙之內，但不能稱作孤獨。眾人傾軋，眾人詆毀，但不為之改變，這就叫作男子漢。

【研析】所謂男子漢，應有獨立的人格，做人的準則，不因外來因素的干擾而改變既定的志向，並為實現自己的理想而奮鬥。

四　小屈以求大伸，聖賢不為。吾道非必大行之日然後見，便是抱關擊柝❶，自有不可枉之道。松柏生來便直，士君子窮居❷便正。在下位，遇難事，姑韜光❸忍恥，以圖他日貴達之時，然後直躬❹行道，此不但出處❺為兩截人❻，即既仕之後，又為兩截人矣，又安知大任❼到手不放過耶？

【注釋】❶抱關擊柝　指守門打更的小吏。抱關，門卒，借指職位卑微。擊柝，敲梆子巡夜。❷窮居　隱居不仕。❸韜光　斂藏光采。比喻隱藏聲名才華。❹直躬　以直道立身。❺出處　出仕和隱退。❻兩截人　兩面人，即性格不一，或具有對立面性格的人。❼大任　重任；重要職務。

【語譯】小的彎曲可以求得更大的伸展，聖賢卻不屑一為。我所追求的道不一定是在廣為流行之後才顯現，即使是守門打更的小吏，自有其不可枉邪的道。松柏生來就是筆直的，士君子隱居不仕就是正直。身居下位，遭遇艱難的事，姑且斂藏自己的才華，忍受恥辱，以希望他日富貴榮達之時，然後以直道行身，這樣不但在出仕或隱退表現為兩面人，即使已經出仕之後，又會成為兩面人，遇到重要職務眼見到手，又怎肯放過呢？

【研析】雙重性格的人，會給人品行不一、難以捉摸的感覺。不過與「達則兼善天下，窮則卷而懷之」是有本質的區別，達則出仕，發揮自己的才能，為國為民而做貢獻；窮則退隱，修身養性，等待時機，這是孔子主張的一種處世原則。其與「兩截人」之仕與隱的處世態度是不同的。「兩截人」的仕與隱帶有強烈的功利目的，因此會表裡不一。

五　才能技藝，讓他占個高名，莫與角勝。至於綱常大節，則定要自家努力，不可退居人後。

【語譯】在才能和技藝方面，讓他占有盛名，不要與他爭勝負。至於三綱五常之大的原則，就一定要自己的努力，不能退居他人之後。

【研析】人生處於世間，於大節不能有虧欠。「三綱五常」是儒家維護的主要道德規範，是維繫社會秩序和處理人與人之間關係的準則，因此維護「三綱五常」是儒者的責任和義務。

六　人不難於違眾，而難於違己；能違己矣，違眾何難？

【語譯】人不難於違背別人，但是難於違背自己；能夠違背自己，違背他人又有什麼困難呢？

【研析】人能克制自己的欲望，就不難有明智的選擇。在大是大非面前，不致走錯一步。

七　學欲博，技欲工，難說不是一長。總較作人，只是夠了便止，學如班、馬❶，字如鍾、王❷，文如曹、劉❸，詩如李、杜❹，錚錚❺千古知名，只是個小藝習，所貴在做好人。

【注釋】❶班馬　指漢代的班固和司馬遷，均為著名的史學家。❷鍾王　指三國魏鍾繇和晉王羲之，均為著名的書法家。❸曹劉　指三國時的曹植、劉楨。❹李杜　指唐代的大詩人李白和杜甫。❺錚錚　比喻聲名顯赫、才華出眾。

【語譯】學問要廣博，技藝要精工，很難說不是一個特長。大體來說，做人只是知足就可以了，學問如班固和司馬遷，書法如鍾繇和王羲之，文章如曹植和劉楨，詩歌如李白和杜甫，這些千古以來赫赫有名的人，不過是憑藉個小小的技藝，寶貴的是在於做個好人。

【研析】萬能的人是沒有的，全才的人也是難尋的。憑一技之長，能立足於世上，就應心滿意足了。當然學得一技之長，這不是件難事，而做一個有利於社會的人，這才是最重要的。

八　士君子之偶聚也，不言身心性命，則言天下國家；不言物理❶人情，則言風俗世道；不規目前過失，則問平生德業。傍花隨柳之間，吟風弄月❷之際，都無鄙俗❸媟嫚❹之談，謂此心不可一時流於邪僻。此身不可一日令之偷惰❺也。若一相逢，不是褻狎❻，便是亂講，此與僕隸下人何異，只多了這衣冠耳。

【注釋】❶物理　事理；事物的道理、規律。❷吟風弄月　謂以風花雪月等自然景物為題材作詩詞。又形容心情閒適灑脫。❸鄙俗　鄙陋庸俗。❹媟嫚　輕薄；褻瀆。❺偷惰　苟且怠惰。❻褻狎　輕慢；不莊重。

【語　譯】士君子偶然相聚，不是談論身心性命，就是談論國家天下大事；不是談論物理人情，就是談論風俗世道；不是規勸目前的過失，就是詢問平生的德行和功業。傍花隨柳之間，吟風弄月之際，都沒有鄙陋庸俗、褻瀆輕慢的言語，謂此心不可一時流於邪僻，此身不可一日讓它苟且怠惰。若是一相逢，不是輕慢，就是亂講，這與奴僕下人有什麼差別，只是多了這身衣冠罷了。

【研　析】與人相聚，就會有話題，作為有教養的人，應注意談吐的內容和方式，不可流於庸俗無聊，有傷大雅，有失身分。

九

見「泰山喬嶽以立身」四語❶，甚愛之，疑有未盡，因推廣為男兒八景云：泰山喬嶽之身，海闊天空之腹，和風甘雨之色，日照月臨之目，旋乾轉坤之手，磐石砥柱之足，臨深履薄❷之心，玉潔冰清之骨。此八景，予甚愧之，當與同志者竭力從事焉。

【注　釋】❶泰山喬嶽以立身四語　即泰山喬嶽以立身、明鏡止水以居心、青天白日以應事、光風霽月以待人四句，稱作聖賢四境。泰山喬嶽以立身，以泰山高峰作為處世立身的標準。喬嶽，本指泰山，後泛指高山。喬，高。❷臨深履薄　即臨深淵、履薄冰，比喻謹慎戒懼。

【語　譯】看見「泰山喬嶽以立身」的四句話，很是喜歡，只是懷疑其中表達的意思不全面，因此推演其義作為男兒的八種景象：有泰山喬嶽似的身姿，有海闊天空似的胸懷，有和風甘雨似的面容，有日照月臨似的目光，有扭轉乾坤般的雙手，有磐石砥柱般的雙足，有謹慎戒懼般的心思，有冰清玉潔般的骨氣。這八種景象，我很是慚愧，應該與志同道合的人竭力達到這個目標。

【研　析】向聖賢看齊，是品行方面的超越和完善，無論是四境，還是八景，作為好男兒，不僅有頂天立地的氣概，而且還要擁有完美的品行，超人的智慧，脫俗的容貌，諸如此類，要做到這些是不容易的，不過經過努力，達到目標的可能性就會越來越近。

一〇　少年只要想我見在❶幹些甚麼事，到底成個甚麼人，這便有多少恨心，多少愧汗，如何放得自家過？

【注　釋】❶見在　現在。

【語　譯】少年時，只要想到我現在做些什麼事，到底成就個什麼樣的人，這樣就會有多少怨恨之心，多少因羞愧而流下的汗，又如何能原諒得了自己呢？

【研　析】年少時有很多理想，也會立下雄心壯志，隨著歲月的流逝，等發覺老大無成時，則是悔恨已晚，愧對古人。

一一　有象而無體者：畫人也，欲為而不能為、有體而無用者：塑人也，清淨尊嚴、享犧牲❶香火而一無所為；有運動而無知覺者，偶人也，待提掇指使而後為。此三人者，身無氣血，心無靈明❷，吾無責矣。

【注釋】❶犧牲　供祭祀用的純色全體的牲畜。❷靈明　神明；精神。

【語譯】有形象而沒有實體的人：畫中的人，是想有作為而不能、有軀體而不能用的人；泥塑的人，清淨純潔，尊貴威嚴，享受犧牲和香火供品而全無作為；能活動而無知覺，是木偶般的人，須等待著人們提拉指使而後才能作為。這三種人，身軀無血氣，心中無神明，我不需要責求他們。

【研析】有血有肉的人，也是有精神靈魂的人，有生氣，就應有作為。而無所作為的人，就如同畫中人、泥塑人、木偶人一般，沒有了生氣，對他們求全責備還有什麼用呢？

一二　兩柔無聲，合也；一柔無聲，受也。兩剛必碎，激也；一剛必損，積也。故《易》取一剛一柔，是謂平中❶，以成天下之務，以和一身之德，君子尚之。

【注釋】❶平中　平和中正。

【語　譯】兩種陰柔在一起沒有聲音，是因為相合；一種陰柔沒有聲音，是因為受取。兩種陽剛在一起必然破碎，是因為相激；一種陽剛必然招致損傷，是因為積聚。所以《易經》中取一剛一柔，謂之平和中正，以成就天下之事，以和諧自身的品德，君子推崇之。

【研　析】一陰一陽謂之道，古人認為陰、陽是構成萬物的根本。陰陽和諧，萬物就會繁榮茂盛，反之，則會衰亡凋零。

一三　士君子作人不長進，只是不用心，不著力。其所以不用心不著力者，只是不愧不奮。能愧能奮，聖人可至。

【語　譯】讀書人為人不求上進，就會不用心，不用力。之所以不用心、不用力，只是無愧疚、不自強。能有羞愧之心，能有自強之志，可以達到聖人的境界。

【研　析】人無志向，就會失去奮鬥的動力。作為一個讀書人，沒有理想，不求上進，並且無羞愧之心，更是可悲。

一四　有道之言，得之心悟；有德之言，得之躬行。有道之言宏暢，有德之言親切。有道之言如遊萬貨之肆，有德之言如發萬貨之商。有道者不容不言，有德者無俟於言，雖然未嘗不言也，故曰「有德者必有言❶」。

【注釋】❶有德者必有言　見《論語・憲問》，云：「有德者必有言，有言者不必有德。」

【語譯】有道理的人說的話，是得之內心的領悟；有德行的人說的話，是得之親身的實踐。有道理的人說的話弘達通暢，有德行的人說的話親切感人。有道理的人說的話就像是遊逛百貨市場，有德行的人說的話就像是批發百貨的商賈。有道理的人不容他不說出，有德行的人不必等他說出，雖然他未嘗不說過，因此說「有德行的人說出的必有理」。

【研析】俗云得理不饒人，這便是「有道」者的風格。而「有德」者則不是這樣，其說起話來雖然不似「有道」者那樣滔滔不絕，極富有表現力、煽動性，甚至是嘩眾取寵，但卻是句句在理，讓人心服口服，充滿信任。

一五　或問：「不怨不尤❶了，恐於事天處人上更要留心否？」曰：這天、人兩項千頭萬緒，如何照管得來？有個簡便之法，只在自家身上做。一念，一言，一事，都點檢❷得。莫我分毫不是，那禍福毀譽都不須理會。

我無取禍之道而禍來，自有天擔❸錯。我無致毀之由而毀來，自有人擔錯。與我全不干涉。若福與譽，是我應得底，我不加喜；是我倖得底，我且惶懼愧赧。況天也有力量不能底，人也有知識不到底，也要體悉❹他。卻有一件緊要，生怕我不能格天動物❺，這個稍有欠缺，自怨自尤且不暇，又那顧得別個？孔子說個「上不怨，下不尤」❻，是不願乎其外道理；孟子說個「仰不愧，俯不怍」❼，是素位❽而行道理。此二意常相須❾。

【注釋】❶不怨不尤　即不怨天、不尤人之意。❷點檢　反省；檢點。❸擔　擔負；承當。❹體悉　猶體恤。❺格天動物　格天，感通天意。動物，感化萬物。❻孔子說個上不怨二句　《論語・憲問》：「子曰：『莫我知也夫？』子貢曰：『何為其莫知子也？』子曰：『不怨天，不尤人，下學而上達，知我者其天乎？』」《中庸》：「上不怨天，下不尤人。」❼孟子說個仰不愧二句　《孟子・盡心上》：「君子有三樂，而王天下不與存焉。父母俱存，兄弟無故，一樂也；仰不愧於天，俯不怍於人，二樂也；得天下英才而教育之，三樂也。」怍，慚愧。❽素位　目前所處的地位。謂安於平常所處的地位，做好分內事。❾須　依賴；依靠。

【語譯】有人問：「不抱怨老天，不責備他人，恐怕在恭順天意、處理人情方面要小心吧？」回答說：這老天、人情兩項事頭緒繁雜紛亂，又怎麼能照應得來？有一個簡便的方法，就是從自身做起。一個念頭，一句話語，一件事情，都應反省自己。如果沒有我絲毫的過錯，那些禍福毀譽都不必在意。我沒有惹禍而禍害降臨，自有老天承擔過錯。我無心招致毀謗而毀謗出現，自有他人承擔過錯。如此，與我全無干涉。至於福氣與榮譽，是我理應得到的，我不會更加喜悅；是我僥倖得到的，我將要惶恐慚愧。何況也有老天沒有力量解決的，也有他人意識不到的，也要體諒這點。但有一件緊要的事，生怕我不能感動天意和萬物，這方面稍有欠缺，自我埋怨、自我責備尚且來不及，又那裡顧得上其他？孔子說過「上不埋怨老天，下不責備他人」，這是不願意歸咎於外來的原因；孟子說過「仰頭不愧於天，俯首無愧於他人」，這是安於現狀、做好本職工作的道理。這二方面的意思常常是互相依存的。

【研　析】不怨天，不尤人，這是有責任感的表現，也是有自信心的說明。人生在世，不如意事十之八九。若一遇到挫折，就埋怨這，埋怨那，把責任都推給別人，這是無能的表現。在這種情況下，應是做好分內的事，努力改變於己不利的局面，變逆境為順境，變被動為主動。

一六　奮始怠終，修業❶之賊也；緩前急後，應事之賊也。躁心浮氣，蓄德❷之賊也；疾言厲色❸，處眾之賊也。

【注　釋】❶修業　建功立業，又指鑽研學問。❷蓄德　指德行的修養。❸疾言厲色　言語急促，神色嚴厲。

形容對人發怒或感情激動時說話的神情。

【語譯】開始勤奮，末後懶惰，這對從事學業來說是個危害；開始時不緊不慢，末後卻急躁慌忙，這對應付事情來說是個危害。心情浮躁輕率，這對德行的培育來說是個危害；說話急促，神色嚴厲，這對與人相處來說是個危害。

【研析】做事情要持之以恒，這才是成功的保證。要取得成功，德行與情操的培養，又是前提和基礎。

一七　名心勝者必作偽。

【語譯】追求功名之心強烈的人必然會弄虛作假。

【研析】獵取功名，意味著會獲得更大的利益，也意味著統治和占有欲望的最大滿足和實現，為了達到目的而不擇手段，這也就在所難免。

一八　恭敬謙謹，此四字有心之善也。狎侮傲凌，此四字有心之惡也。人所易知也，至於怠、忽、惰、慢，此四字乃無心之失耳。而丹書之戒：

「怠勝敬者凶。」❶論治忽❷者至分存亡，《大學》以傲惰同論❸，曾子以暴慢連語者❹，何哉？蓋天下之禍患，皆起於四字；一身之罪過，皆生於四字。怠則一切苟且，忽則一日昏忘❺，惰則一切疏懶，慢則一切延遲。以之應事，則萬事皆廢；以之接人，則眾心皆離。古人臨民如馭朽索❻，使人如承大祭❼，況接平交以上者乎？古人處事不泄邇，不忘遠，況目前之親切重大者乎？故曰：「無眾寡，無小大，無敢慢❽。」此九字，即毋不敬❾，毋不敬三字，非但聖狂之分，存亡治亂、死生禍福之關也，必然不易之理也，沉心精應者始真知之。

【注釋】❶而丹書之戒二句　《大戴禮記》「武王踐阼」云：「道書之言曰：敬勝怠者強，怠勝敬者亡。義勝欲者從，欲勝義者凶。」丹書，即丹書墨籙，道家指以墨書寫符文的朱漆之簡，泛指煉丹之書，或託言天命之書。❷治忽　即治亂，治理與混亂。❸大學以傲惰同論　《大學》云：「所謂齊其家在脩其身者，人之其所親愛而辟焉，之其所賤惡而辟焉，之其所畏敬而辟焉，之其所哀矜而辟焉，之其所敖惰而辟焉。故好而知其惡，惡而知其美者，天下鮮矣。」大學，本為《禮記》中的一篇，後析出別行，南宋朱熹將其列為「四書」之一，成為士子必讀之書。❹曾子以暴慢連語者　《論語・泰伯》云：「曾子有疾，孟敬子問之，曾子言曰：『鳥之將死，其鳴也哀；人之將死，其言也善。君子所貴乎道者三：動容貌，斯遠暴慢矣；正顏色，斯近信矣；出辭氣，斯遠鄙倍矣。籩豆之事，則有司存。』」曾子（西元前五〇五—前四三五年），名參，字子輿，春秋時魯國人。為孔子學生，著《曾子》十八篇。暴慢，殘暴傲慢。❺昏忘　糊塗健忘。❻古人臨民如馭朽索　《尚書・五子之歌》云：「予臨兆民，懍乎若朽索之馭六馬。為人上者，奈何不敬？」臨民，治理百姓。❼使人如承大祭　《論語・顏淵》：「仲弓問仁，子曰：『出門如見大賓，使民如承大祭。己所不欲，勿施於人。在邦無怨，在家無怨。』」❽無眾寡三句　《論語・堯曰》：「君子無眾寡，無小大，無敢慢，斯不亦泰而不驕乎？」❾毋不敬　《禮記・曲禮》：「毋不敬，儼若思，安定辭，安民哉。」

【語　譯】恭順、敬畏、謙虛、謹慎，這四者是善心的表現。狎玩、侮弄、傲慢、凌辱，這四者是惡意的表現。這是人們容易明白的道理，至於怠（懈怠）、忽（草率）、惰（懶惰）、慢（輕慢），這四個字是無心的過失。而丹書有戒語云：「懈怠勝過敬重就會變得凶惡。」議論國家的治理和動亂以至分析其存亡，《大學》一書是把傲、惰合在一起議論的，曾子是把暴、慢連著說的，這是為什麼呢？大概天下的禍患，都起因於那四個字；一身的罪過，都產生於那四個字。懈怠就會對一切事都會馬虎，草率就會出現一時的糊塗健忘，懶惰就會對一切事不關心，輕慢就會對一切事拖延。用這種狀態處理事務，那麼所有的事都會荒廢；用這種狀態與他人相處，那麼民眾的心都會背離。古代的人治理百姓就像是用腐朽的繩子駕馭著馬車，應小心謹慎，役使民眾如承擔宏大的祭祀活動，得嚴肅恭敬，更何況接觸平素之交以上的人呢？古人辦理事情不忽視眼前的，也不忘記長遠的，更何況目前為切身重大的事情呢？因此《論語》說：「無眾寡，無大小，無敢慢。（即：不論人之多少，不論事之大小，不敢怠慢。）」這九個字，就是不要不恭敬的意思，毋不敬

（即：不要不恭敬）三字，不但是聖賢與狂躁的分界線，也是存亡治亂、死生禍福的關鍵，這是千真萬確的真理，只有靜下心來全神應付的人才能真正地明白。

【研　析】能否把事情做好，態度很重要。恭順，敬畏，謙虛，謹慎，本著這種態度，起碼可以避免或減少工作中的失誤，避免或減少他人的敵意，也會使得事情進展得更順利、更踏實，成功率也會更高些。

一九

貧不足羞，可羞是貧而無志；賤不足惡，可惡是賤而無能；老不足嘆，可嘆是老而虛生；死不足悲，可悲是死而無聞。

【語　譯】貧寒不足以令人覺得羞恥，可令人羞恥的是貧寒而無志向；卑微不足以令人感到厭惡，可令人厭惡的是卑微而無才能；年老不足以令人覺得嘆息，可令人嘆息的是年老而虛度一生；死亡不足以令人覺得悲傷，可令人悲傷的是死了而沒有名聲。

【研　析】有理想，有抱負，就不應斤斤計較地位的高低、物質享受的好壞。因為地位的高低、物質享受的好壞是可以通過自己的能力來改變的，問題是要活得充實，活得有意義。

二〇

時時體悉人情，念念持循天理。

【語譯】每一個時刻要體察和洞悉人情世故，每一個念頭要堅持和遵從倫理道德。

【研析】理學家認為封建倫理道德是永恒的客觀法則，也就是天理在人世間的體現。一方面要體察和洞悉人情世故，另一方面卻要堅持和遵從倫理道德，就在於人情世故往往會背離天理，因此就需要用倫理道德約束自己的言行，使之不至於走得太遠。

二一　禮義❶之大防，壞於眾人一念之苟，譬如由徑之人，只為一時倦行幾步，便平路破一條蹊徑，後來人跟尋舊跡踵成不可塞之大道，是以君子當眾人所驚之事，畧不動容，纔干礙禮義上些須，便愕然變色，若觸大刑憲❷然，懼大防之不可潰而微端之不可開也。嗟夫！此眾人之所謂迂而不以為重輕者也，此開天下不可塞之釁者，自苟且❸之人始也。

【注釋】❶禮義　禮法道義。❷刑憲　刑法；刑罰。❸苟且　不守禮法。

【語譯】禮法道義的重要界限，會毀於眾人的一念之差，譬如沿著小路行走的人，只是因為一時的疲倦，不想多繞走幾步，就會平白地另踏出一條小路，而後來的人跟隨其後尋著舊的行跡，踏踩成了不可阻塞的大路，因此說作為一個君子，面對眾人感到驚異的事，絲毫不能受影響，才做些妨礙禮法道義上的一點事，就應該驚愕變色，好像是觸犯國家大的刑法一樣，警惕重大原則不能崩潰而苗頭不可以開啟。哎！這就是眾人以為迂腐而無足輕重，這樣就開啟了天下不可堵塞的縫隙，是自不守禮法的人開始的。

【研　析】禮法道義是維繫社會穩定的原則，道德禮儀小到生活中的處世原則，大至國家刑法，小的方面，人們往往不在意，因此越軌犯規的事時常發生，時間久了，習以為常，就會觸犯國法。

二二　有德之容深沉凝重，內充然有餘，外闃然❶無迹，若面目都是精神，即不出諸口而漏洩已多矣。畢竟是養得浮淺，譬之無量人一杯酒，便達於面目。

【注　釋】❶闃然　寂然。闃，同「闃」。

【語　譯】有德行的人面容沉著凝重，內則精神充沛有餘，外則寂靜無痕，如果精神都從面容上流露出來，即使不說出而很多已經洩漏了。這畢竟是涵養浮淺，譬如無酒量的人，即使是一杯酒，面色就已經變了。

【研　析】喜怒哀樂，不形於色，這是要靠平日的涵養。內裡精神充沛，外表平淡自然，有德行的人是這樣的，做大事的人更需要如此。沉得住氣，才不會自亂手腳，誤了大事。

二三　權貴之門，雖係通家❶知己，也須見面稀、行蹤少，就好。嘗愛唐詩有「終日帝城裏，不識五侯門」之句❷，可為新進❸之法。

【注釋】❶通家　世交；姻親。❷終日帝城裏二句　唐李益（或作張繼）〈感懷〉詩：「調與時人背，心將靜者論。終年帝城裡，不識五侯門。」❸新進　謂初入仕途、新得科第或新被任用。

【語譯】權貴人家，雖然是世交知己，也應該見面稀、少來往，這樣才好。我曾經喜愛唐詩有「終日帝城裡，不識五侯門」之句，可以作為初入仕途士子的處世之法。

【研析】初入仕途的人，能與權貴們交往，遷升的機會就會多些。不過，這屬邪路，弄得不好，會適得其反。

二四　仁厚刻薄是修短關，行止語默是禍福關，勤惰儉奢是成敗關，飲食男女是死生關。

【語譯】仁厚與刻薄是壽命長短的關鍵，行動與靜止、說話與沉默是禍福的關鍵，勤奮與懶惰、儉樸與奢侈是成敗的關鍵，飲食與男女是死生的關鍵。

【研析】壽命的長短，是禍還是福，能否成功，是生還是死，諸如此類，與我們的生活態度和言行有著密切的關聯，積極樂觀的態度，踏實穩重的作風，這是成功的基礎。

二五 世有十態，君子免焉：無武人之態粗豪，無婦人之態柔懦，無兒女之態嬌稚，無市井之態貪鄙，無俗子之態庸陋，無蕩子之態儇佻，無伶優之態滑稽，無閭閻❶之態村野❷，無堂下人❸之態局迫❹，無婢子之態卑諂，無偵諜❺之態詭闇❻，無商賈之態衒售❼。

【注釋】❶閭閻　里巷內外的門，後多借指里巷，為平民居住的地方，也指平民百姓。❷村野　樸拙；質樸，又指粗暴魯莽。❸堂下人　指罪犯。❹局迫　窘迫；不自然。❺偵諜　刺探情報。也指間諜、細作。❻詭闇　暗中施詭計。❼衒售　沿街叫賣。

【語譯】世間有十種情態，君子應該避免：沒有武夫的情態——粗魯豪放，沒有婦人的情態——優柔怯懦，沒有兒女的情態——嬌弱稚嫩，沒有市井的情態——貪婪卑鄙，沒有俗子的情態——平庸淺陋，沒有蕩子的情態——浮薄輕佻，沒有伶優的情態——滑稽可笑，沒有平民的情態——樸拙魯莽，沒有堂下罪犯的情態——局促窘迫，沒有丫環奴婢的情態——卑賤諂媚，沒有間諜的情態——暗中施計，沒有商賈的情態——沿街叫賣。

【研析】作為君子，就是要品行端正，一身正氣，為百姓的楷模。切忌沾染各種惡習，混同於俗子凡夫。

二六 不善之名，每成於一事，後有諸長，不能掩也，而惟一不善傳，君子之動，可不慎與？

【語譯】不善的名聲，常常由一件事造成，以後再有多種好處，也不能掩蓋其不善，而這惟一的不善卻在傳播，君子的一舉一動，可不謹慎嗎？

【研析】俗云好事不出門，壞事傳千里，講的就是這個道理。

二七 先王之禮文❶用以飾❷情，後世之禮文用以飾偽。飾情，則三千三百，雖至繁也，不害其為率真；飾偽，則雖一揖一拜，已自多矣。後之惡飾偽者，乃一切苟簡決裂以潰天下之防，而自謂之率真，將流於伯子之簡而不可行❸，又禮之賊也。

【注釋】❶禮文　禮樂儀制。又指《禮經》所載之文。❷飾　通「飭」。整治；戒備。❸將流於伯子之簡句

《論語・雍也》：「仲弓問子桑伯子，子曰：『可也，簡。』仲弓曰：『居敬而行簡，以臨其民，不亦可乎？居簡而行簡，無乃太簡乎？』子曰：『雍之言然。』」朱熹注云：「《家語》記伯子不衣冠而處，夫子譏其欲同人道於牛馬。」意思是說桑伯子閒居時，衣冠穿著不講究，孔子譏諷桑伯子這樣做是將人的生活方式等同於牛和馬之畜生之道。伯子，即桑伯子。簡，簡約。

【語譯】先王制定的禮樂儀制是用來節制情感的，後世制定的禮樂儀制是用來粉飾虛偽的。節制情感的禮樂儀制有三千三百條，雖然非常繁瑣，但不損害其為直率真誠；粉飾虛偽，即使是一個作揖或是一個跪拜，已經感到多餘了。後世之厭惡粉飾虛偽的人，就用一切草率簡略而毀壞的方法破壞大的原則，並且自稱為直率真誠，這將會流於像桑伯子那樣行事簡約而行不通，又是對禮制的禍害。

【研析】禮樂儀制是用來約束人們行為的，這是社會文明進步的象徵。人不講禮儀，這與畜生就沒什麼區別了。

二八　余待小人不能假辭色❶，小人或不能堪。年友❷王道源危之❸曰：「今世居官，切宜戒此。法度是朝廷的，財貨是百姓的，真做不得人情。至於辭色，卻是我的，假借些兒何害？」余深感之，因識而改焉。

【注釋】❶辭色　指言語態度溫和。❷年友　同年登科的好友。❸王道源危之　字道源。事跡不詳。

【語　譯】我對待小人不會有好話和好的態度，小人或者不能忍受。年友王道源危之說：「今世擔任官職，在這方面千萬要戒備。法令制度是朝廷制定的，錢財貨物是天下百姓的，真不應該當作人情。至於溫和的言語態度卻是屬於我的，假借一些兒又有什麼危害呢？」我深有感觸，因此記下來而後改正。

【研　析】與人打交道，是生活中常有的事。其中有好人，也有自己不喜歡的人。對於不喜歡的人，當面予以不好的言辭或面色，有時會令人很難看的。應該說，接人待物要講究策略的，即使是面對令你極其反感的人，至少也不要陷自己於被動。

二九　一友與人爭，而歷指其短，予曰：「於十分中君有一分，不是否？」友曰：「我難說沒一二分。」予曰：「且將這一二分都沒了，纔好責人。」

【語　譯】一位朋友與人爭論，而歷指其短處，我說：「於十分道理中你也有一分不是，不對嗎？」朋友說：「我很難說沒有一二分不是。」我說：「且將這一二分不是都消除了，才能好好地責備人。」

【研　析】批評和責備他人的缺點，要有充分的根據和理由，當然自己不能有絲毫不是。

三〇 士大夫殃及子孫者有十：一曰優免❶太侈，二曰侵奪太多，三曰請託滅公，四曰恃勢凌人，五曰困累鄉黨❷，六曰要結權貴、損國病人，七曰盜上剝下以實私橐，八曰簧鼓❸邪說、搖亂國是❹，九曰樹黨報復、陰中善人，十曰引用邪昵❺、虐民病國。

【注 釋】❶優免 准予豁免租賦、力役等，以示優待。❷鄉黨 周制，一萬二千五百家為鄉，五百家為黨。後泛稱家鄉，又指鄉親。❸簧鼓 用動聽的言語迷惑人。❹國是 國策；國家大事。❺邪昵 行事不端而又得到寵信的人。

【語 譯】士大夫會在十個方面給子孫帶來災禍：一是准予豁免租賦、力役等而生活太侈奢，二是侵占掠奪太多，三是以私情請託，損害公共利益，四是依仗權勢，欺凌他人，五是連累鄉民，六是結交權貴、損害國家，危害百姓，七是對上剽竊公家財產，向下盤剝百姓，以飽私囊，八是鼓吹邪說、擾亂國家大事，九是樹立黨派，打擊報復、暗中傷害好人，十是引用奸邪狎昵的人、欺虐百姓，危害國家。

【研 析】讀書為官，積累功名和財富，造福於子孫後代，這是古代中國人的傳統觀念。遺憾的是往往事與願違，子孫不肖，小則作威作福鄉里，大則禍國殃民。

三一 智者不與命鬥，不與法鬥，不與理鬥，不與勢鬥。

【語譯】聰明的人不與命運作對，不與法規作對，不與天理作對，不與時勢作對。

【研析】命運、法規、天理、時勢，這是與人生戚戚相關的，你可以改變命運，可以利用時勢，但不能和它們對抗。至於遵循天理、法規，則是成功的保障。

三二 入廟不期敬而自敬，入朝不期肅而自肅，是以君子慎所入也。見嚴師則收斂，見狎友則放恣，是以君子慎所接也。

【語譯】到了廟裡自然而然地會起崇敬之心，進入朝中自然而然地會有莊嚴之感，所以說君子要謹慎地對待其所進入的地方。見到嚴格要求的老師就會約束自己的行為，見親近的朋友就會放縱恣肆自己，所以說君子要謹慎地對待其所接觸的人。

【研析】作為一個才德出眾的人，其言行舉止，時刻會引人關注，因此謹慎地對待自己出入的地方和結交的人士，就會避免一些不必要的花邊新聞。

三三 涵養如培脆萌，省察如搜田蠹，克治❶如去盤根。涵養如女子坐幽閨，省察如邏卒緝奸細，克治如將軍戰勍敵。涵養用勿忘勿助工夫，省察用勿怠勿荒工夫，克治用是絕是忽❷工夫。

【注釋】❶克治　克制私欲邪念。❷是絕是忽　《詩經・大雅・皇矣》：「是伐是肆，是絕是忽，四方以無拂。」忽，滅絕。

【語譯】修身養性如同培植脆嫩的萌芽，內心反省如同搜尋田間的蠹蟲，克制私欲如同除去盤結的樹根。修身養性如同女子坐在深閨中，內心反省如同巡邏的士兵搜捕奸細，克制私欲如同將軍與強敵作戰。修身養性用的是不要忘記、不要救助的工夫，內心反省用的是不要怠惰、不要荒疏的工夫，克制私欲用的是決絕、滅亡的工夫。

【研析】修身養性、內心反省、克制私欲，目的就是完善自我的品德，這是一種自覺的行為，對自己嚴格要求，也就是對自己負責。

三四　恣縱❶既成，不惟禮法所不能制，雖自家悔恨，亦制自家不得，善愛人者，無使恣縱，善自愛者，亦無使恣縱。

【注釋】❶恣縱　放縱；放任。

【語　譯】既然放縱了自己，不僅為禮法所不能禁止，即使自己悔恨，也無法禁止自己，善於愛護他人的，不要使之放縱，善於自我愛惜的人，也不要使自己放縱。

【研　析】一失足而成千古恨，這往往是由於過度放縱了自己的行為而造成的。事先若能多考慮一下是否應該做，這才是理智的。明知不該做的事，還要去嘗試，或是慫恿他人去做，尤其是不可取的。

三五　士君子澡心浴德❶，要使咳唾為玉，便溺皆香，纔見工夫圓滿。若靈臺❷中有一點污濁，便如瓜蒂藜蘆❸入胃，不嘔吐盡不止，豈可使一刻容留此中耶？夫如是，然後溷廁❹可沉，緇泥❺可入。

【注　釋】❶澡心浴德　澡心，改過自新。又指去除內心雜念。浴德，修養德行。❷靈臺　指心。❸瓜蒂藜蘆　瓜蒂，中藥名。黃褐色，質柔韌。味苦，性寒，有催吐、利尿等作用。藜蘆，又稱黑藜蘆，多年生草本植物。有毒，可入藥，主治痰涎壅閉、喉痹、癲癇等症。外用於疥癬，有催吐作用。在農業上可做殺蟲劑。❹溷廁　廁所。❺緇泥　黑泥；汙泥。

【語　譯】士君子剔除內心雜念，注重涵養德行，務必要使咳唾吐出如玉，便溺皆香，才看得出花費的工夫完滿。如果心中有一點汙濁，就好像食用了瓜蒂藜蘆，不全部嘔吐出來是不會停止的，怎能容許它們留在胃中有一刻鐘之長呢？如果這樣的話，那麼廁所可沉入其中，汙泥也可進入。

【研　析】德行的修養是個不斷完善的過程，稍惹塵埃被汙染，就應把它們清除去，容不得絲毫的蒙蔽，否則就會前功盡棄。

三六　猥繁❶拂逆❷，生厭惡心，奮寧耐❸之力；柔艷芳濃，生沾惹心，奮跳脫❹之力；推挽❺衝突，生隨逐心，奮執持❻之力；長途末路，生衰歇❼心，奮鼓舞之力；急遽疲勞，生苟且心，奮敬慎之力。

【注　釋】❶猥繁　卑下瑣碎。❷拂逆　違背；違反。❸寧耐　忍耐。❹跳脫　逃脫。❺推挽　引薦；薦舉。❻執持　掌握；控制。❼衰歇　衰落；止息。

【語　譯】猥瑣背離，會令人產生厭惡之心，應當努力做到忍耐；柔美芳香，會令人產生沾惹之心，應當努力做到逃脫；推薦爭鬥，會令人產生追逐之心，應當努力做到控制；長途末路，會令人產生衰落之心，應當努力做到振作；急促疲勞，會令人產生馬虎之心，應當努力做到謹慎。

【研　析】面對不同的情況，人心總是要受到影響的，尤其是可能的負面作用，問題是如何避免負面作用的發生，耐心力，靈活力，自制力，振作和謹慎等，在這時的作用就很重要了。

三七　無以小事動聲色，褻大人之體。

【語譯】不要因為小事而發怒，這樣會褻瀆大人尊容。

【研析】凡是有修養的人、德高望重的人、出身高貴的人等等，都是有身分地位的人，因小事而大動肝火，說明涵養的缺失，也有損自己的聲譽。

三八　其惡惡不嚴者，必有惡於己者也。其好善不亟❶者，必無善於己者也。仁人之好善也，不啻❷口出；其惡惡也，迸❸諸四夷❹，不與同中國❺。孟子曰：「無羞惡之心，非人也。」❻則惡惡亦君子所不免者，但恐為己私作惡，在他人非可惡耳。若民之所惡而不惡，謂為民之父母，可乎？

【注釋】❶亟　急迫。❷不啻　不僅僅；何止。❸迸　逃。又同「屏」。斥逐；排除。❹四夷　古代對四方少數民族的統稱。此指文明未開發的邊疆之地。❺中國　上古時代，華夏族建國於黃河流域一帶，以為居天下之中，稱中國，而把周圍其他地區稱為四方。後泛指中原地區。❻孟子曰三句　見《孟子·公孫丑下》。羞惡，對自己或他人的壞處感到羞恥厭惡。

【語譯】那些對壞事不深惡痛絕的人，必然是自己的行為比其還惡劣。那些對於善事反應遲緩的人，必然是自己沒做過什麼善事。有德行的人喜歡做善事，不僅僅是說說而已；其憎惡壞人，恨不得將他們斥逐到邊遠的少數民族居住地，不許他們與中國共存。孟子說：「沒有以做惡事而感到羞恥的心，這不是人。」也就是說厭惡壞人壞事，是君子應該表達的態度，只怕是為自己的私利而作惡，而在他人看來又是不可惡的。如果是百姓厭惡的而自己不覺得厭惡，被稱作百姓父母官的，可以這樣做嗎？

【研析】人是要有是非觀的，尤其是作為有德行的人。「見善如不及，見不善如探湯」，「見善若己有，嫉惡過仇讎」，這樣的話，社會風氣就會形成以正壓邪的態勢。

三九　「懶散」二字，立身之賊也。千德萬業，日怠廢而無成。千罪萬惡，日橫恣而無制，皆此二字為之。西晉讎禮法而樂豪放，病本正在此。安肆日偷❶，安肆，懶散之謂也。此聖賢之大戒也。甚麼降伏得此二字？曰勤慎，勤慎者，敬之謂也。

【注釋】❶安肆日偷　《禮記・表記》：「子曰：君子莊敬日強，安肆日偷。」安肆，安樂放縱。日偷，日漸怠惰。

【語　譯】「懶散」二字，是安身立足的大害。千萬種德行和功業，日日荒廢怠惰而無成。千萬種罪惡，日日橫行恣肆而不能禁止，都是因為這兩字造成的。西晉時仇視禮法而喜歡放任自己的行為，其病根正是由於這個。安肆日偷，安肆，說的就是懶散的意思。這是聖賢最要警惕的。怎麼才能降伏得了這兩個字？就是常說的勤慎，勤勉謹慎，說的就是敬的意思。

【研　析】懶惰和閒散，這是胸無大志的反映。不僅有損於德行的修養、功業的建樹，而且還有可能走向犯罪的道路。因此克服懶惰和閒散，謹於言行、勤勉於事就顯得重要多了。

四〇　或問修己❶之道，曰：「無鮮克有終❷。」問治人之道，曰：「無忿疾於頑❸。」

【注　釋】❶修己　自我修養。❷無鮮克有終　《詩經・大雅・蕩》：「靡不有初，鮮克有終。」謂有始無終。鮮，很少有。克，能。❸無忿疾於頑　《尚書・君陳》：「爾無忿疾于頑，無求備于一夫。」忿疾，忿怒憎惡。

【語　譯】有人問自我修養的方法，回答說：「不要有始無終。」或問統治他人的方法，回答說：「不要對愚頑的人發怒憎恨。」

【研　析】自我修養，是個持之以恒的事情，只有如此，才能有進步。至於統治他人，當以勸善引導為主，使之自省自悟以達到自新。

四一　靜定❶後看自家是甚麼一個人。

【注釋】❶靜定　道家指澄心靜慮，守道不離。佛教指澄心靜慮，坐禪入定。指平靜安定的心態。

【語譯】澄心靜慮後才能明白自己是一個什麼樣的人。

【研　析】澄心靜慮，是佛、道追求的一種境界，也就是摒除任何私欲雜念，體悟人生自然的真諦。

四二　余參政東藩❶日，與年友❷張督糧❸臨碧在座，余以朱判封，筆濃字大，臨碧曰：「可惜，可惜。」余擎筆舉手曰：「年兄此一念，天下受其福矣。」判筆一字，所費絲硃耳。積日積歲，省費不知幾萬倍，充用硃之心，萬事皆然。天下各衙門積日積歲，省費又不知幾萬倍。且心不侈然自放，足以養德；財不侈然浪費，足以養福。不但天物不宜暴殄❹，民膏❺不宜慢棄❻而已。夫事有重於費者，過費不為奢；省有不廢事者，過省不為吝。余在撫院❼日，不儉於紙，而戒示吏書❽，片紙皆使有用。比見富貴家子弟用財貨如泥沙，長餘❾之惠既不及人，有用之物皆棄於地，胸中無不忍一念，口中無可惜兩字，人或勸之，則曰：「所值幾何？」余嘗號為溝壑之鬼，而彼方侈然自快，以為大手段，不小家勢，痛哉！兒曹志之。

【注釋】❶參政東藩　呂坤曾任山東濟南道參政。參政，官名，明代於布政使下置左右參政。❷年友　同年考中進士的好友。❸督糧　明代於各省設置督糧道，簡稱糧道，掌督運漕糧之事，由布政司參政、參議分司諸道。❹暴殄　殘害滅絕，也指任意糟蹋。❺民膏　比喻百姓用血汗創造的財富。❻慢棄　輕慢而棄之不顧。❼撫院　明、清時指巡撫例兼都察院右副都御史或右僉都御史銜。❽吏書　官府的文書。又指祕書之類的人員。❾長餘　多餘。

【語譯】我在濟南道做參政時，與同年好友督運漕糧的張臨碧在座，我用朱砂筆評定封緘，筆色濃而字大，張臨碧說：「可惜，可惜。」我舉手拿著筆說：「年兄有這一個念頭，天下人會享受其福氣的。」用筆判定一字，所費用的不過是絲毫的朱砂罷了。積年累月，節省的費用不知幾萬倍，把節用朱砂的心思擴展，所有的事都是如此。全天下各衙門積年累月，節省的費用又不知幾萬倍。況且心思不驕縱放任，足以培養德行；財物不驕侈浪費，足以滋潤福氣。不但自然中萬物不應糟蹋，百姓創造的財富也不應輕慢地拋棄而已。如果事情有比花費還重要的，過度地花費不算奢侈；如果節省可以不誤事的，過於節省也不算吝嗇。我在撫院的時候，不會限制於紙張的使用，但是告戒垂示管理文書的人，即使是一片紙，也都應該使它們有用。最近見到富貴家的子弟們使用錢財貨物視如泥沙一般，多餘的東西既不知惠及他人，有用的東西也都是拋棄在地，胸中沒有一次不忍的念頭，口中沒有可惜這兩個字，有的人就勸告他們，就說：「這能值多少錢？」我曾經稱他們為溝壑之鬼，而他們正驕縱自快，認為是大的排場，不是小家子氣勢，真是痛心啊！你們這些兒孫輩切記切記。

【研析】上天賜給我們的資源是有限的，若因為富有就暴殄天物，這是極不可取的。當然該用的還是要用，該花費的仍需花費，時刻本著節約的念頭，也會心安理得的。

四三　今人苦不肯謙，只要拿得架子定，以為存體。夫子告子張從政，以「無小大，無眾寡，無敢慢」為不驕❶，而周公為相，吐握下白屋❷，甚者父師有道之君子❸，不知損了甚體。若名分所在，自是貶損不得。

【注釋】❶夫子告子張從政四句　《論語・堯曰》：子張問於孔子曰：「何如斯可以從政矣？」子曰：「尊五美，屏四惡，斯可以從政矣。」子張曰：「何謂五美？」子曰：「君子惠而不費，勞而不怨，欲而不貪，泰而不驕，威而不猛。」子張曰：「何謂惠而不費？」子曰：「因民之所利而利之，斯不亦惠而不費乎？擇可勞而勞之，又誰怨？欲仁而得仁，又焉貪？君子無眾寡，無小大，無敢慢，斯不亦泰而不驕乎？君子正其衣冠，尊其瞻視，儼然人望而畏之，斯不亦威而不猛乎？」子張曰：「何謂四惡？」子曰：「不教而殺謂之虐，不戒視成謂之暴。慢令致期謂之賊，猶之與人也，出納之吝謂之有司。」子張（西元前五〇三—？年），姓顓孫，名師，字子張，春秋陳國陽城人。孔子弟子，曾隨孔子周遊列國。從政，治理政務。❷周公為相二句　《韓詩外傳》卷三：「成王封伯禽於魯，周公誡之曰：『往矣，子無以魯國驕士。吾，文王之子，武王之弟，成王之叔父也，又相天下，吾於天下亦不輕矣。然一沐三握髮，一飯三吐哺，猶恐失天下之士。』」後世遂以「吐哺握髮」形容禮賢下士，求才心切。周公，姬旦，周文王子，輔佐武王滅商紂王，建立周王朝。武王死，成王年幼，周公攝政，平定叛亂，制定禮樂制度等。白屋，指不施彩色、露出本材的房屋，或指以白茅覆蓋的房屋。為古代平民所居。又指平民或寒士。❸父師有道之君子　周文王、武王曾拜呂尚為父師。

【語　譯】如今的人很不肯謙虛，只是要擺架子，為了保持體面。孔子告訴子張治理政務，以「不論事之小大，不論人之多少，不敢怠慢」為不驕傲，而周公作為宰相，吐哺握髮，禮賢下士，甚至以有德行的君子為父師，這樣做，不知損害了周公什麼體面。如果是關係到名位和身分，當然是不能貶低。

【研　析】面子身分，往往是世俗人情最關心的問題，而且常常放在與人交際、處理事務中的第一位置。這樣就有了貴賤高低，就有虛偽矯情，真誠被掩飾，以致死要面子活受罪的事在在可見。必要的禮儀是要講究的，這是關係名分的問題，但這僅僅是在特定場合下存在的。而日常生活中時時留意面子身分，則是大可不必的。

四四　清無事澄，濁降則自清；禮無事復，己克則自復。去了病，便是好人；去了雲，便是晴天。

【語　譯】水清澈就不必去做澄清的事，濁物下沉後水自然會清澈；禮制已存在就不必著意講求，約束自己自然會使禮制回顯。病好了，便是健康的人；雲散了，就是晴朗的藍天。

【研　析】禮法規則等既然早已確立，要做的就是自覺地遵守，人人能自律，即使偶爾違規，事後能改過回歸，仍不失為遵紀守法的人。在法規已建立好條件下，道德的自我完善就顯得尤其重要了。

四五　要得富貴福澤，天主張，由不得我。要做賢人君子，我主張，由不得天。

【語　譯】要得到富貴福祿，這得聽天意安排，由不得我自己。要做賢人君子，可由我自己決定，不靠天意。

【研　析】富貴榮華，自己是決定不了的，所謂聽天由命，即是你很有才華，但走什麼路，做什麼樣的人，卻是你自己的選擇，好或壞都怨不得老天。

四六　為惡再沒個勉強底，為善再沒個自然底，學者勘破此念頭，寧不愧奮？

【語譯】做惡事不是被人勉強的，行善事也不是自願的，學者明白了這個道理，難道不覺得羞愧而奮發圖強嗎？

【研析】行善應是自願的，而且是不應帶有功利性的，否則善心就會遭受玷汙。

四七　不為三氏奴婢，便是兩間❶翁主，三氏者何？一曰氣質氏，生來氣稟❷在身，舉動皆其作使，如勇者多暴戾，懦者多退怯是已。二曰習俗氏，世態既成，賢者不能自免，只得與世浮沉，與眾依違❸，明知之而不能獨立。三曰物欲氏，滿世皆可殢❹之物，每日皆徇欲之事，沉痼❺留連，至死不能跳脫。魁然七尺之軀，奔走三家之門，不在此則在彼，降志辱身，心安意肯，迷戀不能自知，即知亦不愧憤。大丈夫立身天地之間，與兩儀❻參❼，為萬物靈，不能挺身自豎，而依門傍戶❽於三家，轟轟烈烈以富貴利達自雄，亦可憐矣。余即非忠臧❾義獲❿，亦豪奴悍婢人也。咆哮躑躅⓫，不能解粘去縛，安得挺然脫然⓬，獨自當家，為兩間一主人翁乎？可嘆可恨。

【注釋】❶兩間　天地間；人間。❷氣稟　受之於氣。❸依違　反覆；遲疑不決。❹殢　迷戀；沉湎。❺沉痼　積久難治的病。比喻積久難改的陋習弊病。❻兩儀　指天地，又指陰陽、男女等。❼參　羅列；並立。❽依門傍戶　依附於他人而不能自立。❾臧　奴隸；僕婢。❿獲　古代對奴婢的賤稱，又指奴婢之子。⓫躑躅　以足擊地；頓足。躑，原作擲，當誤，此改。⓬挺然脫然　挺然，挺拔特立的樣子。脫然，超脫無累的樣子。

【語譯】不作三氏奴婢，就作天地間的主人，三氏是指什麼呢？第一稱作氣質氏，是生來就有的特性，舉止行為都受它指使，如稟性勇武的人多是粗暴乖戾，懦弱的人多是畏縮而已。第二稱作習俗氏，世俗情態已經形成，賢能的人不能避免，只得與世浮沉，隨波逐流，明明知道是錯的而不能有自己獨立的人格。第三稱作物欲氏，滿世界都是可迷戀的東西，每天都有追求私欲的事，積重難返，至死不能擺脫。堂堂七尺之軀，奔走於三家之門，不在此則在彼，降低自己的志向，屈辱自己的身分，心甘情願，迷戀其中而不能自知，即使明白，也不覺得羞愧憤怒。大丈夫立身於天地之間，與天地並立，為萬物之靈，不能挺身自立，而依附於三家不能自主，幹得轟轟烈烈，不過是以富貴顯達而自以為了不起，也是挺可憐的啊。我即使不是忠誠和有義氣的奴僕，也算是粗豪凶悍的奴婢。咆哮頓足，不能擺脫粘著，去除束縛，又怎能挺拔特立、超然無累，獨自作主，為天地間一個主人翁呢？可嘆可恨。

【研析】有獨立的人格，自主的精神，才能傲立天地，雄視人世，成就大事業。作自己的主人，應是大快人心的。

四八　亡我者，我也。我不自亡，誰能亡之。自家作人❶，自家十分曉底，乃虛美薰心❷，而喜動顏色，是謂自欺；別人作人，自家十分曉底，乃明知其惡，而譽侈口頰❸，是謂欺人。此二者，皆可恥也。

【注釋】❶作人　做人，指立身行事。又指通人道。❷虛美薰心　謂虛榮迷住心竅。❸譽侈口頰　謂讚美之辭溢於言表。

【語譯】滅亡我的，是我自己。我不自取滅亡，誰能滅亡我。自己立身行事，自己十分清楚，因虛榮迷住心竅，而喜形於色，這可以稱作欺騙自己；別人立身行事，自己十分清楚，明明知道不好，卻讚不絕口，這可以稱作欺騙他人。這兩種情況，都是可恥的。

【研析】自欺欺人，往往是過於自信。當虛榮心強盛時，就會口是心非，虛情假意，以致害人害己。

四九　「知」、「覺」兩字，奚趐天淵❶？致了知纔覺，覺了纔算知，不覺算不得知。而今說瘡痛，人人都知，惟病瘡者謂之覺。今人為善去惡不成，只是不覺，覺後，便由不得不為善、不去惡。

【注釋】❶奚翅天淵　比喻相隔極遠，差別極大。奚翅，應為「奚翅」，同「奚啻」。何止；豈止。天淵，高天和深淵。

【語譯】「知」和「覺」這兩個字，何止有極大的差別？知道後才有感覺，或感覺後才算知道，沒有感覺就算不得知道。如今說起傷口痛，人人都知道，但只有病人才能稱作感覺。現在的人行善去惡不成，只是因為沒有感覺到，感覺後，就由不得不行善、不去惡了。

【研析】有些事情和道理人們都知道，但這更多地是來自間接的知識。而感覺就不同了，它產生於直接的感知。一是知識性的，一是經驗性的。

五〇

順其自然，只有一毫矯強，便不是；得其本有❶，只有一毫增益，便不是。

【注釋】❶本有　本來面目；本性。

【語譯】所謂的順其自然，只要有一絲毫的矯情和牽強，就不對了；已經得其本性，只要有一絲毫的增添，就不對了。

【研析】自然及本性，這是天生的，是善的，是好的，也是純真的，而有了人為的粉飾和作用，就會失去其本來面目，就有可能變壞，變得虛偽。人們常說只要向前再邁進一小步，真理就有可能變成謬誤，講的就是這個道理。

五一

度❶之於長短也，權❷之於輕重也，不爽毫髮也，要個掌尺提秤底。

【注釋】❶度　即尺，計量長短的標準。❷權　即秤，測定重量的工具。

【語譯】尺是用來量長短的，秤是用來測輕重的，沒有絲毫的差錯，關鍵是那個掌握尺和秤的人。

【研析】作為度量的工具，尺和秤的量度和標準是既定的，不存在有誤差的。是否會出現誤差，這與掌控和使用尺和秤的人有關。就如同已頒布的法規律令，能否做到公正地執行，全在於執法者的運用。

五二

四端❶自有分量，擴充到盡處，只滿得原來分量，再增不得些子。

【注釋】❶四端　指仁、義、禮、智四種道德觀念的開端、萌芽。《孟子・公孫丑上》：「惻隱之心，仁之端也；羞惡之心，義之端也；辭讓之心，禮之端也；是非之心，智之端也。人之有是四端也，猶其有四體也。」

【語譯】仁、義、禮、智有各自的能量，擴充到極限時，就達到其能量的最大值，再也不能增添一點點了。

【研析】惻隱之心、羞惡之心、辭讓之心、是非之心，分別是仁、義、禮、智四種美德的體現，並且僅僅是四種美德表現時的一個萌芽狀態，仁、義、禮、智還表現在其他方面，每種美德都有一定的適用範圍，不是無限的。

五三　見義不為❶，立志無恒，只是腎氣❷不足。

【注釋】❶見義不為　《論語·為政》：「見義不為，無勇也。」❷腎氣　中醫以為五臟各有氣，腎氣為先天之根本，關係人的生長發育和壽夭。

【語譯】見到符合正義的事卻不去做，立下志向卻沒有恒心，只是腎氣不足的原因。

【研析】腎氣為先天的根本，決定著人的生老病死，腎氣不足，精力就會不足，體力就會降低。精力和體力都弱的人，就不會有遠大的志向，沒有志向的人，做事當然也不會有勇氣，這是受先天制約的原因。

五四　清人❶不借外景為襟懷，高士❷不以塵識❸染情性。

【注釋】❶清人　純潔的人。❷高士　志行高潔的人。也指隱居不仕的人。❸塵識　世俗的看法。

【語譯】心地純清的人不會借助外界的景致表現自己的胸襟，志行高尚的人不會用世俗的看法汙染自己的情性。

【研析】本性是純清或高尚的人，就不會矯情，更不會借助外來的因素粉飾自己，也不會讓世俗的看法左右自己。

五五　古之士民各安其業，策勵❶精神，點檢❷心事，晝之所為，夜而思之，又思明日之所為。君子汲汲❸其德，小人汲汲其業。日累月進，旦興晏息，不敢有一息惰慢之氣。夫是以士無慆❹德，民無怠行。夫是以家給❺人足，道明德積，身用康強，不即于禍。今也不然，百畝之家，不親力作，一命❻之士，不治常業❼，浪談邪議，聚笑覓懽，耽心耳目之玩，騁情遊戲之樂，身依綺縠❽，口厭芻豢❾，志溺驕佚，懵然❿不知日用之所為，而其室家土田百物往來之費，又足以荒志而養其淫，消耗年華，妄費日月。噫！是亦名為人也？無惑乎後艱之踵至也。

【注　釋】❶策勵　督促勉勵。❷點檢　反省。❸汲汲　心情急切的樣子，引申為急切追求。❹慆　縱慢。❺家給　家家富足。❻一命　周時官階從一命到九命，一命為最低的官階。❼常業　固有的事業。古代以農業立國，故特指農業。也指主要的職業。❽綺縠　綾綢縐紗之類，絲織品的總稱。❾芻豢　牛羊犬豕之類的家畜，泛指肉類食品。❿懵然　不明的樣子。

【語　譯】古代的士大夫和民眾各自安心從事於自己的行業，鼓足精神，反省自己，白天做事，晚上思考，思考著明天所要做的事。君子時刻想到的是德行的進步，小人時刻想到的是職業的有成。日積月累，早上起床，晚上休息，不敢有分毫的懶惰傲慢之氣。所以說士大夫不要鬆懈德行，民眾不要懶惰。由此而家家富裕，人人自足，政治清明，品德常修，身體因此健康強壯，不會惹禍於身。如今不是這樣，百畝之地的人家，不親自勞作，職位低的士大夫，不從事自己的事業，胡亂談說，發表狂詩的言論，聚集在一起尋歡作樂，沉迷於聲色之玩，縱情於遊戲之樂，身穿綾羅綢緞，口吃酒肉，沉溺於驕奢淫佚，糊里糊塗地不知平日做什麼，而其家土田物質往來的費用，又足以使其喪志而滋養其貪淫，消耗和浪費著年華和歲月。哎！這也能稱作人？也就不要奇怪以後艱苦的日子接踵而至。

【研　析】人生在世，總要做一些正當的事，生活才覺得充實有意義。所謂早年辛苦，晚年享福；早年享福，晚年受罪。人們常常思考的是為子孫留一份家產，使其無生存之憂，殊不知這反而會遺患無窮，這是因為財富會在瞬間化為烏有，而生存的本領卻是需要時間的培養和磨練的。

五六　難管底是任意，難防底是慣病，此處著力，便是穴上著針，癢處著手。

【語　譯】難以管制的是隨意而行，難以防備的是習慣性毛病，在這些方面用力，就如同在穴位上扎針，痛癢處動手。

【研　析】自己的性格、弱點、習慣等，自家是最清楚的，只是習慣成自然。若要改變壞習慣、舊毛病，必須是抓住要害，下得了狠心，方能成功。

問學

一　讀書人最怕誦底是古人語，做底是自家人，這等讀書，雖閉戶十年，破卷五車❶，成甚麼用？

【注　釋】❶五車　《莊子．天下》：「惠施多方，其書五車。」後用讀書五車形容讀書多，學問淵博。

【語　譯】讀書人最怕的是口誦讀著古人的書，做事卻是依然故我，這樣的讀書，即使閉門十年，讀盡天下書，又有什麼用呢？

【研析】呂坤這裡主要指的是讀聖賢之書，也就是儒家的著作。口頭上誦讀的是聖賢之書，卻不依照儒家的思想準則行事，甚至是做有違於儒家道統的事，做危害社會的事，這是可悲的。

二　能辨真假，是一種大學問，世之所抵死奔走❶者皆假也。萬古惟有「真」之一字磨滅不了，蓋藏不了，此鬼神之所把握，風雷之所呵護。天地無此，不能發育，聖人無此，不能參贊❷。朽腐得此，可為神奇；鳥獸得此，可為精怪。道也者道此也，學也者學此也。

【注釋】❶奔走　趨附；迎合。❷參贊　協助謀劃。

【語譯】能辨別真假，這是一個大學問，世上冒死趨附迎合的都是虛假的。萬古只有「真」這一字磨滅不了，大概是掩藏不了，這是為鬼神所把握，風雷所保佑。天地沒有這個「真」字，就不能發育萬物，聖人沒有這個「真」字，就不能參謀協助。腐朽的得到「真」，可轉化成為神妙奇特；鳥獸得到「真」，可變成精怪。修道的人，修的就是「真」，學習的人，學的也是「真」。

【研析】人人都希望能得到「真」，卻偏偏知道這不是件容易的事。明明知道是虛偽，卻也不去挑破。大家都戴著面具，卻都希望能索取到「真」，活著真累啊！

三　不由心上做出，此是噴葉學問；不在獨中慎起，此是洗面工夫，成得甚事？

【語　譯】不是用心去做，這只是往樹葉上噴水的學問，浮淺得很；不在獨處中謹慎，這就像洗臉，只是表面的工夫，這能成就得了什麼事業？

【研　析】一項事業，若能用心地去做，謹慎地對待，成功的把握就大得多。

四　上吐下瀉之疾，雖日進飲食，無補於憔悴。入耳出口❶之學，雖日事講究，無益於身心。

【注　釋】❶入耳出口　從耳中進，從口中出，指沒用心記。

【語　譯】上吐下瀉的疾病，即使是每天的吃喝，對憔悴仍然沒有補益。從耳中進、從口中出而不用心去做的學問，即使每天從事研究，對身心也沒有什麼補益。

【研　析】學問是要沉下心來做的，眼睛看著書，心裡卻浮想聯翩，是做不出學問的。

五　學者只是氣盈，便不長進。含六合如一粒，覓之不見；吐一粒於六合，出之不窮。可謂大人矣。而自處如庸人，初不自表異，退讓❶如空夫，初不自滿足，抵掌攘臂❷而視世無人，謂之以善服人則可。

【注釋】❶退讓　謙遜；禮讓。❷抵掌攘臂　抵掌，擊掌，指人在談話中的高興神情。也指快談。攘臂，捋起衣袖，伸出胳膊，形容激奮的樣子。

【語譯】學者只是志高氣盛，就不會有長進。含天地四方如一顆米粒，尋之不見；吐一顆米粒於天地四方，出之無窮。這可以稱作德行高尚的人。而自處如平凡的人，最初自己並無特異的表現，謙遜如無知的人，最初自己並不滿足，卻慷慨激昂，高談闊論，目空一切，稱之為以善服人就行了。

【研析】俗云一粒砂子見世界，同樣，一顆米粒也包含著宇宙人生的哲理。德行高尚的人，胸懷可以包容宇宙，卻不顯山露水，是平凡中的偉大。

六　勸學者，歆❶之以利名；勸善者，歆之以福祥，哀哉！

【注釋】❶歆　使之喜悅；貪慕。

【語譯】用功名利祿勸勉學者，用幸福吉祥勸勉行善，真可悲啊！

【研析】能不受功利誘惑的學者，才能成就大的學問。行善是自覺的行為，是不帶功利目的的。否則，都會變質。

七 工夫全在冷清時，力量全在濃艷時。

【語譯】冷落寂靜時工夫最能發揮出效果，濃豔華麗時力量最能顯示出強大。

【研析】工夫深厚之極致，力量強大之極致，只有在一定的條件下才能實現。

八 自天子以至於庶人，自堯、舜以至於途之人，必有所以汲汲皇皇❶者，而後其德進，其業成，故曰雞鳴而起，舜蹠之徒皆有所孳孳也❷。無所用心，孔子憂之，曰：「不有博奕者乎？」❸懼無所孳孳者，不舜，則蹠也。今之君子縱無所用心而不至於為蹠，然飽食終日，惰慢彌年，既不作山林散客，又不問廟堂急務，如醉如癡，以了日月。《易》所謂

「君子進德修業，欲及時也」，果是之謂乎？如是而自附於清品高賢，吾不信也。孟子論歷聖道統心傳❹，不出憂勤惕勵四字，其最親切者曰：「仰而思之，夜以繼日；幸而得之，坐以待旦❺。」此四語不獨作相，士、農、工、商皆可作座右銘也。

【注釋】❶汲汲皇皇　匆忙的樣子。西漢揚雄《法言・學行》：「堯、舜、禹、湯、文、武汲汲，仲尼皇皇，其已久矣。」《文獻通考・經籍》：「然其汲汲皇皇，求以用世之意，則類也。」指為事業而往來奔波，操勞忙碌。❷故曰雞鳴而起二句　《孟子・盡心上》：「雞鳴而起，孳孳為善者，舜之徒也；雞鳴而起，孳孳為利者，蹠之徒也。欲知舜與蹠之分，無他，利與善之間也。」雞鳴而起，即聞雞起舞的意思，指身逢亂世當及時奮起。舜蹠，虞舜和盜蹠的並稱，指聖人和惡人。孳孳，同「孜孜」。勤勉不懈的樣子。❸無所用心四句　《論語・陽貨》：「子曰：『飽食終日，無所用心，難矣哉！不有博弈者乎？為之，猶賢乎已。』」博，六博，古代的一種棋類。奕，圍棋。❹心傳　以心傳心，謂真傳。❺仰而思之四句　《孟子・離婁下》：「周公思兼三王，以施四事，其有不合者，仰而思之，夜以繼日，幸而得之，坐以待旦。」

【語譯】自天子以至於百姓，自堯、舜以至於路途之人，必然會有奔波忙碌的人，而後其德行進步，事業有成，所以說雞鳴而起，不論是好人還是惡人都會勤勉努力地做事。什麼都不想做，孔子為之擔心，說：「不是有六博和對奕嗎？」就是懼怕不知努力做些什麼事，不是成為舜一樣的好人，就是成為盜蹠一樣的惡人。如今有德行的人，即使什麼都不想做，還不至於為盜蹠一樣的惡人，然而整日吃喝，整年懶惰散漫，既然不做山林中閒散的隱者，又不過問國家目前急於待辦的事，如醉鬼，如癡漢，以消磨歲月。《周易》所說的「君子增進道德、建立功業，應當抓住時機」，果然講的是這個嗎？如果是這樣而能自比於上等高貴賢能，我才不信。孟子論歷代聖賢道統心傳，不出憂心、勤勞、戒懼、勸勉四者，其中最親切的是說：「抬頭觀天象而思考，夜以繼日；有幸而得到答案，坐著等待天亮能及時施行。」這四句話不僅僅是宰相，士大夫、農夫、百工、商賈都可以把它作為座右銘。

【研析】飽食終日，無所用心，實際上是最無聊的生活方式。即使是作為當事人，日久也會生厭的，否則，在不長的時間內，只能在沉淪中死去。所以說事無大小輕重，或多或少地做一些，就會有充實感，精神有了寄託，生活就多了一分意義。當然不能做壞事，而是做有利於社會的事，其價值也就更偉大了。

九　今之為舉子文❶者，遇為學題目，每以知行❷作比，試思知個甚麼？行個甚麼？遇為政題目，每以教養作比，試問做官，養了那個？教了那個？若資口舌浮談❸，以自致其身，以要國家寵利，此與誑騙何異？吾輩亦惕然省矣。

【注　釋】❶舉子文　指八股文，又稱制藝、制義、時藝、四書文、八比文等，為明、清科舉考試的一種文體，源於宋、元時的經義，成於明成化以後，至清光緒末年始廢。文章就「四書」取題，先揭示題旨，為「破題」。接著承上文而加以闡發，叫「承題」。然後開始議論，稱「起講」。再後為「入手」，為起講後的入手之處。以下又分「起股」、「中股」、「後股」和「束股」四個段落，每個段落都由兩股排比對偶的文字組成，合共八股，故稱八股文。其所論內容，都要根據朱熹《四書集注》等書「代聖人立說」，不許自由發揮。舉子，科舉考試的應試人。❷知行　智慮與德行。❸口舌浮談　口舌，指勸說、爭辯、交涉時的言辭、言語。也指議論、爭執等。浮談，沒有根據、沒有內容的空談。

【語　譯】如今作舉子文的人，遇到談治學的題目，總是以智慧和德行作比較，試想智慧是個什麼東西？德行是個什麼東西？遇到論治國的題目，總是以教育和培養作比較，請問做官，培養了那個？教育了那個？如果只是用來爭辯空談，以使自己榮耀，以獲取國家的恩寵和利祿，這與騙人有什麼差別？我們這些人也應該警覺省悟。

【研　析】在應試時撰寫的文章，可以談論國家大事，爭辯是非曲直，不過，其目的是通過考試達到走上仕途，飛黃騰達。也就是說為了中選，高談闊論，而走上仕途，就有可能禍國殃民。

一〇　世間無一件可驕人之事，才藝不足驕人，德行是我性分❶事，不到堯舜周孔，便是欠缺，欠缺便自可恥，如何驕得人？

【注　釋】❶性分　本性；天性。

【語　譯】人世間沒有一件可以傲視他人的事，才藝不足以傲視他人，德行的修養是我本分的事，不能達到成為堯、舜、周公、孔子聖賢的境界，就是有不足，不足就應自覺可恥，又怎麼能傲視他人？

【研　析】人立身於世，德行是第一的，德行有了虧欠，就有可能為害社會，如果這樣，有再好的才藝，又有什麼用呢？

一一　聖學❶下手處，是無不敬，住腳處，是恭而安。

【注　釋】❶聖學　指孔子之學。

【語　譯】聖學講到落手處，就是無處不存肅敬之心，落腳處，就是恭順而安祥。

【研　析】心存恭敬，則一舉手，一動足，都是中規中矩的，這是長期修養中得來的。

一二　己所獨知，儘是方便；人所不見，儘得自由。君子必兢兢❶然細行必謹，小物不遺者，懼工夫之間斷也，懼善念之停息也，懼私欲之乘間也，懼自欺之萌蘗❷也，懼一事苟而其餘皆苟也，懼閒居忽而大庭❸亦忽也。故廣眾者幽獨之證佐，言動者意念之枝葉，意中過，獨處疏，而十目十手能指視之者，枝葉證佐上得之也，君子奈何其慢，獨不然，苟且於人不見之時，而矜持於視爾友之際，豈得自然？豈能周悉？徒爾勞心，而慎獨❹君子已見其肺肝矣。

【注　釋】❶兢兢　小心謹慎的樣子。❷萌蘗　植物的萌芽，喻事物的開端。❸大庭　指朝廷。❹慎獨　在獨處時謹慎不苟。

【語　譯】只有自己知道的，都是方便；他人看不見的，都是自由。君子在小節方面一定要小心謹慎，小節不遺忘的人，懼怕積累功行、涵養心性的工夫間斷，懼怕修善的念頭停止，懼怕私人欲望乘虛而入，懼怕欺騙自己的念頭冒出，懼怕一件事馬虎而其餘的事都會馬虎，懼怕閒居時隨意而在朝廷上也隨意。所以說大庭廣眾是幽獨的佐證，言行是意念的枝葉，意念中閃過，獨處時疏忽，而十目所見、十手所指，可從枝葉、證佐上取得，君子為何怠慢獨處呢，不然的話，在人們看不見時隨意，而在朋友注視之際保持莊重，怎能得自然之性？怎能得周到詳盡？徒然費盡心思，而謹慎不苟的君子已看清了其內心。

【研　析】小節的忽略往往易於釀成大的過錯，因此德行高尚的君子是時刻注重自己言行的，謹於言行，正大光明，無論在什麼環境下，都能不苟且隨意。

一三　屋漏之地，可服鬼神，室家之中，不厭妻子，然後謂之真學真養。勉強於大庭廣眾之中，幸一時一事不露本象，遂稱之曰賢人君子，恐未必然。

【語譯】身處無人所見的地方不使壞，可以使鬼神信服，在室家中，不厭棄妻和兒女，這樣才可以稱作有真正的學問、真正的修養。大庭廣眾之中勉強作樣子，僥倖於一時一事上不露本來面目，於是就稱之為賢人君子，恐怕未必是這樣的。

【研析】古人修養中強調屋漏的工夫，也就是指即使身在無人所見處，也能端正自己的行為，如果能做到這一點，那麼在公共場合便不會出現行為失常，也不會作假。

一四　冰見烈火，吾知其易盡❶也，然而以熾炭鑠堅冰，必舒徐而後盡；盡為寒水❷，又必待舒徐而後溫；溫而沸湯，又必待舒徐而後竭。夫學豈有速化之理哉？是故善學者無躁心，有事勿忘從容，以俟之而已。

【注　釋】❶盡　原作易，據影印文淵閣《四庫全書》本改。❷水　原作冰，據影印文淵閣《四庫全書》本改。

【語　譯】冰遇見烈火，我們知道其易於熔化，然而以燃燒的炭去熔化堅硬的冰，必然是緩慢地熔化直至化成水；熔化後而變成寒冷的水，又必須等待緩慢地加熱而成溫水；由溫水而變成開水，又必須是緩慢開著，然後被燒乾。做學問難道會有快速化成的道理？因此說善於做學問的人不要急躁，有事不要忘記從容而做，以待水到渠成而已。

【研　析】學問是一個知識積累的過程，是需要時間的，一步登天，是做不了大學問的。

一五　善學者如鬧市求前，摩肩重足❶，得一步便緊一步。

【注　釋】❶摩肩重足　摩肩，肩挨著肩，形容人擁擠。重足，疊足站立。

【語　譯】善於學習的人就像在鬧市中尋求前行，摩肩接踵，前面的人每前進一步後面的人就緊跟一步。

【研　析】學習不是一蹴而就的，在知識的海洋中吮吸著一滴又一滴有用的營養，積少成多，方能成就輝煌。

一六　學識一分不到，便有一分遮障，譬之掘河分隔，一土界不通，便有一段流不去，須是衝開，要一點礙不得。涵養一分不到，便有一分氣質，譬之燒炭成熟，一分木未透，便是一分烟不止，須待燒透，要一點烟也不得。

【語譯】學問見識有一分的欠缺，就有一分的遮蔽障礙，就比如分段挖掘河道，有一道土界沒挖通，就有一段水流不過去，必須是急流猛地沖開，要一點阻礙都沒有。道德學問的修養有一分的欠缺，就有一分的氣質，就比如燒木成炭，有一分木未燒透，就會有一分冒煙不止，一定要等待燒透，要燒到一點煙也沒有。

【研析】道德學問的涵養是個長期的過程，容不得絲毫的欠缺，有欠缺，就是不完美，就會留有遺憾。

一七 除了「中」字，再沒道理；除了「敬」字，再沒學問。

【語譯】除了中庸的「中」字，再沒有什麼道理可言；除了恭敬的「敬」字，再沒有什麼可稱得上是學問。

【研析】中庸是儒家奉行的一種處世原則，體現了公正平等的思想理念。而恭敬是一種處世態度，體現了對事對人的尊重。

一八　強恕❶是最拙的學問，三近❷人皆可行，下此無工夫矣。

【注釋】❶強恕　勉力於恕道。恕，寬仁之道。❷三近　《中庸》云：「子曰：好學近乎知，力行近乎仁，知恥近乎勇。」

【語譯】勉力於寬仁之道，這是最笨拙的學問，喜好學習的近於智者，努力實踐的近於仁者，有恥羞心的近於勇者，這三類人都可以做此事，除此外，其他的就沒有工夫去實踐了。

【研析】「仁」是儒家提倡的一種道德觀念，強調的是人與人之間的互愛。這是普遍的愛，學會用心愛他人、愛社會、愛自然萬物，看似容易的事，實際上要做到真心去愛，卻要付出很多很多的。

一九　體認要嘗出悅心真味，工夫更要進到百尺竿頭❶，始為真儒。向與二三子❷暑月飲池上，因指水中蓮芳❸以談學問，曰山中人不識蓮，於藥鋪買得乾蓮肉，食之稱美。後入市，買得久摘鮮蓮食之，更稱美也。

余嘆曰：渠食池上新摘美當何如？一摘出池，真味猶漓❹，若臥蓮舟，挽碧筩❺就房而裂食之，美更何如？今之體認，皆食乾蓮肉者也。又如這樹上胡桃❻，連皮吞之，不可謂之不喫，不知此果須去厚肉皮，不則麻口；再去哽骨皮，不則損牙；再去瓤上粗皮，不則澀舌；再去薄皮內萌皮，不則欠細膩。如是而漬以蜜，煎以糖，始為盡美。今之工夫，皆囫圇❼吞胡桃者也。如此體認，始為精義❽入神；如此工夫，始為義精仁熟。

【注釋】❶百尺竿頭　比喻學問、事業取得很高的成就。❷二三子　猶言諸位、幾個人。❸蓮芳　即蓮蓬。蓮花開過後的花托為倒圓錐形，中有許多小孔，各孔分隔如房，故名。❹漓　澆薄；淺薄。❺碧筩　指蓮蓬。筩，筒狀。❻胡桃　即核桃。落葉喬木，羽狀複葉，小葉橢圓形，核果球形，外果皮平滑，內果皮堅硬，有皺紋，果仁可吃。❼囫圇　完整；整個。❽精義　精深微妙的義理。

【語譯】體察認識就是要嘗出使心情愉悅的純真的味道，涵養心性的工夫更是要求進升到很高的造詣，這才是真正的儒者。曾經與幾個人暑月在池上飲酒，因指水中蓮蓬用以談論學問的事，就說山裡的人不能辨識蓮蓬，在藥舖中買得乾蓮肉，食用後稱味道美。後來到城市，買得摘下許久的新鮮蓮蓬吃，更是稱味道美。我感嘆地說：他如果再吃一下池上新摘下來的，味道美得又當何如呢？一旦從池中摘出，真正的味道仍然有些淺薄，如果躺在採蓮船中，牽扯蓮蓬，撕裂食用，味道美得更當何如？如今的體察認識，就如同是食用乾蓮肉。又如這樹上的核桃，連皮吞之，不可以說不是吃，不知這種果實必須去掉厚肉皮，否則就會覺得口發麻；再除去硬骨皮，否則就會損傷牙齒；再除去瓤上的粗皮，否則舌頭會覺得發澀；再除去薄皮內的萌皮，否則就會覺得欠細膩。如此這般，再用蜜醃漬，用糖煎熬，這樣味道才是最善。如今修養的工夫，都像是囫圇吞食核桃一樣的。這樣的體察認識，才可以稱作精深微妙的義理達到了神妙之境；這樣修養的工夫，才可以稱作精深微妙的義理達到了仁熟。

【研析】體察認識是求知的過程，涵養心性是修煉的工夫，二者互為表裡。求知會有漸入佳境的感覺，而求得真知識，獲取義理的精髓，則是最終的目的。修養也應是日有所進，修養的工夫到位，那麼體悟出的義理也是純粹的。

二〇　學問之道，便是正也，怕雜。不一則不真，不真則不精。入萬景之山，處處堪遊，我原要到一處，只休亂了脚；入萬花之谷，朵朵堪觀，我原要折一枝，只休花了眼。

【語譯】做學問的原則，就是純正，最怕龐雜。不專一就不會純真，不純真就不會精深。進入景致繁雜的山中，處處都值得遊玩，但我原本打算去一個景點，只是不要亂了腳步；進入萬花谷中，朵朵花都值得觀賞，但我原本打算折取一枝花，只是不要看花了眼。

【研析】凡做事，如果心能專一，就能做好。做學問也是如此，確定了目標，就應朝著既定的方向前行，不可被其他念頭牽扯，被其他事情誘惑，三心二意是做不好學問的。

二一　日落趕城門，遲一腳便關了，何處止宿？故學貴及時。懸崖抱孤樹，鬆一手，便脫了，何處落身？故學貴著力。故傷悲於老大，要追時，除是再生，既失於將得，要仍前，除是從頭。

【語譯】日落之前趕到城門，慢一步，城門就關了，又到哪裡去過夜呢？因此做學問貴在及時。在懸崖上，抱著一棵孤樹，手一鬆，就會脫落，哪裡是墜落身體的停靠處呢？因此做學問貴在用力。所以說老大時傷悲，要追悔時間，除非是重生，既然在將得到時失去，要仍像先前那樣，除非是從頭再來。

【研析】世間上的許多事，是經不起回頭再來一次的，尤其是關係到一生的大事情，或重要的決定。不僅是經不起，甚至是再給一次機會都是不可能的。謹慎踏實地做事，向著既定的目標努力，不要留有遺憾和悔恨，這才是明智的選擇。

二二　學問要訣只有八個字，涵養德性，變化氣質，守住這個，更莫向迷津❶問渡。

【注釋】❶迷津　在津渡迷失。

【語譯】做學問的祕訣只有八個字，即涵養德性，注重道德品行的修養，改變自己的氣質，守住這個道理，而不要等到迷失了津渡時再去問路。

【研析】學問做得好，品德的修養更重要，如此才能不致只顧埋頭學問，而不管是非曲折，甚至會走上歧途。

二三　有希天❶之學，有達天❷之學，有合天❸之學，有為天之學。

【注釋】❶希天　仰慕上天。謂使道德、修養等達到最高的境界。❷達天　明瞭自然規律，樂天知命。❸合天　合乎自然；合乎天道。

【語譯】有希慕天德的學問，有順從天命的學問，有合符天道的學問，有制勝天意的學問。

【研　析】世間的學問很多，最重要的是懂得如何順應自然，達到自得自在的境界。

二四　點檢將來，無愧心，無悔言，無恥行，胸中何等快樂，只苦不能，所以君子有終身之憂，常見王心齋❶〈學樂歌〉，心頗疑之，樂是自然養盛所致，如何學得？

【注　釋】❶王心齋　王艮（西元一四八三—一五四一年），字汝止，號心齋，明泰州（今江蘇）人。初名銀，年三十八始師事王守仁，更名艮。主張「百姓日用即道」，創立泰州學派。

【語　譯】將來反省自己的過去時，沒有慚愧之心，沒有悔恨之言，沒有可恥之行，胸中是何等的快樂，只是苦於不能做到，所以君子有終身的憂慮，我常見王心齋〈學樂歌〉，對此，心裡頗懷疑，快樂是自然涵養所致，又怎麼能學習得來？

【研　析】快樂是建立在沒有憂慮的基礎上的，心有慚愧，言有悔恨，行有可恥，又怎麼能快樂得起來？「學」作快樂，這不是真心的快樂。

二五　除不了我，算不得學問。

【語譯】心中消除不了我，就算不得學問。

【研析】心中若總是把「我」放在第一，就是私心在作怪，總是想著自己的利益，是很難成就大事業的。

二六 塞乎天地之間，儘是浩然❶了，愚謂根荄❷須栽入九地❸之下，枝梢須插入九天之上，橫拓❹須透過八荒❺之外，纔是個圓滿工夫，無量學問。

【注釋】❶浩然 指浩然之氣。❷根荄 也作根垓、根核，植物的根。比喻事物的根本、根源。❸九地 九泉，指地下。❹橫拓 橫行；放縱。❺八荒 八方荒遠的地方。

【語譯】充滿天地之間的，都是浩然之氣，我認為根荄必須栽入九泉之下，枝梢必須插入九天之上，縱橫必須是透過八荒之外，這才是個完滿的修養工夫，無窮盡的學問。

【研析】浩然之氣是剛正盛大之氣，涵養德行的工夫，只有根本牢固，學問深厚，有了浩然之氣，就能做到完滿無窮。

應物

一 人定真足勝天，今人但委❶於天而不知人事之未定耳。夫冬氣閉藏，不能生物，而老圃❷能開冬花，結春實。物性蠢愚，不解人事，而鳥師能使雀奕棋，蛙教書，況於能為之人事而可委之天乎？

【注釋】❶委　隨順；順從。❷老圃　有經驗的花農。

【語譯】人一定能而且足以戰勝天意，如今的人只是委命於老天，而不知人事是不確定的。冬天氣息閉塞掩藏，不能生長萬物，而有經驗的花農卻能在冬天開花，在春天結果實。萬物本性愚笨，不明白人事，而馴鳥師能使麻雀奕棋，使青蛙教書，何況人為能做的事而可委順天意嗎？

【研析】聽命於天，這是弱者的無奈。人定勝天，這是強者的自信。

二 眾人之所混同，賢者執之；賢者之所束縛，聖人融之。

【語譯】眾人混同是非，賢者能堅持專一；賢者思慮不通的，聖人能融會貫通。

【研析】眾人、賢者、聖人，是三種境界不同的人，在於德行涵養的深厚、學問高低的不同，是後天的努力，而不是先天的成就。

三　做天下好事，既度德量力❶，又審勢擇人，「專欲難成，眾怒難犯❷」，此八字者，不獨妄動人宜慎，雖以至公無私之心，行正大光明之事，亦須調劑❸人情，發明事理，俾大家信從，然後動有成，事可久。盤庚遷殷❹，武王伐紂❺，三令五申，猶恐弗從，蓋恒情多闇❻於遠識，小人不便於己私，羣起而壞之，雖有良法，胡成胡久，自古皆然，故君子慎之。

【注　釋】❶度德量力　估量自己的德行和能力。❷專欲難成二句　《左傳・襄公十年》載：「子產曰：『眾怒難犯，專欲難成，合二難以安國，危之道也。不如焚書以安眾，子得所欲。』」❸調劑　調治；調節。❹盤庚遷殷　盤庚為殷商君主，時王室衰亂，盤庚率眾自奄（今山東曲阜）遷都於殷（今河南安陽），商王朝復興，史稱殷商。❺武王伐紂　指周武王討伐商紂王事。周武王，名發，為文王之子。聯合其他民族，與紂戰於牧野，滅殷，建立周王朝，建都於鎬。商紂王，名受，商朝末代君主，在位期間，暴斂重刑，民怨沸騰。與周武王戰於牧野，兵敗，自焚於鹿臺。❻闇　蒙蔽；遮蔽。

【語　譯】做天下的大好事，既要根據自己的德行和能力，又要審察形勢，選擇適當的人，「個人的欲望難以成功，眾人的憤怒不可冒犯」，這個道理，不僅輕率行動的人應該謹慎，即使以大公無私之心，做正大光明之事，也必須調諧人情，發明事理，使大家信奉遵從，然後行動就有成就，事情可久遠。盤庚遷都於殷，周武王討伐商紂王，三令五申，仍怕眾人不聽從，大概是常情多被遠見卓識所掩蔽，小人因不利於自己私欲的實現，群起而破壞，雖然有良好的法規，又怎能成功，怎能長久，這種情況自古以來都是如此，所以說君子要慎重。

【研析】有時完成一件事，不是下個命令就能了結的。尤其是重大的事情，涉及多方面的關係，牽扯的問題也會多些，要照顧各方面的利益，若有一處不到位，明的或暗的阻力就會出現，甚至會出現公開的對抗，又怎麼能順利地開展工作呢？

四 辨學術，談治理，直須窮到至處，讓人不得，所謂「宗廟朝廷便便言」者❶。蓋道理古今之道理，政事國家之政事，務須求是乃已，我兩人皆置之度外，非求伸我也，非求勝人也，何讓人之有？只是平心易氣，為辨家第一法，纔聲高色厲，便是沒涵養。

【注釋】❶所謂宗廟朝廷句 《論語．鄉黨》：「孔子於鄉黨，恂恂如也，似不能言者。其在宗廟朝廷，便便言，唯謹爾。」便便，形容善於詞令。

【語譯】辨析學術道理，談論治理國家，應當窮究到極點，不必謙讓他人，所謂「孔子在宗廟和朝廷上侃侃而談」，指的就是這種情況。大體而言道理是古今都行得通的道理，政事是關係國家的政事，務必求得正確才行，如果彼此都不放在心上，不主張表達自己的觀點，不要求勝過他人，有什麼必要謙讓呢？只要平心靜氣，這是辨論家的第一法則，而聲音高亢，面容嚴厲，就是沒有涵養。

【研析】為學術，為事務，與人爭辯，這是不可避免的。問題是一不要胡攪蠻纏，二要保持克制，心平氣和，以理服人，這才是上策。

五　五月繅絲❶，正為寒時用；八月績麻❷，正為暑時用。平日涵養，正為臨時用，若臨時不能駕馭氣質，張主❸物欲，平日而曰我涵養，吾不信也。夫涵養工夫，豈為涵養時用哉？故馬蹶而後求轡，不如操持之有常；輻❹折而後為輪，不如約束之有素。其備之也若迂，正為有時而用也。

【注釋】❶繅絲　抽繭成絲。❷績麻　緝麻，把麻析成細縷撚接起來。❸張主　主張。❹輻　車輪中湊集於中心轂上的直木。

【語譯】五月開始把繭浸於水中抽絲，正是為了寒冷的季節使用；八月開始紡織麻布，正是為了暑熱的季節使用。平日德行和學問的修養，正是為了應時顯用，如果臨時不能駕御自己的習性，追求物欲，平日裡說自己注重德行和學問的修養，我是不相信的。德行和學問修養的工夫，難道是為了修養時才用的嗎？因此說等馬跌倒了之後才去尋找韁繩，不如平日經常地執掌；輻條散開之後再去製造車輪，不如平日裡把輻條常修整好。這種平日裡就做好準備像是迂笨，正是為了方便隨時能使用。

【研　析】工欲善其事，必先利其器。德行和學問的修養，這是要靠平日裡的工夫，工夫下得深，才能運用自如，有備無患。

六　「因❶」之一字，妙不可言，因利者無一錢之費，因害者無一力之勞，因情者無一念之拂❷，因言者無一語之爭。或曰：「不幾於徇❸乎？」曰：「此轉人而徇我者也。」或曰：「不幾於術乎？」曰：「此因勢而利導者也。」故惟聖人善用因，智者善用因。

【注　釋】❶因　順應；依託；憑藉。❷拂　違背。❸徇　順從或迎合他人。

【語　譯】「因」這一個字，真是妙不可言，善於使用利益的人，就不會花費一分錢，善於抓住要害的人，就不會付出絲毫的勞力，善於讀懂人情的人，就不會遭遇絲毫的拒絕，善於運用言辭的人，就不會與他人有一句的論爭。有人說：「這樣做，不幾乎就是順從別人嗎？」回答說：「這是使他人轉而順從我。」有人說：「這樣做，不幾乎就是使用權術嗎？」回答說：「這是因勢而利導。」所以說只有聖人善於利用因，智者善於利用因。

【研析】因勢利導，是人們熟知的詞語，而善於順應事物發展的趨勢並能有效地加以引導而為自己服務，這卻不是容易做到的。其間能意識到「因」的存在很重要，有時「因」已存在，卻不能知道，如果換位思考，或換個角度來看，或許就會明白了。

七　天下之物，紆徐柔和者多長，迫切躁急者多短。故烈風驟雨，無崇朝❶之威；暴漲狂瀾，無三日之勢；催拍促調❷，非百板之聲；疾策緊銜，非千里之轡。人生壽殀禍福無一不然，褊急❸者可以思矣。

【注釋】❶崇朝　終朝。從天亮到早飯時。喻時間短暫。也指一整天。崇，通「終」。❷催拍促調　催拍，急促的節拍。促調，節奏急促的曲調。❸褊急　氣量狹隘；性情急躁。

【語譯】天下萬物，品性從容寬舒、溫柔和順的多長壽，品行急迫狂躁的多短命。因此說狂風驟雨，其威猛不能持續一早晨；洶湧的波浪急劇上漲，其漲勢不會超過三天；急促繁雜的曲調，並不是使百種拍板發出聲音的有效方法；勒緊馬轡、快速地鞭打，並不是使馬行走千里的方法。人生的長壽夭折和災禍幸福無一不是這樣，氣量狹隘、性情急躁的人可以思考這個問題。

【研　析】有些人成名快，但消逝得也迅速。

八　幹天下事，無以期限自寬，事有不測，時有不給，常有餘於期限之內，有多少受用❶處。

【注　釋】❶受用　享受；得益。

【語　譯】天下的事，做起來，不要給自己太多的寬限，事情的進程中或有難以預料的事發生，而時間或許會不夠用，能在規定的期限內，爭取盡快地完成，使自己時間充裕，那麼受益也會多些。

【研　析】在期限內能完成任務，這是件好事。而在期限內爭取能較早較好地完成，這才是令人欣慰的。期限確定了，前段是不緊不急，後段則是忙得不可開交，如果忙中出錯，更令人心焦，即使完成了，又哪有心情去享受完成後帶來的喜悅呢？

九　將事而能弭❶，當事而能救，既事而能挽，此之謂達權，此之謂才。未事而知其來，始事而要❷其終，定事而知其變，此之謂長慮，此之謂識。

【注　釋】❶弭　止息。❷要　探求；審察。

【語　譯】即將發生的事卻能制止，正在發生的事卻能補救，已經發生的事卻能挽救，這就是所說的通達權變，這就是所謂的才能。未發生的事卻能預知其未來發展的趨勢，事情的初始階段卻能審知其結局，事情的進程已確定卻能知悉其中會有變數，這就是所說的思慮長遠，這就是所謂的見識。

【研　析】聰明的人識見不會是短淺的，預知事情發展的未來走向，洞察事情的利弊和可能的結局，能於突發情況或不利的條件下採取補救的措施，凡此種種，都是遠見卓識的體現，是天賦、經驗、修養等因素作用的結果。

一〇　任難任❶之事，要有力而無氣；處難處之人，要有知而無言。

【注　釋】❶難任　難以承受。

【語　譯】擔任難以承當的事，要付出更多的能力，但不要顯得精力充沛；與難以相處的人在一起，要心裡有數，但不說出來。

【研　析】生活中，為人處事是需要講究技巧、講求策略的，針對不同的人，處理不同的事，應對的方法應該是有別的，能較妥善地解決事情、應付他人，又善於保護自己，這是上策。

一一　善處世者，要得人自然之情。得人自然之情，則何所不得？失人自然之情，則何所不失？不惟帝王為然，雖二人同行，亦離此道不得。

【語譯】善於處世的人，要懂得他人真實的情感。懂得他人真實的情感，那麼有什麼還得不到的呢？不能懂得他人真實的情感，那麼又能得到什麼呢？不僅帝王是這樣的，即使是二人同行，也不能離開這個道理。

【研析】要了解一個人，就要懂得他的真實情感。人們往往善於掩飾其真情實意，在陌生的人面前是如此，在熟人甚至是親人面前也會如此，所謂知人知面難知心，成為知心之交不是件容易的事。善於處世的人，在處理人際關係時，遇到的阻力就會少些，獲得成功的機會就會高些。

一二　人有言不能達意者，有其狀非其本心❶者，有其言貌誣其本心者。君子觀人，與其過察而誣人之心，寧過恕以逃人之情。

【注釋】❶本心　天性；本意。

【語譯】人有詞不達意的，有其外在的表現不是其本性反映的，有言詞及容貌的表現違背其本性的。君子考察人，與其考察過分而冤枉了別人的本性，寧可充分地寬恕以避免傷害別人的真情。

【研析】表裡不一，口是心非，陽奉陰違，諸如此類，是人們在為人處世中常遇到的。有的表現確實是如此，有的可能僅僅是一種假象。在沒有明確的證據前，我們是寧可信其無，而不至於冤枉、傷害他人。

一三 人情，天下古今所同，聖人防其肆，特為之立中以的❶之。故立法不可太激，制禮不可太嚴，責人不可太盡，然後可以同歸於道。不然，是驅之使畔❷也。

【注釋】❶的 箭靶的中心，指目的、標準、準繩。❷畔 通「叛」。背離；反叛。

【語譯】人情，天下古今是相同的，聖人為了防止人情的放肆，特地為此確立了中庸作為目標。因此建立法規不可太偏激，制定禮儀不可太嚴格，責備他人不可太過分，這樣之後才可以同歸於正道。不然的話，這樣會驅使人們走向背離。

【研析】凡人都是有情感的，不過情感是需要節制的，放縱情感，任性而為，小則亂事，大則會遺患社會，傷害他人，甚至引來殺身之禍。法規禮儀可以節制人情的放縱，但也要適合人情習俗，偏激和過嚴，會使人難以接受和遵守，就會出現離心離德，甚至是背叛。

一四　天下之事，有速而迫之者，有遲而耐之者，有勇而劫❶之者，有柔而折之者，有憤而激之者，有喻而悟之者，有獎而歆❷之者，有甚❸而淡之者，有順而緩之者，有積誠❹而感之者，要在相機❺因時，舛施❻未有不敗者也。

【注釋】❶劫　威逼；脅迫。❷歆　喜悅。❸甚　嚴厲；深厚。❹積誠　積聚誠心；蘊積的誠心。❺相機　察看機會。❻舛施　錯誤的措施。

【語譯】天下之事，有急速而迫切的，有遲緩而耐久的，有勇猛而威逼的，有柔和而屈從的，有憤怒而激烈的，有曉諭而開悟的，有稱許而欣喜的，有深厚而清淡的，有順從而和緩的，有積聚誠心而感動的，總而言之，在於善於觀察機會，順從時勢，措施的失誤，沒有不失敗的。

【研析】世事是千變萬化的，有些人們可以預測，提前防備，制定策略。而大多仍是難於掌控的，這就需要時常地觀察，準確地把握時機，採取相應的措施，變被動為主動，化不利為有利。

一五　論眼前事，就要說眼前處置。「無追既往，無道遠圖」，此等語雖精，無裨見在❶也。

【注　釋】❶見在　現今存在；現在。

【語　譯】論說眼前的事，就要談到目前的處理措施。「已發生的事不要追悔，也不要考慮將來會發生什麼」，這些話雖然精闢，卻無補於眼前。

【研　析】眼前發生了什麼事，就應該採取相應的措施解決，追悔過去或寄希望於未來，都是逃避現實，不負責任的，或是能力欠缺的表現。

一六　我益智，人益愚；我益巧，人益拙。何者？相去之遠而相責之深也。惟有道者，智能諒人之愚，巧能容人之拙，知分量不相及而人各有能不能也。

【語　譯】我自更聰明，別人更愚蠢；我自更靈巧，別人更笨拙。這是為什麼呢？這是彼此相差太遠而且責備太深的緣故。只有得道的人，其智慧能體諒別人的愚蠢，其靈巧能包容別人的笨拙，知道彼此間各有所長，因而各有所能和所不能。

【研　析】尺有所短，寸有所長，人與人之間也是如此，拿自己之長比他人之短，這是愚笨的方法，也是自欺欺人，不得人心的。聰明的人是善於發現和學習別人的長處，用以彌補自己的不足，才能成就偉業。

一七　僕隸❶下人，昏愚者多。而理會人意，動必有合，又千萬人不一二也。居上者往往以我責之，不合，則艴然❷怒，甚者繼以鞭笞，則彼愈惶惑而錯亂愈甚，是我之過大於彼也，彼不明而我當明也，彼無能事上而我無量容下也，彼無心之失而我有心之惡也。若忍性❸平氣，指使而面命❹之，是兩益也，彼我無苦而事有濟，不亦可乎？《詩》曰：「匪怒伊教❺。」《書》曰：「無忿疾於頑❻。」此學涵養氣質第一要務也。

【注　釋】❶僕隸　奴僕。❷艴然　惱怒的樣子。❸忍性　堅忍其性；克制性情。❹面命　當面告訴。❺匪怒伊教　《詩經・魯頌・泮水》云：「載色載笑，匪怒伊教。」❻無忿句　《尚書・君陳》云：「爾無忿疾於頑。」

【語　譯】奴僕下人，昏庸愚笨的人多。而且能理會人意，一有舉動必然能契合的，又千萬人中沒有一二人。處於高位的人往往以自己的思路責備奴僕下人，如果不能契合，就勃然大怒，甚者接著用鞭子抽打，他們越惶恐迷惑而行為就更加錯亂，這就是我的過錯比他們要大。奴僕下人不明白事理而我應當明白，奴僕下人不能較好地事奉主人而我卻不能寬宏大量地包容他們，奴僕下人是無心的失誤而我卻是有心作惡。如果能克制情緒，心平氣和，使喚並且當面告訴他們，這對雙方都是有益的，雙方彼此都不煩神而事情卻能完成，不也可以嗎？《詩經・泮水》云：「不要發怒，自然會起到教化作用。」《尚書・君陳》云：「對愚頑的人不要憤怒憎惡。」這是學習道德品質的修養首先要做到的。

【研　析】道德品質修養好的人，就不會以上凌下，以強欺弱。即使是對待奴僕下人，也要以德服人，以理服人，如此彼此才能平安相處，事事順心。

一八　論理要精詳，論事要剴切❶，論人須帶二三分渾厚。若切中人情，人必難堪。故君子不盡人之情，不盡人之過，非直遠禍，亦以留人掩飾之路，觸人悔悟之機，養人體面之餘，亦天地涵蓄之氣也。

【注　釋】❶剴切　切實；切中事理。

【語　譯】論說道理要精細周詳，論說事情要切中事理，論說他人須是帶有二三分純厚。如果說中了人情要害，別人一定會覺得難堪。所以君子論說不會窮盡別人的隱情，不會窮盡別人的過錯，不只會遠離禍患，也可以給別人留下掩飾隱情和過錯的餘地，觸發別人追悔過錯、醒悟改過的機會，培養別人體面做人的意識，這也是天地滋養的氣性。

【研　析】人非聖賢，孰能無過？而現實生活中寬以待己、嚴以律人的事卻常常發生，以包容的態度看待別人的過失，容別人以改正的機會，人是有向善之心的，給人以鼓勵，少批評，多讚譽，這是慈善的行為。當然，這與縱容是不可相提並論的。

一九　父母在難，盜能為我救之，感乎？曰：「此不世之恩也，何可以弗感？」設當用人之權，此人求用，可薦之乎？曰：「何可薦也？天命❶有德，帝王之公典❷也，我何敢以私恩奸❸之？」設當理刑❹之職，此人在獄，可縱之乎？曰：「何可縱也，天討❺有罪，天下之公法也，我何敢以私恩骫❻之？」曰：「何以報之？」曰：「用吾身時，為之死可也，用吾家時，為之破可也，其他患難，與之共可也。」

【注　釋】❶天命　上天的意旨。古代認為君權為天神所授，統治者自稱受命於天，謂之天命。❷公典　國家典章；朝廷法典。❸奸　干擾；擾亂。❹理刑　掌理刑法。又指掌理刑法的官吏。❺天討　上天的懲罰。❻骫　枉曲。

【語　譯】父母處在危難中，強盜能為我救助他們，應該感謝嗎？回答說：「這是非凡的恩德，怎可以不感謝呢？」假設正有任用人的權力，這個人請求試用，可以推薦他嗎？回答說：「怎麼可以推薦呢？天命是有德行的人才能被推薦，這是帝王制定的國家法典，我怎麼敢因私人的恩德擾亂國家法典呢？」假設正承擔著掌理刑法的職位，這個人正被關於監獄中，可以私下把他放了嗎？回答說：「怎麼可以私自放了呢？上天懲罰有罪，這是天下的國法，我怎敢因為私人的恩德屈從呢？」又問：「那麼用什麼來報答他呢？」回答說：「若用到我自身時，為他死都可以的，用到我的家財時，為他破產也是可以的，至於其他艱難困苦的處境，和他共同對付是可以的。」

【研　析】在人情與法規之間，人們常常會出現選擇的困惑。是屈從於人情而違背法規，還是堅守法規而泯滅人情，這是痛苦的決定。理智的人會有明確的選擇，並能妥善地解決這個問題。所謂大恩大德，只要不違法，總會得到回報的。

二〇　成心❶者，見成之心也。聖人胸中洞然清虛，無個見成念頭，故曰絕四❷。今人應事宰物，都是成心，縱使聰明照得破，畢竟是意見障。

【注　釋】❶成心　成見；存心。❷絕四　《論語・子罕》云：「子絕四：毋意，毋必，毋固，毋我。」

【語　譯】所謂成心，就是已經形成了看法的念頭。聖人胸中光明磊落、清靜虛無，沒有偏見的念頭，所以稱作絕四，即不要妄意猜測，不要絕對肯定，不要拘泥固執，不要自以為是。如今的人應付事務、掌理萬物，都是抱有成見的，即使聰明的足以看透，畢竟還是形成卓識遠見的障礙。

【研　析】人們處理事務，應對人情，往往會受到成見的左右，以至於妄意猜測，或絕然肯定，或拘泥固執，或自以為是，諸如此類，即使是明智的人也免不了。

二一　凡聽言，要先知言者人品，又要知言者意向，又要知言者識見，又要知言者氣質，則聽不爽矣。

【語　譯】凡是聽別人說話，首先要知道說話人的人品，其次要知道說話人的意圖，其次要知道說話人的見識，其次要知道說話人的品性，這樣才不會有差錯。

【研　析】聽別人說話，不僅僅是兩耳的任務，孔子云「聽其言，觀其行」，用眼觀察，用心思考，如此你才可能了解說話者其人，辨別其中的真假，不至於被唬弄和蒙騙。

二二　不須犯一口說，不須著一意念，只恁真真誠誠，行將去久，則有不言之信，默成之孚❶，薰之善良，偏為爾德者矣。城❷蓬生於城地，燃之可城；鹽蓬生於鹽地，燃之可鹽。

【注　釋】❶則有不言之信二句　《周易・繫辭上》云：「默而成之，不言而信，存乎德行。」謂躬行不言，默而成事。孚，誠信；信從。❷城　同「碱」。通「鹼」。

【語譯】不必說一句話，不必有一個念頭，只要如此這般真誠再真誠，時間久遠，就有不須表白的信任，默默地完成事務的誠信，以善良薰陶他人，這樣你的德行就廣為傳播。鹼草生於鹼地，燒它可得到鹼；鹽草生於鹽地，燒它可得到鹽。

【研析】語言的巨人，行動的矮子，在現實中人們常會遇到。而讓行動證明自己的能力，這才是真正的本領，才可能贏得他人的信服、感染他人。

二三　世人相與❶，非面上，則口中也。人之心，固不能掩於面與口，而不可測者，則不盡於面與口也。故惟人心最可畏，人心最不可知，此天下之陷阱，而古今生死之衢也。予有一拙法，推之以至誠，施之以至厚，持之以至慎，遠是非，讓利名，處後下，則夷狄❷鳥獸可骨肉而腹心矣。將令深者且傾心，險者且化德，而何陷阱之予及哉？不然，必予道之未盡也。

【注釋】❶相與　相處；相交往。❷夷狄　古代稱東方部族為夷，北方部族為狄，常用以泛稱除華夏族以外的各族。也是對文明不發達地區的蔑稱。

【語譯】世間人與人的交往，不是表現在臉面上，就是表現在話語中。人的心思，本來就不能被臉面和話語所掩飾，而且是不可猜測的，臉面和話語是不能完全表現心思的。所以說只有人心最可怕，人心最不可捉摸，這就好比是天下的陷阱，又好比是古今生死的交叉路口。我有一個笨拙的方法，即以極其真誠的心意待人，用極其深厚的情感待人，以極其謹慎的態度待人，遠離是非，辭讓名利，甘心處於後邊或下位，這樣，即使邊遠夷狄居住地方的鳥獸也可以長骨生肉而成為心腹之交。將會使城府深的人傾心相待，陰險的人德行受到感化，而對我來說又會有什麼陷阱呢？如果不能這樣，必然是我的道行修養還不夠。

【研析】人們常說知人知面難知心，言行舉止，可以看見，這是表象，而人的心思是看不到的，是難以解讀的，更是多變的。不過待人以真情，以誠懇，以純樸，應該會得到相應的回報的。

二四　君子與小人共事，必敗。君子與君子共事，亦未必無敗，何者？意見不同也。今有仁者、義者、禮者、智者、信者五人焉而共一事，五相濟，則事無不成；五有主，則事無不敗。仁者欲寬，義者欲嚴，智者欲巧，信者欲實，禮者欲文❶，事胡以成？此無他，自是之心勝而相持之勢均也。歷觀往事，每有以意見相爭，至亡人國家，釀成禍變而不顧，君子之罪大矣哉！然則何如？曰：勢不可均，勢均則不相下，勢均則無忌憚而行其胸臆。三軍❷之事，卒伍❸獻計，偏裨❹謀事，主將斷一❺，何意見之敢爭？然則善天下之事，亦在乎通者當權而已。

【注釋】❶文 柔和。❷三軍 周制，中軍最尊，上軍次之，下軍又次之，稱作三軍。古代又指步、車、騎三軍。又為軍隊的通稱。❸卒伍 古代軍隊的編制，五人為伍，百人為卒。又泛指軍隊、行伍。❹偏裨 偏將。❺斷一 指最後的決斷。

【語譯】君子與小人共同議事，必然會失敗。君子與君子共同議事，也未必不失敗，為什麼呢？這是意見不統一的緣故。如今有稱作仁、義、禮、智、信的五個人共同商議一件事，五人互相幫助，那麼事情沒有不成功的；五人各有主見，那麼事情沒有不失敗的。仁者欲寬厚，義者欲嚴厲，智者欲機巧，信者欲真誠，禮者欲柔和，事情怎麼能成功呢？這樣做沒有別的原由，就是彼此爭勝之心強而互不相讓，勢力均衡。縱觀已發生的事，常常會有因意見不同而相爭執，以至國破家亡，即使釀成禍患變故也不顧忌，君子的罪過真是大啊！既然這樣，那麼該怎麼辦呢？回答說：彼此的勢力不可以均衡，勢力均衡就不會謙讓，勢力均衡就會沒有顧慮畏懼而為所欲為。三軍之事，卒伍獻上計策，偏將謀劃事務，主將最終決斷，又有什麼樣的意見敢爭論呢？如此，把天下的事情做好，也在於通達的人當權罷了。

【研析】對同一件事，看問題的視角不同，提出解決的方法也就會五花八門，儘管大家都是出於公心，如果各持己見，不僅會貽誤時機，而且會傷了彼此間的和氣。在這種情況下，就需要一個德高望重，或具有權威的人士出面調節，統一意見。當然，如今的少數服從多數、或民主集中制等也是解決這一問題常用的辦法。

二五

處天下事，只消得❶「安詳❷」二字，雖兵貴神速，也須從此二字做出。然安詳非遲緩之謂也，從容詳審❸，養奮發於凝定❹之中耳。是故不閑則不忙，不逸則不勞，若先怠緩❺則後必急躁，是事之殃也，十行九悔，豈得謂之安詳？

【注釋】❶消得　需要；值得。❷安詳　穩重；從容。❸詳審　安詳慎重；周詳審慎。❹凝定　安定；堅定。❺怠緩　鬆懈；鬆弛。

【語譯】處置天下的事，只需要「安詳」二字，即使是兵貴神速，也必須是依照這二字行事。然而安詳並非是說遲緩，從容不迫、周詳審慎，於安定中培養振奮的力量。所以說不懂閒適就不知忙碌，不懂安逸就不知勞苦，如果開始是鬆懈，那麼其後必然是急躁，這對處事來說是禍患，做十次事有九次會後悔，難道能稱作安詳嗎？

【研析】安詳穩重是靠平日的修養，頭腦冷靜，易於找到解決問題的方法，衝動不僅無助於事情的解決，而且會亂了手腳。

二六　字到不擇筆處，文到不修句處，話到不檢口處，事到不苦心處，皆謂之自得，自得者與天遇。

【語　譯】寫字到了不需要選擇毛筆，作文到了不需要修飾句子，說話到了不需要顧忌嘴巴，做事到了不需要費盡心思，這都可以稱作自得，達到了自得境界的人就像與天意相遇一樣。

【研　析】功夫到了爐火純青的地步，就會運用自如，隨心所欲，寫字作文也罷，說話做事也罷，都能做得較為完美。當然，能做到這一點，長期的磨練是少不了的。

二七　無用之樸，君子不貴，雖不事機械❶變詐，至於德慧術知❷亦不可無。

【注　釋】❶機械　巧詐；機巧。❷知　通「智」。

【語　譯】無用的樸實，君子不以為貴，雖然不用機巧變詐，至於道德智慧、策略方法也是可採用的。

【研析】為人處事，誠懇樸實是重要的。但世事複雜，人情多變，講究策略方法，也是自己智慧的體現，不傷害他人，但也要懂得保護自己。

二八

人情不便處，便要迴避，彼雖難於言，而心厭苦之，此慧者之所必覺也，是以君子體悉人情。悉者，委曲周至之謂也，恤其私，濟其願，成其名，泯其迹，體悉之至也，感人淪❶於心骨矣。故察言觀色者，學之粗也；達情會意者，學之精也。

【注釋】❶淪 滲入；進入。

【語譯】人情不方便的時候，就要知道迴避，對方雖然難於啟齒，而內心實在覺得厭煩，認為是痛苦的事，聰明的人面對這種情況，必然會有覺察，所以說作為一個君子，是體悉人情的。悉這個詞，說的就是詳細周到的意思，體恤他人的私情，完成他人的心願，成就他人的名聲，而不留任何痕跡，這就是極度的體悉，感人以至滲入心骨。所以說觀察他人的臉色以揣摩其心意，這是學問的粗淺處；能通達人情、善解人意，這才是學問的精華。

【研析】我們常說做人難，難就難在能通達人情、善解人意。人情世故本身就是一大學問，我們生活在人組成的社會中，你可以不在意人情世故，最多就是個獨行俠，不過，若要成就事業，不善於處理人情關係，障礙會有許多，尤其在講究人情的社會裡。

二九　或問：慮以下人❶，是應得❷下他不？曰：若應得下他，如子弟之下父兄，這何足道？然亦不是卑諂❸而徇人以非禮之恭，只是無分毫上人❹之心，把上一著，前一步，儘著別人占，天地間惟有下面底最寬，後面底最長。

【注　釋】❶慮以下人　《論語・顏淵》云：子張問：「士何如斯可謂之達矣。」子曰：「何哉，爾所謂達者？」子張對曰：「在邦必聞，在家必聞。」子曰：「是聞也，非達也。夫達也者，質直而好義，察言而觀色，慮以下人。在邦必達，在家必達。夫聞也者，色取仁而行違，居之不疑。在邦必聞，在家必聞。」其中「慮以下人」意思是說思考自己不如別人的地方。下，謙遜；禮讓。❷應得　應當；應該。❸卑諂　低聲下氣；諂媚奉承。❹上人　凌駕他人之上。

【語　譯】有人問：思考自己不如別人的地方，這就是說對他人應當禮讓嗎？回答說：若對他人應當禮讓，如同兒子和弟弟對父親和哥哥的禮讓，這又何足以掛齒？然而這不是諂媚奉承而且以不符合禮儀的恭敬迎合他人，只是沒有絲毫凌駕他人之上的想法，抓著向上的一著，就前進一步，由著別人完全占有，天地間只有下面的最寬，後面的最長。

【研　析】禮讓謙和，並不是軟弱的體現，也不是委屈自己，退一步，海闊天空，何必與他人斤斤計較呢？

三〇　輕信驟發❶，聽言之大戒❷也。

【注　釋】❶驟發　突然發作。❷大戒　大的法則；重要的鑑戒。

【語　譯】輕信他人之言就突然發作，這是聽信他人之言最需要戒備的。

【研　析】語言是外衣，可以是五顏六色，變化多端，是真是假，則需要自己的斟酌，輕信，是要付出代價的。

三一　水之流行也，礙於剛，則求通於柔。智者之於事也，礙於此則求通於彼。執礙以求通，則愚之甚也，徒勞而事不濟。

【語　譯】水流行時，遇到剛硬的阻礙，就會尋求柔軟處通過。聰明的人處理事務，在此遇到阻礙，就會在彼尋求通道。固執於障礙處以求通達，就太愚笨了，白費心力而且無助於事情的解決。

【研　析】懂得權變，是生存能力強的體現。而固執己見，往往會走入死胡同，不可取。

三二 計天下大事，只在要緊處一著留心用力，別個都顧不得。譬之奕棋❶，只在輸贏上留心，一馬一卒之失，渾不放在心下。若觀者以此預計其高低，奕者以此預亂其心目，便不濟事。況善籌❷者以與為取，以喪為得；善奕者餌之使吞，誘之使進，此豈尋常識見所能策哉？乃見其小失而遽沮撓❸之，擯斥之，英雄豪傑可為竊笑矣，可為慟惋❹矣。

【注　釋】❶奕棋　下棋，多指下圍棋。❷籌　古代投壺所用的矢。❸沮撓　阻撓。❹慟惋　悲慟哀惋。

【語　譯】考察天下的大事，只是在關鍵處的一著留心用力，其他的都顧不得了。譬如下棋，只想在輸贏上留心，一馬一卒被吃掉，全不放在心下。如果旁觀的人因此預料其水平的高低，下棋的人因此預先亂了自己的心路，就無助於事了。何況善於投壺擲籌的人以給與為獲取，以失去為贏得；善於下棋的人好似設魚餌使對方吞下，誘使對方進入，這難道是尋常的見識所能謀劃嗎？居然見有小的失利就馬上退縮，就拋棄，英雄豪傑可為此而竊笑，可為此傷心嘆惜。

【研　析】處理事情，抓住關鍵，掌握主動權，有大局觀，不為碎枝末葉干擾，是成功的保障。當然，遇有阻礙，就自暴自棄，這也是不可取的。

三三　夫勢，智者之所藉以成功，愚者之所逆以取敗者也。夫勢之盛也，天地聖人不能裁❶；勢之衰也，天地聖人不能振，亦因之而已。因之中寓處之權，此善用勢者也，乃所以裁之振之也。

【注釋】❶裁　裁奪；約制。

【語譯】情勢，聰明的人借助它以達到成功，愚蠢的人背離它而導致失敗。情勢盛大時，即使天地及聖人也不能制約；情勢衰落時，即使天地及聖人不能振奮，也只是順應情勢罷了。順應情勢的過程中處以權變，這才是善於運用情勢，然後裁斷之，振奮之。

【研析】時來天地皆同力，運去英雄不自由，講的就是情勢的問題。聰明的人不論是處於順勢，還是處於逆勢，都能通達權變。

三四　智者之於事，有言之而不行者，有所言非所行者，有先言而後行者，有先行而後言者，有行之既成而始終不言其故者，要亦為國家深遠之慮而求以必濟而已。

【語　譯】聰明的人對於事務，有的是只說不做，有的是說的和做的不一致，有的是先說而後做，有的是先做而後說，有的是事已做成而始終不說明其原因，這樣做主要也是為了國家的利益而作出的深遠考慮，以求得必定成功而已。

【研　析】為了國家的利益，該說的就說，不該說的就不說，只要事情能解決，目的能達到就行了。

三五　實處著腳，穩處下手。

【語　譯】在踏實的地方落腳，在穩妥的時候下手。

【研　析】看清形勢，抓住時機，成功的機遇就會高得多。

三六　當事❶有四要：際畔❷要果決，怕是綿；執持❸要堅耐，怕是脆；機括❹要深沉，怕是淺；應變要機警，怕是遲。

【注　釋】❶當事　遇事；臨事。❷際畔　邊際；界限。指關鍵時候。❸執持　掌握；控制。又指所堅持的觀念見解。❹機括　弩上發矢的機件，比喻治事的權柄或事物的關鍵。又指計謀、心思。

【語　譯】臨事有四個要點：遇到機遇要果敢有力，最怕是綿軟；掌控局面要堅持耐久，最怕是脆弱；謀劃事情要深刻周密，最怕是浮淺；應付事變要機智靈敏，最怕是遲疑。

【研析】果敢，耐心，深沉，機敏，是處理事務能否成功必備的要素。

三七　朝三暮四❶，用術者誠詐矣，人情之極致。有以朝三暮四為便者，有以朝四暮三為便者，要在當其所急，猿非愚，其中必有所當也。

【注釋】❶朝三暮四　《莊子・齊物論》：「狙公賦芧，曰：『朝三而暮四。』眾狙皆怒。曰：『然則朝四而暮三。』眾狙皆悅。」本意是指只變名目，不變實質以欺人，比喻變化多端或反覆無常。

【語譯】朝三暮四，用這種方法的人確實奸詐，也是人情的最佳表現。有的以朝三暮四為便利，有的以朝四暮三為便利，主要是在於能應對目前的急需，猿猴並不愚蠢，其中必然會有適合的。

【研析】只要適合需要，能達到目的，應急的辦法還是可行的，這也是權宜之計。

三八　有餘，當事之妙道也，故萬無可慮之事備十一，難事備百一，大事備千一，不則❶之事備萬一。

【注釋】❶不則　不循法度。

【語譯】留有餘地，是處理事情的最巧妙方法，所以說對萬無一失的事要留有十分之一的餘地，對困難的事要留有百分之一的餘地，對重大的事要留有千分之一的餘地，對不遵從法度的事要留有萬分之一的餘地。

【研析】處理事情，要留有餘地，這是因為世事變幻莫測，即使看似已經解決了，出現反覆的情況也是可能的，留有餘地，就是為復發時不至手足無措，狼狽不堪。

三九　有一介❶必吝者，有千金可輕者，而世之論取與，動曰所值幾何，此亂語耳。

【注釋】❶一介　細小的事物。也形容微小。

【語譯】即使是微小的也要吝嗇，即使有千金也可以輕視，而世人論說是收取還是給予，動不動就問能值多少錢，這真是胡說。

【研析】人生在世，會面臨著許多選擇，如果一切都以金錢的價值來左右自己的決定，這種價值取向是有問題的。古人云「勿以善小而不為，勿以惡小而為之」，也就是說有所必為，有所不為，其底線就是要符合道義。

四〇 胸中無一毫欠缺，身上無一些點染❶，便是羲皇以上人❷，即在夷狄患難中，何異玉燭春臺❸上。

【注釋】❶點染 汙染；玷染。❷羲皇以上人 羲皇，指伏羲氏，傳說中上古時期三皇之一，古人認為羲皇之世，其民皆恬靜閒適，故隱逸之士自稱為羲皇上人。❸玉燭春臺 謂四時之氣和暢，形容太平盛世。春臺，春日登眺覽勝之處。

【語譯】胸中沒有絲毫的遺憾，身上沒有一些汙染，這就好比是生活在羲皇時期的人，即使是處在文明不發達的少數民族居住的艱苦地區，又與處在太平盛世有什麼不同呢。

【研析】心地光明磊落，為人坦蕩無私，不論生活在什麼樣的環境中，都能面對人生，達觀向上。

四一 被髮於鄉鄰之鬥，豈是惡念頭？但類於從井救人❶矣，聖賢不為善於性分❷之外。

【注釋】❶從井救人 《論語・雍也》云：「仁者，雖告之曰：『井有仁焉。』其從之也？」「井有仁」即「井有人」。意思是說有人落井，跟著跳到井裡去救人。原是比喻對別人並無好處而徒然危害自己的行為，後也用以比喻冒極大危險去拯救別人。❷性分 天性；本性。

【語　譯】在鄉鄰爭鬥時披頭散髮去勸解，難道是不好的想法？這不過是和從井救人、徒然無益且危害自己的行為相類似，聖賢行善，是源自本性內的自發反應。

【研　析】做好事，應成為出自本性的自發反應，刻意而為，就有做作之嫌，甚至會給自己帶來不便，或會傷害到自己，且無補於事。

四二　仕途上只應酬，無益人事，工夫占了八分，更有甚精力時候修正經職業？我嘗自喜行三種方便，甚於彼我有益。不面謁人，省其疲於應接；不輕寄書，省其困於裁答；不乞求人看顧，省其難於區處❶。

【注　釋】❶區處　處理；籌劃安排。

【語　譯】仕途上只知應酬，這是無益於人情事理的，應酬的工夫占了八分，又有什麼精力和時間去研修正當的職業呢？我曾經自喜按照三種方便的應酬方式施行，於人於己都很有益。不當面謁求於人，省得人家疲於應酬接待；不輕易寄書於人，省得人家為如何答覆而苦惱；不乞求別人的照顧，省得人家難於籌劃安排。

【研　析】交際應酬是生活中必不可少的，問題的解決，事情的處理，任務的完成，應酬往往可起到一定的作用，但是凡事當適可而止，適度，適時，適當，這樣既可達到目的，又不致引起別人的厭惡。

四三　天下之事常鼓舞不見罷勞❶，一衰歇❷便難振舉❸。是以君子提省❹精神，不令昏眊❺，役使❻筋骨，不令怠惰，懼振舉之難也。

【注釋】❶罷勞　疲勞；疲憊。❷衰歇　衰落；止息。❸振舉　振作。❹提省　提醒。❺昏眊　昏聵；糊塗。又指昏耄、老邁。❻役使　驅使；支配。

【語譯】天下的事經常激勵就不見疲勞，一旦衰歇低落就難於振作。所以君子打起精神，不令昏聵，活動身體，不令懶惰，之所以如此，是擔心振作不容易。

【研析】人是容易產生惰性的，能始終保持精力旺盛的狀態這也是不現實的，關鍵是懂得勞逸結合，使自己生活得充實有精神。

四四　君子之處事也，要我就事，不令事就我；其長❶民也，要我就民，不令民就我。

【注釋】❶長　統治；統率。

【語　譯】君子處理事務，需要自己主動應對事情，而不是讓事情等著自己來做；其治理百姓，需要自己主動親近百姓，而不是讓百姓來找你。

【研　析】爭取主動是辦好事情的保證，防患於未然，會省很多麻煩的。如果等到事情發生了，再採取補救的措施，雖然有亡羊補牢、時猶未晚之說，但畢竟造成了損失，況且有的可補救，有的就無法挽救了。

四五　無謂人唯唯❶，遂以為是我也；無謂人默默，遂以為服我也；無謂人煦煦❷，遂以為愛我也；無謂人卑卑❸，遂以為恭我也。

【注　釋】❶唯唯　恭敬的應答聲。❷煦煦　惠愛的樣子；溫暖的樣子。❸卑卑　卑微；謙卑。

【語　譯】不要說他人的唯唯聲，就以為是同意你；不要說他人的沉默，就以為是服從你；不要說他人親熱的樣子，就以為是愛你；不要說他人謙卑的樣子，就以為是恭敬你。

【研　析】辨識他人對你的態度的真或假，這是要用腦子的。為他人表面的言行所迷惑，在你自鳴得意時，也許危機即將降臨。因為能得到他人的真實意圖是不容易的，尤其是在功利化的社會，純樸的人際關係並不是總能見到的。

四六 語云「一錯二誤」，最好理會。凡一錯者必二誤，蓋錯必悔怍❶，悔怍，則心疑於所悔，不暇他思，又錯一事，是以無心成一錯，有心成二誤也。禮節應對間，最多此失，苟有錯處，更宜鎮定，不可忙亂，一忙亂，則相因而錯者無窮矣。

【注釋】❶悔怍　悔恨羞愧。

【語譯】俗語云「一錯二誤」，這是最好理解的。凡是犯了一次過錯的人，必然會有第二次的失誤，大概是因為犯了過錯，必然是悔恨羞愧，悔恨羞愧，就會為所後悔的事而疑心疑慮，也顧不得想其他的，又會做錯一事，這就是所謂的無心造成的第一次過錯，而有心造成的第二次失誤。應酬間的禮儀規矩，造成這種失誤是最多的，如果有了錯處，更應該鎮定，不可以忙亂，一旦忙亂，錯誤就會無窮無盡了。

【研析】人總會犯錯的，做錯了事，就會悔恨埋怨、心慌神亂、手腳無措等，如此又會引發新的過失，甚至是更大、更嚴重的過錯，所謂無心出錯、有意造惡，由此而生成的悲劇，這在現實生活中是屢見不鮮的。因此，在這情況下，能做到冷靜再冷靜，就顯得格外重要了，只有鎮定，才能想到有效的補救方法，才能避免更多的失誤。

四七　禍莫大於不讎❶人而有讎人之辭色，恥莫大於不恩人而詐恩人之狀態。

【注釋】❶讎　即「仇」。

【語譯】禍患沒有比不是仇人卻言辭神色都表現為仇人的樣子還大的，恥辱沒有比不是恩人卻裝作是有恩於人的狀態還大的。

【研析】言辭神態是傳遞給他人的首要信息，這些信息，會得出怎樣的看法，則是另一回事。總之，能以真誠待人，就不會惹出是非麻煩。

四八　余少時曾洩當密之語，先君責之，對曰：「已戒聞者使勿洩矣。」先君曰：「子不能必子之口而能必人之口乎？且戒人與戒己孰難？小子慎之。」

【語譯】我小的時候曾洩漏了應當保密的話，父親責備了我，回答說：「我已告誡聽到的人，讓他們不要洩漏。」父親說：「你不能保證你的口必然不說，又怎能保證別人的口不說呢？況且戒備他人與戒備自己哪個難些？你要謹慎。」

【研 析】如今有一種說法，世上只有百分之一的祕密才能保守得住，也就是說祕密不是容易能守得住的，即使是處事謹慎的人也難免會說漏了嘴。

四九 固可使之愧也，乃使之怨；固可使之悔也，乃使之怒；固可使之感也，乃使之恨。曉人當如是耶？不要使人有過。

【語 譯】本來可使之慚愧，反而使之埋怨；本來可使之悔恨，反而使之發怒；本來可使之感激，反而使之忿恨。明白事理的人會這樣做嗎？最好不要使別人有過錯。

【研 析】為人處世，是要講究點策略，做費力不討好的事，甚至輕易樹敵，招惹是非，這可不是明白事理的人所應得到的成果。

五〇 你說底是，我便從，我不從你，我自從是，何私之有？你說底不是，我便不從，不是不從你，我自不從不是，何嫌之有？

【語 譯】你說的對，我就聽從，我不是聽從你，我自是聽從正確的，會有什麼偏心呢？你說的不對，我就不聽從，不是不聽從你，我自是不聽從不正確的，會有什麼嫌疑呢？

【研析】是正確的，就應執行，不留有遺憾。不正確的，就不應執行，不遺恨千年。

五一　日用酬酢❶，事事物物❷，要合天理之情。所謂合者，如物之有底蓋，然方者不與圓者合，大者不與小者合，欹者不與正者合。覆諸其上而不廣不狹，旁視其隙而若有若無。一物有一物之合，不相苦窳❸；萬物各有其合，不相假借，此之謂天則，此之謂大中❹，此之謂天下萬事萬物各得其所。而聖人之所以從容中，賢者之所以精一❺求，眾人所以醉心夢意，錯行亂施者也。

【注釋】❶酬酢　指應酬交往。主客相互敬酒，主敬客稱「酬」，客還敬稱「酢」。❷事事物物　每一種事物；萬事萬物。❸苦窳　敗壞。❹大中　指無過與不及的中正之道。❺精一　道德修養的精粹純一。

【語譯】平常的應酬交往，萬事萬物，都要與天理的情分吻合。所謂吻合，就像物有底有蓋，然而方的不會與圓的吻合，大的不會與小的吻合，歪的不與正的吻合。覆蓋在其上而不大不小，旁視其空隙而若有若無。一物總有一物與之吻合，不相敗壞；萬物各有與之吻合的，不相假借，這就是所謂的天生的法則，這就是所謂無過與不及的中正之道，這就是所謂的天下萬事萬物各得其所。而聖人所以從容中正之道，賢者所以求得道德修養的精粹純一，眾人所以醉心於夢中的想法，這是行為和措施的錯亂。

【研析】天理就是自然的法則，遵循天理行事，就不會出亂。違背了自然規律，不僅事情難以成功，還會引發動亂。

五二　將祭而齊❶，其思慮之不齊者，不惟惡念，就是善念也是不該動底。這三日裏，時時刻刻，只在那所祭者身上，更無別個想頭。故曰精白❷一心，纔一毫雜，便不是精白；纔二，便不是一心。故君子平日無邪夢，齊日無雜夢。

【注釋】❶齊　通「齋」字。❷精白　純淨潔白；純潔清白。

【語譯】將要祭祀而舉行齋戒，而其思慮中並不齋戒，此時，不僅是惡念，就是善念也是不該有的。在齋戒的這三天裡，時時刻刻，只想著那祭祀的事，更無其他的想法。所以說純正一心，才有一毫的雜念，就不是純正；才有二毫的雜念，就不是一心。因此君子平日無歪邪的夢想，齋戒的日子裡無混雜的夢想。

【研析】凡事，只有一心一意，才能昭示虔誠，才能做得好。

五三 喫這一箸飯是何人種穫底？穿這一疋帛是何人織染底？大廈高堂如何該我住居？安車駟馬❶如何該我乘坐？獲飽煖之體，思作者之勞，享尊榮之樂，思供者之苦，此士大夫日夜不可忘情者也。不然，其負斯世斯民多矣。

【注釋】❶安車駟馬　古代可以坐乘的小車。古車立乘，此為坐乘，故稱安車。供年老的高級官員及貴婦人乘用。安車多用一馬，禮尊者則用四馬。駟，古代一車套四馬，因以稱駕一車之四馬或四馬所駕之車。又馬四匹曰駟。

【語譯】吃著這一碗飯是什麼人耕種收穫的？穿著這一塊布料是什麼人紡織染色的？大廈華屋為什麼該我住居？安車駟馬為什麼該我乘坐？獲得溫飽的身體，思考勞作的辛苦，享受尊榮的歡樂，思考供給的勤苦，這就是士大夫日夜不能忘情的。不然的話，其辜負這個社會、這些百姓太多矣。

【研析】作為士大夫，衣食住行方面，享受著各種福利，因此為社會、為百姓服務，這是理所當然，飲水思源，才能知道自己行為的正確與否。

五四 定、靜、安、慮、得，此五字時時有，事事有，離了此五字，便是孟浪❶做。

【注釋】❶孟浪　疏闊而不精要，荒誕而無邊際。即粗率；鹵莽。

【語譯】定、靜、安、慮、得，這五個字時時有，事事有，離了這五個字，就是粗魯的做法。

【研析】鎮定，冷靜，安閒，思慮，自信，是人情世故中常會有的情態，惟有鎮定和冷靜，才能明智；惟有安閒，才能調節身心，思慮才少出錯，至於自信，則是努力的結果。

五五　公人易，公己難。公己易，公己於人難。公己於人易，忘人己之界而不知我之為誰難。公人，處人能公者也；公己，處己亦公者也。至於公己於人，則不以我為嫌。時當貴我富我，泰然處之而不嫌於尊己；事當逸我利我，公然行之而不嫌於厲民❶。非富貴我，逸利我也。我者，天下之我也。天下之名分紀綱，於我乎寄，則我者，名分紀綱之具也，何嫌之有？此之謂公己於人，雖然，猶未能忘其道未化也。聖人處富貴逸利之地，而忘其身，為天下勞苦卑困，而亦忘其身。非曰我分當然也，非曰我志欲然也，譬痛者之必呻吟，樂者之必談笑，癢者之必爬搔，自然而已。譬蟬之鳴樹，雞之啼曉，草木之榮枯，自然而已。雖負之使灰其心，怒之使薄其意，不能也，況此分不盡而此心少怠乎？況人情未孚而惟人是責乎？夫是之謂忘人己之界而不知我之為誰，不知我之為誰，則亦不知人之為誰矣。不知人我之為誰，則六合混一，而太和元氣❷塞於天地之間矣，必如是而後謂之仁。

【注釋】❶厲民　訓練人民；虐害人民。❷太和元氣　天地間沖和之氣。人的精神、元氣。元氣，指天地未分前的混沌之氣。也泛指宇宙自然之氣，又指人的精神、精氣。

【語譯】公正地對待他人容易，公正地對待自己困難。公正地對待自己容易，在他人面前公正地對待自己困難。在他人面前公正地對待自己容易，忘掉他人和自己的界限而不知自己為誰困難。公人，就是待人能公正；公己，就是待己也能公正。至於在他人面前能公正地對待自己，就不會以我為嫌疑。時勢當使我富裕且高貴，泰然處之，卻不會造成擡高自己的嫌疑；世事當使我閒逸且有利，公然執行，卻不以虐害百姓為嫌疑。不是使我富裕且高貴，是使我閒逸且有利。此時的我，就是天下屬於自己的我。天下的名位身分和法紀綱常，我寄身其中，那麼此時的我，就是名位身分和法紀綱常的工具，又有什麼嫌疑的呢？這就是所謂的在他人面前公正地對待自己，雖然這樣，好像不能忘記其道行尚未昇華。聖人處在富裕高貴、閒逸有利的境地，卻能忘記自身的得失，為天下的事勞苦困頓、自甘卑微，卻也能忘記其身分。不是說我的本分就應當這樣，不是說我的志向想這樣，比如疼痛的人必定會呻吟，快樂的人必然會談笑，搔癢的人一定會爬搔，這是自然的反應罷了。又比如蟬在樹上鳴，雞在清晨啼，草木的榮枯，這也是自然的反應罷了。即使是辜負他，使其灰心，惹他發怒，使其思意淡薄，這是不可能的，何況這種本分未盡而且此心稍有怠慢呢？何況人情未信服而只是責備他人呢？這就是所謂的忘記了他人與自己的界限而不知道自己是誰，不知自己是誰，那麼也不知道他人是誰啊。不知他人和自己是誰，那麼天地四方混而為一，太和元氣充塞於天地之間，必然如此而後才能稱作仁。

【研析】生活在充滿功利的社會裡，能忘記自己的利益，如功名、富貴、地位、權利等，實在不是件容易的事。而人在江湖，身不由己，這往往是難以擺脫的。做一個對社會有責任感的人，不把得失放在心上，生活得快樂自在，這應該是一種價值取向。

五六 纔下手，便想到究竟處。

【語譯】才著手做，就想到結果會怎麼樣。

【研析】著手做事，就想到結果如何，這是人之常情，其間包含著對自己能力、信心、經驗等的肯定或否定，是情感和理性的對抗與妥協的過程。

五七　施者不知，受者不知，誠動於天之南，而心通於海之北，是謂神應。我意纔萌，彼意即覺，不俟出言，可以默會，是謂念應。我以目授之，彼以目受之，人皆不知，兩人獨覺，是謂不言之應。我固強之，彼固拂之，陽異而陰同，是謂不應之應。明乎此者，可以談兵矣。

【語　譯】施予的人不知，接受的人不知，即使一個遠在天之南，一個遠在海之北，也能真誠相感動，心靈相溝通，這就是所謂的神靈感應。自己的意思才萌發，對方就能知覺到，不等話說出來，可以達到默契，這就是所謂的思想感應。自己以眼睛示意，對方也以眼睛會意，他人都不知，只有兩人獨自明白，這就是所謂的不說出的感應。自己固執地強求，對方也固執地反對，表面不同而暗中相同，這就是所謂的不回應的感應。明白這個道理，可以談論軍事話題了。

【研　析】心心相印，是一種感應，也是長時間形成的彼此間的默契，只有了解彼此的習性，熟知彼此的為人處事，才能如此。

五八　明義理❶易，識時勢難。明義理，腐儒可能；識時勢，非通儒❷不能也。識時易，識勢難。識時，見者可能，識勢，非蚤見者不能也。識勢而蚤圖之，自不至於極重，何時之足憂？

【注　釋】❶義理　合於一定倫理道德的行事準則。也指講求儒家經義的學問，又稱宋以來的理學為義理之學，也指道理。❷通儒　指通曉古今、學識淵博的儒者。

【語　譯】明白義理容易，辨明時勢困難。明白義理，迂腐的儒者也可以；辨明時勢，不是通曉古今、學識淵博的儒者是做不到的。識別時間容易，識別情勢困難。識別時間，能看見的人都有可能做到，識別情勢，不是早有預見的人不能做到。識別情勢而預早為之圖謀，如果不是極其重要的，時間又何足以擔憂？

【研　析】情勢判斷的正確與否，關係到事情的能否成功，因此看清情勢發展的趨向，早做準備，成功把握的機會就高得多。

五九　舟中失火，須思捄❶法。

【注　釋】❶捄　挽救；糾正。

【語　譯】船中失火，必須考慮挽救的方法。

【研　析】事情發生了，就應該積極地採取補救措施，避免造成更大的損失。

六〇　象箸夾水丸，須要夾得起❶。

【注　釋】❶象箸夾水丸二句　此則底本除前三字外，其餘均漫漶，據《四庫全書》本補。

【語　譯】用象牙筷子夾水中的丸子，須是能夠夾得起來。

【研　析】世上的事有的看似能做到，實則不容易。不過想想法子，採用一些特殊的方法，是能達到目的的。

六一　中孚❶，妙之至也。格天❷動物，不在形迹言語。事為之末，苟無誠以孚之，諸皆糟粕耳，徒勤，無益於義。鳥抱卵曰孚，從爪從子，血氣潛入而子隨母化，豈在聲色？豈事造作？學者悟此，自不怨天尤人。

【注　釋】❶中孚　卦名。卦形為兌下巽上。《周易・中孚》：「中孚，豚魚吉，利涉大川，利貞。」孔穎達疏：「信發於中，謂之中孚。」後因以「中孚」指誠信。又〈中孚〉卦象澤上有風，謂風行澤上，無所不周，故又以指恩澤普施。❷格天　感通上天。

【語譯】中孚，真是精妙到了極至。感動上天萬物，不在於形跡和言語。事務是次要的，如果沒有誠意令人信服，其他的都只能是糟粕，徒然勤勞，卻無補於道義。鳥懷抱著卵就是孚，孚字是上從爪、下從子而構成的，意思是指血氣潛入而幼子隨親母孵化，怎麼能說是淫聲和女色？怎麼能說是從事做作？學者明白了這個道理，自然不會埋怨上天、責備他人。

【研析】自己誠信，才能取信於他人，才能使他人相信你。當然，能做到這一點，不是靠虛假或做作來蒙混欺人的。

六二　肯替別人想，是第一等學問。

【語譯】肯替別人著想，這是第一等的學問。

【研析】能替別人著想，這並不是件容易做的事。人們多是從自己的利益出發，來審視社會他人。替別人著想，就是公而忘私，這是要有胸懷的。

六三　相嫌之敬慎，不若相忘之怒詈❶。

【注釋】❶詈　罵；責備。

【語譯】相嫌疑之間的恭敬謹慎，還不如相忘記之間的怒罵斥責。

【研析】彼此間已有了猜疑怨恨，即使表面再恭敬謹慎，也難得到信任感，反而會更增加彼此間的反感和仇怨。

六四　余行年五十，悟得五不爭之味，人問之，曰：不與居積❶人爭富，不與進取人爭貴，不與矜飾❷人爭名，不與簡傲❸人爭禮節，不與盛氣人爭是非。

【注釋】❶居積　囤積。❷矜飾　矜誇修飾。❸簡傲　高傲；傲慢。

【語譯】我即將五十歲了，明白了五點不與人爭的意義，有人問我，回答說：不與有錢人爭財富，不與進取的人爭權貴，不與矜誇粉飾的人爭名聲，不與高傲的人爭禮節，不與盛氣的人爭是非。

【研析】財富、權貴、名聲、禮節，來到這個世界後，多是人們傾慕和追求的東西，由此而產生的悲劇和喜劇也在不斷地上演，很少有人不受其影響，很少有人不去爭取，不論是正當的方式，還是非法的手段，其間的是是非非，也不是一句話就能了結的。孔子云五十而知天命，也就是說到了五十歲，凡事當順應天意，安於現狀，不必再與他人去「爭」了，因為就體力精力而言，你已是力不從心了，長江後浪推前浪，新生代總要取而代之，何必自取其辱、自尋不是呢？

卷下・外篇

天地

一　觀七十二候❶者，謂物知時，非也，乃時變物耳。

【注釋】❶七十二候　古代據動物、植物或其他自然現象變化的徵候劃分出的不同節氣，說明節氣的變化，並作為農事活動的依據。其中以五日為一候，一月有六候，三候為一節氣。一年二十四個節氣，共七十二候。

【語譯】觀察七十二候的變化，就說萬物知道時節的變化，這是不對的，應該說是時令節氣的改變，引起了物象的變化。

【研析】七十二候，是人們長期以來實踐經驗的總結，萬物順應時令的變化而榮衰生死，這是自然規律，不能把因果關係顛倒。

二 天地盈虛消息❶，是一個套子❷。萬物生長收藏，是一副印板❸。

【注　釋】❶消息　消長；盛衰。❷套子　固定的格式、辦法。❸印板　用以印刷的底板，比喻死板不變。

【語　譯】天地的充盈與空虛、強盛與衰弱，這是一個固定的模式。萬物的出生與成長、收聚與蓄藏，這就像是一副印板，不會改變的。

【研　析】說是如同「套子」、「印板」，這是就規律而言的，變化是永恒的，而規律是相對穩定的。

三 萬物得天地之氣以生，有宜溫者，有宜微溫者，有宜太溫者；有宜溫而風者，有宜溫而濕者，有宜溫而燥者，有宜溫而時風時濕者。何氣所生，則宜何氣，得之則長養，失之則傷病。氣有一毫之爽，萬物陰受一毫之病。其宜涼宜寒宜暑，無不皆然；飛潛、動植、蠛蠓❶之物，無不皆然。故天地位❷則萬物育，王道❸平則萬民遂。

【注　釋】❶蠛蠓　一種細小似蚋的昆蟲，將下雨時，群飛塞路。❷位　占居應有的位置，這裡指稱職的意思。
❸王道　儒家提出的一種政治主張，即以仁義治理天下，與霸道相對。又比喻仁政。

【語譯】萬物得天地之氣孕育而生，有的適宜溫暖的氣候，有的適宜微溫的氣候，有的適宜高溫的氣候；有的適宜溫暖而有風的氣候，有的適宜溫暖而潮濕的氣候，有的適宜溫暖而乾燥的氣候，有的適宜溫暖且時而有風時而潮濕的氣候。在什麼氣候下生長的，就會適宜什麼氣候，得到了這種氣候，就會長久地滋長，失去了這種氣候，就會受傷生病。氣候有一毫的差錯，萬物就會不知不覺地遭受到一毫的傷病。不論是適宜清涼的氣候、還是寒冷的氣候或是酷熱的氣候，沒有不是這樣的；不論是飛於天空的，還是潛於水中的；不論是動物，還是植物，或是如蟣蠓一樣細小的昆蟲，沒有不是這樣的。因此說天地居守好職位，那麼萬物就會很好地生育，以仁義治理天下，那麼百姓的生存就會順遂。

【研析】萬物得其時令節候，就能順其自然而茁壯成長。統治者使百姓安居樂業，社會才能穩定，統治才能長久。

四　陰陽合時只管合，合極則離；離時只管離，離極則合。不極則不離不合，極則必離必合。

【語譯】陰陽二氣聚合時就只管讓它們聚合，聚合達到極限時，就會分離；陰陽二氣分離時只管讓它們分離，分離達到極限時，又會聚合。未達到極限，就處於既不分離又不聚合的狀態，達到了極限，就必須分離，必須聚合。

【研析】古人認為天地間的萬物是由陰陽二氣構成的，陰陽二氣是不斷聚合變化的，陰陽協調，則萬物繁榮昌盛；陰陽失調，則萬物凋零衰亡。

五　風惟知其吹拂而已，雨惟知其淋漓而已，霜雪惟知其嚴凝❶而已，水惟知其流行而已，火惟知其燔灼❷而已。不足則屏息❸而各藏其用，有餘則猖狂而各恣其性。卒然❹而感，則強者勝，若兩軍交戰，相下而後已。是故久陰，則權在雨而日月難為明；久旱，則權在風而雲雨難為澤，以至水火霜雪，莫不皆然。誰為之？曰陰陽為之。陰陽誰為之？曰自然為之。

【注釋】❶嚴凝　猶嚴寒。❷燔灼　燒灼。❸屏息　停息；抑止。❹卒然　突然；忽然。

【語譯】風只知吹拂而已，雨只知滴淌而已，霜雪只知寒冷而已，水只知流動而已，火只知灼烤而已。不足的時候，它們就停息而各自收藏其功用，有餘的時候，它們就放縱自己，各自任性而為。突然感遇，那麼強者勝出，就像兩軍交戰，必是彼此分個上下而後才罷手。因此說長時間的陰雨，那麼控制權在雨水，而日月難以顯現明亮；長時間的乾旱，那麼控制權在風，而雲雨難以集聚滴落成水澤，以至於水火霜雪，沒有不是這樣的。是誰造成這樣的呢？就會說是陰陽二氣造成的。陰陽二氣又是誰造成的呢？就會說是自然生成的。

【研析】風、雨、水、火、霜、雪，是自然現象，風調雨順，萬物就能順遂，反之就會出現災年。雖然說這是自然現象，而人為的作用，會破壞自然的和諧，破壞自然規律，也會引發災難的。

六　生氣❶醇濃❷渾濁，殺氣❸清爽澄澈；生氣牽戀❹優柔，殺氣果決脆斷；生氣寬平溫厚，殺氣峻隘❺涼薄❻。故春氣絪縕❼，萬物以生；夏氣薰蒸，萬物以長；秋氣嚴肅，萬物以入；冬氣閉藏❽，萬物以亡。

【注釋】❶生氣　使萬物生長發育之氣。❷醇濃　謂氣味等純正濃厚。❸殺氣　殺伐之氣；凶惡之氣。此指使萬物凋零衰敗之氣。❹牽戀　留戀。❺峻隘　嚴厲狹隘。❻涼薄　冷酷刻薄。❼絪縕　形容雲煙彌漫、氣氛濃盛的景象。❽閉藏　閉塞掩藏。

【語譯】使萬物生長發育的氣息純厚渾濁，使萬物凋零衰敗的氣息清爽澄明；使萬物生長發育的氣息留戀纏綿，使萬物凋零衰敗的氣息果敢決斷；使萬物生長發育的氣息寬厚溫順，使萬物凋零衰敗的氣息嚴酷刻薄。所以說春天的氣息濃厚彌漫，萬物因此而萌生；夏天的氣息薰染蒸騰，萬物因此而成長；秋天的氣息嚴酷肅殺，萬物因此而收斂；冬天的氣息閉塞掩藏，萬物因此而死亡。

【研析】萬物是隨著四季的變化而由榮至衰，由生到死，這是自然規律，是不可逆轉的，也是不可抗拒的。

七　一呼一吸，不得分毫有餘，不得分毫不足，不得連呼，不得連吸，不得一呼無吸，不得一吸無呼，此盈虛之自然也。

【語譯】每一次的呼氣，每一次的吸氣，不能有絲毫的多餘，也不能有絲毫的不足，不得連續地呼氣，也不得連續地吸氣，不得每次只呼氣而沒吸氣，也不得每次只吸氣而沒呼氣，這是氣之盈滿和虛空的自然變化。

【研析】生物的呼氣與吸氣，是個自然的過程，每一次呼氣與吸氣的多與少，也不是自己所能決定的，它是本能的需求，該需要多少就是多少，否則就會出問題。

八　天地發育之氣，到無外處止；收斂❶之氣，到無內處止。不至而止者，非本氣不足，則客氣❷相奪也。

【注釋】❶收斂　集聚。❷客氣　中醫術語，指侵害人體的邪氣。

【語譯】天地間使萬物生長發育的氣息，向外達到它所不能到的地方為止；使萬物收藏聚斂的氣息，向內達到它所不能到的地方為止。氣息未到達就中止者，不是本體的氣息不足，就是受邪氣的侵奪。

【研析】生物正常的呼氣與吸氣，這是健康的表現。如果呼氣與吸氣不正常，表明生命有了危機，就應想方法醫治，使之復原。

九　萬物生於陰陽，死於陰陽，陰陽於萬物，原不相干，任其自然而已。雨非欲潤物，旱非欲熯❶物，風非欲撓物，雷非欲震物，陰陽任其氣之自然，而萬物因之以生死耳。《易》稱「鼓之以雷霆，潤之以風雨」❷，另是一種道理。不然，是天地有心而成化也，若有心成化，則寒暑災祥得其正❸，乃見天心矣。

【注釋】❶熯　烘乾；曝晒。❷易稱鼓之以雷霆二句　見《周易・繫辭上》，云：「鼓之以雷霆，潤之以風雨；日月運行，一寒一暑。」舉雷霆、風雨、日月、寒暑，意在說明天象的陰陽變化，是一種自發行為。❸正　公正合理，不偏頗。合乎法度、規律或常情等。

【語　譯】萬物的生成是由於陰陽二氣的作用，死亡也是由於陰陽二氣的作用，陰陽二氣對於萬物來說，原本是不相干的，只是任隨萬物自然生死而已。雨落並非專為滋潤萬物的，乾旱不是想烘烤萬物的，風吹不是想干擾萬物的，雷鳴不是想震動萬物的，陰陽二氣任其氣息的自然變化，而萬物也就因此得以生、得以死罷了。《周易》稱「以雷霆來鼓動，以風雨來滋潤」，說的是另一種道理。不然的話，這像是說天地有意成就了這種變化，如果說是天地有意成就了這種變化，那麼寒天暑日、災難吉祥的出現也是合情合理的，可見天意就是如此啊。

【研　析】古人認為天地間的每一種物都是由陰陽二氣構成的，而萬物的生與死卻不是由陰陽二氣所決定，生與死僅僅是自然規律發展的終極結果，因為陰陽二氣是永恒存在的。

一〇　天極從容，故三百六十日為一噓吸❶。極次第❷，故溫暑涼寒，不驀越❸而雜至；極精明，故晝有容光❹之照，而夜有月星；極平常，寒暑日夜，生長收藏，萬古如斯而無新奇之調；極含蓄，併包萬象而不見其滿塞；極沉默，無所不分明而無一言；極精細，色色象象，條分縷析而不厭其繁；極周匝❺，疏而不漏；極凝定❻，風雲雷雨變態於空中，悲懽叫號怨德於地下，而不惡其擾；極通變，普物因材，不可執為定局❼；極自然，任陰陽氣數理勢❽之所極所生而已不與；極堅耐，萬古不易而無欲速求進之心，消磨❾曲折之患；極勤敏，無一息之停；極聰明，亘古今無一人一事能欺罔之者；極老成，有虧欠而不隱藏；極知足，滿必損，盛必衰；極仁慈，雨露霜雪，無非生物之心；極正直，始終計量，未嘗養人之奸，容人之惡；極公平，抑高舉下，無貧富貴賤，一視同仁；極簡易，無瑣屑曲局，示人以繁難；極雅淡，青蒼自若，更無炫飾；極靈爽❿，精誠所至，有感必通；極謙虛，四時之氣常下交⓫；極正大⓬，擅六合⓭之恩威⓮而不自有；極誠實，無一毫偽妄⓯心虛假事；極有信，萬物皆任之而不疑。故人當法天，人天所生也，如之者存，反之者亡，本其氣而失之也。

【注釋】❶噓吸　大氣鼓蕩，吐納呼吸。❷次第　次序；條理。❸驀越　超越；跨越。❹容光　光輝；光彩。❺周匝　周密；周到。❻凝定　安定；靜止。❼定局　固定不變的格局。❽理勢　事理的發展趨勢；情勢。❾消磨　消耗磨滅。❿靈爽　神靈；神明。⓫下交　指地位高的人與地位低的人交往。⓬正大　公正無私。⓭六合謂天地四方、宇宙。也指人世間。⓮恩威　恩惠和威力，多指仁政與刑治。⓯偽妄　虛假；不真實。

【語譯】上天極其從容，因此三百六十天才吐納呼吸一次。極其有次序，因此溫暖、酷暑、清涼、寒冷的氣候，不會越位而雜亂地來臨；極其光明，因此白天有光輝照耀，夜晚有月亮星星；極其平常，寒天暑日，早晨夜晚，萌生成長，收斂閉藏，自古以來就是如此這般，而沒有新鮮奇特的調整變化；極其含蓄，能包容萬象而不見其填滿充塞；極其沉默，沒有那一處顯現得不分明，但不需要一句表白；極其精細，各式各樣，萬事萬物，能做到有條有理，細密周到，而人們並不厭惡其繁雜瑣碎；極其周密，簡要卻無遺漏；極其安靜，在空中風雲雷雨變幻多姿，在地面悲歡叫號，以怨恨報答著恩德，而上天不厭惡這些混亂的局面；極知變通，普及萬物，因對象的不同而變化，不可固執地以為是不變的格局；極其自然，任由陰陽二氣的氣運情勢達到極至，並萌生萬物，而上天自己卻不參與；極其堅強有耐性，萬古不變，卻沒有欲快速、求急進的心思，消除因錯綜複雜而產生的禍害；極其勤勉機敏，沒有絲毫的停止；極其聰明，貫穿古今，沒有那一人那一事能欺騙得了它；極其精明強幹，有不足處卻不掩飾；極其知足，明白溢滿必然會招致減損，強盛必然會走向衰弱；極其仁愛慈善，即便是落雨雪下霜露，無非也是促使萬物生長的心意；極其正直，自始至終考慮著，未嘗助長人的奸詐，縱容人的惡行；極其公平，抑制高強，抬舉卑下，沒有貧富貴賤的差別，一概同樣對待；極其簡易，不會以瑣碎委曲向人顯示其繁雜困難；極其高雅恬淡，顏色青蒼而神情自如，更不需要盛裝炫耀；極其神靈，精誠所到之處，有感應，必能通達；極其謙虛，四時的氣息常常向下運行交結；極其公正，主管宇宙中的恩德和威力，但不據為己有；極其誠實，沒有絲毫不實的虛假事；極有誠信，萬物都由它管理而不會被質疑。所以人們行事應當取法上天，人，是上天的產物，順應它的就能生存，違反它的就會滅亡，這是因為源本於上天的氣息卻消失的原故。

【研析】人們常說上天是公正的，或許這是一個藉口，但又似乎確實如此，因為天地間的萬事萬物千變萬化，生老病死，榮枯壽夭，都是一種自然現象。與其說上天是公正的，不如說是自然發展的結果，作為萬物之靈的人也是如此，違反了自然規律，必然會自取滅亡的。

一一　要知道雷霆霜雪，都是太和❶。

【注釋】❶太和　天地間沖和之氣。

【語譯】要知道雷霆霜雪，這都是天地間的元氣形成的。

【研析】古人認為天地未分前為一團混沌之氣，即元氣，也就是沖和之氣，又泛指宇宙間的自然之氣，而雷霆霜雪雨雹，則是自然之氣的不同表現而已。

一二　盛德莫如地，萬物於地，惡道❶無以加矣。聽其所為，而莫之憾也；負荷❷生成，而莫之厭也。故君子卑法地，樂莫大焉。

【注釋】❶惡道　不正之道。又佛教指地獄、餓鬼、畜生三道為惡道。❷負荷　背負肩擔；擔負。

【語譯】品德高尚沒有比得上大地的，萬物對於大地而言，邪惡之道不能加害。聽由萬物自在而為，而沒有哪種會留有遺憾的；負載萬物，促使萬物萌生成長，而不會厭棄任何一種。因此作為一個君子，謙卑地取法大地，沒有比這更大的快樂啊。

【研析】大地負載萬物，生育萬物，滋長萬物，沒有怨言，不圖回報，這是謙卑的品質，也是高尚的德行。君子取法於大地，不計個人得失，勇於奉獻，這就是人生的價值所在。

一三　心就是天，欺心便是欺天，事心便是事天，更不須向蒼蒼❶上面討。

【注釋】❶蒼蒼　深青色，又指天。

【語譯】自己的心就是自己的天，欺騙自己的心就是欺騙上天，事奉自己的心就是事奉天，更不必去向上蒼當面乞討。

【研析】心是人的靈魂，主宰和左右著人自己的言行，因此說凡事能對得起自己的良心，就不會招致天誅。

一四　天者，未定之命；命者，已定之天。天者，大家之命；命者，各物之天。命定，而吉凶禍福隨之，也由不得天，天亦再不照管。

【語　譯】上天，是未能確定的命運；命運，是已經確定的上天。上天，是萬物的命運；命運，是各種物體的上天。命運已經確定，那麼吉凶禍福就會伴隨而來，這就不由上天所管了，上天再也不會照看你了。

【研　析】命運不論是好的，還是壞的；是順的，或是逆的，這都是屬於自己的，說是上天的旨意，也只能算是託詞。你可以改變自己的命運，就說明可以做自己的主宰。

一五　問：「天地開闢❶之初，其狀何似？」曰：「未易形容。」因指齋❷前盆沼❸，今滿貯帶沙水一盆，投以瓦礫數小塊，雜穀豆升許，令人攪水渾濁，曰：「此是混沌❹未分之狀，待三日後再來看開闢。」至日而濁者清矣，輕清上浮，曰此是天開於子；沉底渾泥，此是地闢於丑；中間瓦礫出露，此是山陵，是時穀豆芽生。月餘而水中小蟲浮沉奔逐，此是人與萬物生於寅，徹底是水，天包乎地之象也。地從上下，故山上銳而下廣，象量穀堆也。氣化❺日繁華，日廣侈，日消耗，萬物毀而生機微，天地雖不毀，至亥而又成混沌之世矣。

【注釋】❶開闢　亦作開辟。指宇宙的開始。古代神話傳說謂盤古氏開天闢地。❷齋　學舍。又指齋宮，供齋戒用的宮室、屋舍。❸沼　池塘。❹混沌　古代傳說中指世界開闢前元氣未分、模糊一團的狀態。❺氣化　指陰陽之氣的變化。也指陰陽之氣化生萬物。

【語譯】有人問：「天地開闢的初期，其形狀像什麼呢？」回答說：「不容易形容。」因指齋房前水池，令人往池中滿貯帶沙的水，並以數小塊破碎的磚瓦放進池中，混雜一升多的穀豆，讓人把池水攪渾濁，說：「這就好比是天地混沌未分時的形狀，等三天後再來看開闢。」到了那天，渾濁的水變清，輕而清澈的東西浮在上面，就說這是天開於子時；沉在水底的渾濁泥土，這就是地闢於丑時；中間破碎的磚瓦露出，這就是山陵，此時穀豆發芽。一個月多一點，而水中有小蟲浮沉奔逐，這就好比是人與萬物生於寅時，水是清澈見底，是蒼天籠罩於大地的景象。地是自上而下，所以山陵上部尖銳而下部寬廣，就像是穀物堆。陰陽之氣化生萬物日見繁華，日見廣大，日見消耗，萬物毀滅而生機微弱，天地雖然不至於毀滅，至亥時而又變成混沌一團的世界了。

【研析】春夏秋冬四季，構成一年，四季的變化是週期性的，因此說天地萬象的變化也是成週期性，這就是作者的觀點。

一六　陰陽之氣，各橫逞❶於有餘，各退縮於不足，非相讓也，非相妒也，各行其自然而已。旱而雩❷，水而禜❸，人事當爾。乃聖人燮理修省❹之道，積誠❺所格❻，自足回天❼，然亦非常理也，而偶然者欲以貪天功則迋❽矣。

【注釋】❶橫逞　充分施展；放縱恣肆。❷雩　古代為祈雨而舉行的祭祀。❸禜　古代為禳風雨、雪霜、水旱、癘疫等災而祭日月星辰、山川之神。❹燮理修省　燮理，協和治理。修省，修身反省。❺積誠　積聚誠心。❻格　到達；感動。❼回天　舊以皇帝為天，凡能諫止皇帝改變意志的行為稱作回天。後用以比喻力量之大，能左右或扭轉難以挽回的局勢。❽迋　欺騙。

【語譯】陰陽二氣，各自在充裕時放任施行，各自在不足時退卻委縮，這並不是相謙讓，也不是相妒忌，只是各自行使天賦的職責罷了。天旱則舉行祭祀祈雨，水澇則為禳災而祭祀，人們所能做的就是應該如此。這是聖人協和治理、修身反省的方法，積聚誠心的感動，自然足以使天意回轉，然而這也不是僅憑常理就能實現的，但是對於偶然達到的目的，卻以自然助成之事據為自己的功勞，這是欺詐行為啊。

【研析】萬物是由陰陽二氣構成的，陰陽各司其責，然而陰陽各有消長，萬物也因此呈現出不同的狀態，如榮衰生死等，這都是自然法則的選擇，人是不能改變的，但可以祈願。

一七　兩間❶氣化，總是一副大蒸籠。

【注　釋】❶兩間　天地間；人世間。

【語　譯】天地間陰陽二氣的變化，就像是一副大蒸籠。

【研　析】蒸籠裡的東西，在蒸氣的作用下就會發生變化，就如生的變成熟的一樣，陰陽二氣孕育天地間的萬物也是如此。

一八　天地之於萬物，原是一貫❶。

【注　釋】❶一貫　用同一種道理貫穿於萬事萬物。

【語　譯】天地對於萬物，是用同一種道理貫穿其中的。

【研　析】萬物生長於天地之間，都遵守著同一個自然法則，即出生，成長，滅亡，這是一貫的。

一九　天地之於萬物，因之而已矣，分毫不與焉。

【語　譯】天地對於萬物而言，順從萬物變化罷了，絲毫不參與其中。

【研　析】天地對於萬物，順遂其自然本性，也就是規律。違反了規律，有了人為的因素，就會向壞的方向發展。

二〇　世界雖大，容得千萬人忍讓，容不得一兩個縱橫。

【語　譯】世界雖然大，能容得了千萬人的容忍退讓，卻容不得一兩個人肆意橫行。

【研　析】天地之大，能包容一切，卻不能容得惡人橫行，這是因為有公理在。

世運

一　壞世教❶者，不是宦官宮妾❷，不是農工商賈，不是衙門市井，不是夷狄❸。

【注　釋】❶世教　指當世的正統思想、正統禮教。❷宮妾　宮女。❸夷狄　古代稱居住在東方的少數民族為夷，北方的少數民族為狄。後世常用以泛指各少數民族。

【語　譯】敗壞世風禮教的，不是宦官宮女，不是農夫、工匠、商賈，不是衙門僚吏、市井無賴，也不是其他少數民族。

【研　析】宦官、宮女、農夫、工匠、商賈以及衙門僚吏、市井無賴等，或是社會底層的人物，或是社會地位不高的人，或被認為是文明不發達地區的人如少數民族。他們對社會的影響力、對世俗禮教的改變起不了決定性的作用，相反地，對世俗禮教起決定影響作用的只能是上層人物，這些人有權勢，影響力強，可以左右時勢世風。

二　世界一般是唐虞❶時世界，黎民一般是唐虞時黎民，而治不古若，非氣化❷之罪也。

【注　釋】❶唐虞　唐堯與虞舜的並稱，均為傳說中古代的聖君。又用指堯與舜的時代，後人用以指太平盛世。
❷氣化　指陰陽之氣的變化，又喻世事的變遷。

【語　譯】現在的世界就像是唐堯與虞舜時的太平盛世，百姓就像是唐堯與虞舜時的百姓，但治理的局面不如遠古，這不是時代變遷造成的。

【研　析】既然說是太平盛世，又說是民風純樸，而仍有今不如昔的感覺，這是因為時代在進步，人心已有了變化，也就是說人們的世界觀、歷史觀、道德觀、價值觀等都較以往不同了。

三　士，鮮衣美食，浮談怪說，玩日愒時❶，而以農工為村鄙❷。女，傅粉簪花，冶容學態，袖手❸樂遊，而以勤儉為羞辱。官，盛從❹豐供，繁文縟節❺，逐奔世態❻，而以教養為迂儒，世道可為傷心矣。

【注釋】❶玩日愒時　猶言玩時愒日，謂貪圖安逸，曠廢時日。❷村鄙　粗鄙。❸袖手　藏手於袖。表示閒逸的神態。❹盛從　對別人侍從僕役的尊稱。❺繁文縟節　繁瑣的儀式或禮節。❻世態　世俗情態，多指人情淡薄。也指政治形勢。

【語譯】士人，穿著新亮的衣服，吃著美味的食物，發表著空洞和怪誕的言論。貪圖安逸，曠廢時日，卻認為農夫、工匠粗野鄙陋。女士，面傅脂粉，頭上戴花，容貌豔麗，嬌媚作態，神情閒逸，歡樂戲遊，卻認為勤勞節儉是羞辱。官吏，前呼後擁，供給豐富，講究繁文縟節，見風使舵，追逐名利，卻認為講究文化品德的修養是迂腐的儒生，這種社會道德風尚真可以說是令人傷心啊。

【研析】社會上的人有三六九等，不論是人為劃分的，還是習俗默認的。下層、低等級的人供養著上層、高等級的人，而所謂上層、高等級的人卻往往瞧不起下層、低等級的人，這是道德風尚的墮落。

四　喜殺❶人是泰❷，愁殺人也是泰。泰之人昏惰侈肆❸，泰之事廢墜寬罷❹，泰之風紛華驕蹇❺，泰之前如上水❻之篙，泰之世如高竿❼之頂，泰之後如下坂❽之車，故否❾可以致泰，泰必至於否，故聖人憂泰不憂否。否易振，泰難持。

【注　釋】❶殺　副詞，用在謂語後面，表示程度之深。❷泰　卦名，《周易》六十四卦之一。乾下坤上，為上下交通之象。指通達、通暢。❸昏惰侈肆　昏惰，昏昧怠惰、懈怠。侈肆，奢侈恣肆。❹廢墜寬罷　廢墜，衰亡；滅絕。寬罷，鬆弛中止。❺驕蹇　傲慢；不順從。❻上水　河川的上流，猶言上游。比喻船逆流向上游航行。❼高竿　古代的一種雜技，人攀上豎立的長竿上做驚險動作。❽坂　斜坡；山坡。❾否　卦名，六十四卦之一。坤下乾上，表示天地不交，指上下隔閡，閉塞不通之象。

【語　譯】使人感到極其高興的是通達，使人感到非常愁悶的也是通達。通達的人昏庸懈怠、奢侈恣肆，通達的事衰敗滅絕、鬆懈中止，通達的風紛雜秀美、驕奢難馴，在通達的面前就像船逆流向上游進，在通達的人世就像立在豎立的長竿上耍雜技，在通達的後面就像下坡的車子，所以說閉塞不通可以到達通達，通達也必定會至於閉塞不通，所以聖人擔憂通達，不擔憂閉塞不通。閉塞不通容易振奮，通達難以持久。

【研　析】否極泰來，物極必反，這是個互動的過程。使人或物重新振作是可以做得到的，使人或物保持長時間的振作不是件容易的事。

五　節文度數❶，聖人之所以防肆也。偽禮文❷不如真愛敬，真簡率不如偽禮文。偽禮文猶足以成體❸，真簡率每至於踰閑❹。偽禮文，流而為象恭滔天❺；真簡率，流而為禮法掃地。七賢八達❻，簡率之極也，舉世牛馬而晉因以亡。近世士風崇尚簡率，蕩然無檢❼，嗟嗟！吾莫知所終矣。

【注　釋】❶節文度數　節文，制定禮儀，使行之有度。又指禮節、儀式。度數，標準；規則。❷禮文　禮樂儀制。❸成體　構成形體，又指自成體系。❹踰閑　又作逾閑，超越法度。❺象恭滔天　象恭，猶言貌似恭敬。後用以喻巨奸大惡。滔天，彌漫天際，形容水勢極大。比喻罪惡、災禍或權勢等極大。❻七賢八達　七賢，指魏、晉時的嵇康、阮籍、山濤、向秀、劉伶、阮咸、王戎七人，行為狂放，蔑視禮法，為當時名士，世稱竹林七賢。八達，指晉朝胡毋、謝鯤、光逸、阮放、畢卓、羊曼、桓彝、阮孚八人，其行為放肆怪誕，《晉書・光逸傳》云諸人「散髮裸裎，閉室酣飲已累日。逸將排戶入，守者不聽，逸便於戶外脫衣露頭於狗竇中，窺之而大叫……時人謂之八達。」❼蕩然無檢　蕩然，放縱；無拘束。無檢，行為不檢點。謂不拘禮法、沒有約束。

【語　譯】禮法和準則，是聖人用來防備肆意妄為的。虛偽的禮樂儀制不如真實的親愛恭敬，真實的簡樸直率不如虛偽的禮樂儀制。虛偽的禮樂儀制仍足以自成體統，真實的簡樸直率常常會超越法度。虛偽的禮樂儀制，可演化為貌似恭敬，實是惡貫滿盈；真實的簡樸直率，可演化為對禮法的蔑視和拋棄。所謂的七賢八達，是簡樸直率的極端代表，普天下的人都在做牛做馬，晉國因此而滅亡。近世的士風崇尚簡樸直率，行為放縱，不拘禮法，不受約束，哎！吾不知其結局是如何啊。

【研析】禮法和準則是約束人的言行的，是真心地執行，還是虛偽地敷衍，當事人自己明白，旁人也是看得清楚的。

六　六合是個情世界，萬物生於情，死於情。至人❶無情，聖人調情，君子制情，小人縱情。

【注釋】❶至人　指思想或道德修養最高超的人。道家又指超凡脫俗、達到無我境界的人。

【語譯】天地四方是個充滿情感的世界，萬物因情而生長，因情而死亡。至人是不講究情感的，聖人能調節情感，君子能控制情感，小人則放縱情感。

【研析】人是有情感的動物，因修養學識的不同，克制情感的能力也就不同，向聖賢看齊，可以適度地宣洩自己的情感，但不可放縱，放縱就會出錯。

聖賢

一　堯、舜功業如此之大，道德如此之全，孔子稱贊，不啻口出。在堯、舜心上，有多少缺然❶不滿足處。道原體不盡，心原趨不滿，勢分❷不可強，力量不可勉，聖人怎放得下？是以聖人身困於勢，分力量之中；心長於勢，分力量之外。纔覺足了，便不是堯、舜。

【注釋】❶缺然　缺失。❷勢分　權勢；地位。

【語譯】堯、舜的功業如此的宏大，道德如此的完美，孔子的稱讚，如同自己親口說出。在堯、舜的心上，感覺有多少缺失和不滿足處。道原是體悟不盡的，心原是追逐不足的，權勢是不可強求的，力量是不可勉強的，聖人又怎麼能放得下呢？因此聖人受權勢的局限，就分化到力量之中；內心強勝於權勢，就分化到力量之外。才有滿足的感覺，就不是堯、舜了。

【研析】聖賢不是萬能的，之所以被當作凡夫俗子學習的楷模，就在於聖賢對自己高標準，嚴要求。

二

聖人不強人以太難，只是撥轉❶他一點自然底肯心❷。

【注釋】❶撥轉　轉動；回心轉意。❷肯心　甘心；快意。

【語譯】聖人不會勉強別人做太難以完成的事，只是使他有一點心甘情願就行了。

【研　析】不要強人所難，這是一個底線。孔子說「己所不欲，勿施於人」，也含有這個意思在裡面。

三　日之於萬形也，鑑之於萬象也。風之於萬籟❶也，尺度權衡❷之於輕重長短也，聖人之於萬事萬物也，因其本然，付以自然，分毫我無所與焉。然後感者常平，應者常逸。喜亦天，怒亦天，而吾心之天如故也。萬感劻勷❸，眾動轇轕❹，而吾心之天如故也。

【注　釋】❶萬籟　各種聲響。籟，從孔穴中發出的聲音。❷權衡　稱量輕重的器具。權，秤錘。衡，秤桿。❸劻勷　惶遽不安；動亂不寧。❹轇轕　交錯；雜亂。

【語　譯】太陽對於所有的有形物體，就像鏡子一樣，能照見各種景象。風兒對於各種孔穴產生的不同聲響，尺度對於長短，權衡對於輕重，聖人對於萬事萬物，都是順其本性，依其自然，自己絲毫不參與其中。這樣感應者常會覺得公平，常會覺得閒逸。喜悅來自天性，怒氣來自天性，而我心之天性也依然故我。各種感應騷亂不安，萬物動蕩，交錯糾纏，而我心之天性依然故我。

【研　析】天地間萬事萬物都有各自的天性，保全天性，就是保全自己的本來面目，也就是保全性命。

四 平生無一事可瞞人，此是大快樂。

【語譯】平生沒有一件事可欺騙人的，這就是最大的快樂。

【研析】平生不作虧心事，半夜不怕鬼敲門。心存愧疚，又如何能快樂呢？

五 堯、舜雖是生知❶安行，然堯、舜自有堯、舜工夫學問，但聰明睿智千百眾人，豈能不資見聞，不待思索？朱文公❷云：「聖人生知安行，更無積累之漸。」聖人有聖人底積累，豈儒者所能測識哉？

【注釋】❶生知　即生而知之，謂不待後天的學習就能知道。❷朱文公　朱熹（西元一一三〇—一二〇〇年），南宋徽州婺源（今屬江西）人。著名的理學家，卒諡文。

【語譯】堯、舜雖然是生而知之，並且是從容不迫地實行，然而堯、舜自有他們自己的本事和學識，只是成千上萬的聰明睿智的普通人，怎能不靠知識的資助，不用思索呢？朱文公云：「聖人是生而知之，並且能從容不迫地實行，更沒有積累的苗頭。」聖人有聖人的積累，難道儒者能靠推測知悉得了？

【研析】聖人是學習的榜樣，眾人可以努力，但不可妄意而為，腳踏實地，從容不迫，是切實可行的。

六　周子❶謂：「聖可學乎？曰無欲。」愚謂聖人不能無欲，七情❷中合下❸有「欲」，孔子曰己欲立欲達❹，孟子有曰：「廣土眾民，君子欲之。」❺天欲不可無，人欲不可有。天欲，公也；人欲，私也。周子云聖無欲，愚云不如聖無私，此二字者，三氏之所以異也。

【注　釋】❶周子　周敦頤（西元一〇一七—一〇七三年），北宋道州營道（今湖南道縣）人，為道學（即理學）的創始人。著有《周子全書》。❷七情　人的七種感情或情緒，即喜、怒、哀、懼、愛、惡、欲。❸合下　當初；原先。❹孔子曰己欲立欲達　見《論語．雍也》，云：「夫仁者，己欲立而立人，己欲達而達人。」這是推己及人的做法，即設身處地替他人著想，這也是仁愛的體現。❺孟子有曰三句　見《孟子．盡心上》云：「廣土眾民，君子欲之，所樂不存焉。」意思是說「廣土眾民」是君子希望做到的，但其樂趣並不在此，因為這不是君子的本性所在。廣、眾，均為使動用法，即使廣大，使增多。

【語　譯】周敦頤說：「聖人可以通過學習做到嗎？回答是沒有欲望就行了。」我認為聖人不可能沒欲望，七情中原本就有「欲」，孔子說：自己立得穩，也想使別人立得穩，自己能達到的，也想使別人能達到，孟子說：「擴大領土，增加人口，這就是君子想做到的。」先天賦予的欲望不可無，個人的欲望不能有。先天賦予的欲望，這是大家共同都有的；個人的欲望，這是屬於自私的。周敦頤稱聖人無欲望，我認為不如說聖人無私心，這兩個字，是三家說法不同的原因。

【研　析】只要是人，就有欲望，聖人也不例外。衣食住行，其中都含有先天賦予的欲望，也就是生存所必需的一些基本要求。超越這些基本需要之上的奢求和欲望，就有可能變成私欲，而私欲是沒有止境的。

七　聖人沒自家底見識。

【語　譯】聖人是沒有自己的見識的。

【研　析】聖人是為大眾服務的，是為百姓謀福利的，因此其思想意識都是從百姓的角度出發的。

八　對境❶忘情❷，猶分彼我。聖人可能入塵❸不染，則境我為一矣，而渾然無點染。所謂入水不溺，入火不焚，非聖之至者不能也。若塵為我役，化而為一，則天矣。

【注　釋】❶境　佛教指成為心意對象之世界，如塵境、色境、法境等。❷忘情　無喜怒哀樂之情，引申為感情上不受牽掛。❸塵　指俗世。佛教稱人間為塵，道家稱一世為一塵。

【語　譯】面對著境象而能不為情感所左右，這仍然存在著你我之分。聖人可以入紅塵而不被汙染，則是境象與我合而為一，卻能完全不受玷汙。這就是所說的入水不會下沉，入火不會燃燒，不達到至聖境界的人是不能做到的。至於說塵世為我役使，受感化而變為一體，這就是天意了。

【研　析】不為外物所左右，保持自己的獨立性，這不是完美的。只有融入其中，又能不被汙染，這才是最高的境界。

九　聖人學問，只是人定勝天。

【語　譯】聖人的學識，只是表現在如何憑藉人力戰勝自然。

【研　析】人定勝天，這是一種理想，但是人們可以克服不利的因素，增強戰勝大自然的能力。

一〇　聖人之私公，眾人之公私。

【語　譯】聖人是把私人的變成公共的，眾人是把公共的變成私人的。

【研　析】聖人是為他人謀福利的，是以天下為公，眾人向聖人看齊，私心就會少多了。

一一

聖人無夜氣❶。

【注釋】❶夜氣　《孟子・告子上》：「牿之反覆，則其夜氣不足以存；夜氣不足以存，則其違禽獸不遠矣。」儒家謂晚上靜思所產生的良知善念。

【語譯】聖人是不會通過夜晚靜思而產生良知善念的。

【研析】夜晚的靜思，這是反省，聖人行善，是長期修養的結果，是自發的行為，不需要反省。

一二

衣錦尚絅❶，自是學者作用，聖人無尚。

【注釋】❶衣錦尚絅　《禮記・中庸》：「《詩》曰：『衣錦尚絅』，惡其文之著也。」又作「衣錦褧衣」，謂錦衣外面再加上麻紗單罩衣，以掩蓋其華麗，比喻不炫耀於人。尚，增加。絅，襌衣；罩在外面的單衣。

【語譯】穿著絲錦製的衣服，外面再罩件麻紗製的單衣，這是學者的行為，聖人是不會加罩衣的。

【研析】華麗錦衣的外面罩著粗布衣，這是虛偽的表現，是做作。

一三

聖王❶不必天而必我，我之天定❷，而天之天隨之。

【注釋】❶聖王　謂德才超群達於至境的帝王，儒家多指堯、舜、禹、湯、文、武。❷天定　宿命論者謂人間的吉凶、禍福、貴賤等皆由天命所定。

【語譯】聖王不必依賴身外的天意，而一定是靠自己，由我自己的天命決定，那麼我之天命的天性也就隨之而來。

【研析】凡事自己做主，就可以使自己的天賦最大限度地發揮出來，這是最理想不過的。

一四 生知之，聖人不長進。

【語譯】生而知之者，即使是聖人，也不會有進步。

【研析】生而知之，這是不存在的，後天的不斷學習和積累，才使得人們得以進步。

一五 學問到孔子地位，纔算得個通，通之外，無學問矣。

【語譯】學問做到孔子這種程度，才算得上通達，通達之外，就再沒有什麼學問了。

【研析】孔子的學問不僅僅是書本上得來的，他是個身體力行者，因此說不能適合社會需要的，不能解決實際問題的，就是死學問，也就談不上什麼通達。

一六　聖人因蛛而知罟網❶，非蛛學聖人而作網罟也；因蠅而悟作繩，非蠅學聖人交足也。物者天能，聖人者人能。

【注　釋】❶罟網　泛指魚網。

【語　譯】聖人因蜘蛛而懂得了編織魚網，不是蜘蛛向聖人學習而會編織網；聖人因蒼蠅而悟出了如何編織繩子，不是蒼蠅向聖人學習而會兩足交叉。動物是天賦的本領，聖人是後天學的本領。

【研　析】人的聰明之處，就在於善於學習，向他人學習，向萬物學習，這是為生存所必需。不過，據現在科學的研究，除了人類外，一些動物也會模仿學習些生存的本領，這僅僅是偶然行為嗎？

品藻

一　獨處看不破，忽處看不破，勞倦時看不破，急遽倉卒時看不破，驚憂❶驟感時看不破，重大獨當時看不破，吾必以為聖人。

【注　釋】❶驚憂　驚恐憂愁。

【語　譯】獨自居處時看不破，疏忽處看不破，勞累疲倦時看不破，匆忙突變時看不破，驚恐憂愁、突發感激時看不破，重大事件獨自擔當時看不破，我認為這種人一定是聖人。

【研析】說看不破，是指這種人的性格有過人之處，不能以常人來看待。

二　圈子裏幹實事，賢者可能；圈子外幹大事，非豪傑不能。或曰：「圈子外可幹乎？」曰：世俗所謂圈子外，乃聖賢所謂性分❶內也。人守一官，官求一稱，內外皆若人焉，天下可庶幾❷矣，所謂圈子內幹實事者也。心切憂世，志在匡時❸，苟利天下，文法❹所不能拘，苟計成功，形迹❺所不必避，則圈子外幹大事者也。識高千古，慮周六合，挽末世之頹風，還先王❻之雅道❼，使海內復嘗秦、漢以前之滋味，則又圈子以上人矣。世有斯人乎？吾將與之共流涕矣。乃若硜硜❽狃❾眾見，惴惴❿循弊規，威儀文辭，燦然可觀，勤慎謙默，居然⓫寡過。是人也，但可為高官耳，世道奚賴焉？

【注釋】❶性分　本性。❷庶幾　希望。❸匡時　匡正時世；挽救時局。❹文法　法規；法制。❺形迹　嫌疑；見疑。又指禮法、規矩。❻先王　指上古賢明的君王。❼雅道　正道；忠厚之道。❽硜硜　形容淺陋固執。❾狃　局限；迷惑。❿惴惴　憂懼戒慎的樣子。⓫居然　猶安然，形容平安、安穩。

【語譯】在熟知的範圍內能幹實事，賢達的人可以做到；在熟知的範圍外能成就大事業，非豪邁傑出的人士不能做到。有人就問：「那麼在熟知的範圍外能做事嗎？」回答說：世俗所說的熟知的範圍之外，就是聖賢們所說的本性之內。堅守著一個職位，又要求名實相符，內外都有如人為的，天下可以有希望了，這就是所謂的在熟知的範圍內幹實事。心中為時世而極其憂慮，志向在於挽救時局，如果有利於天下，是不會受法規束縛的，如果謀劃能成功，即使引人懷疑，也不必迴避，這就是在熟知的範圍外能成就大事業的人。見識超越千古，考慮周密全面，挽救末世頹敗的風氣，復還古昔賢明君王純正忠厚的統治方法，使全國的百姓都能體會到秦、漢之前聖明統治的滋味，這就又屬於熟知範圍之上的人啊。世上有這種人嗎？我將希望能和他們一起憂煩時事。至於識見淺陋固執的人迷惑於世俗的看法，小心敬畏地遵循著陳規陋習，他們或儀容舉止莊重、辭令言詞動聽，光彩照人，或勤苦謹慎、謙虛寡言，平穩少錯。這些人，只可以做高官，社會怎麼能依賴他們呢？

【研析】成大事業者，目標既然已確定，就會努力地去實現，即使有千擾，有質疑，只要不是空想，堅定信心，把握時機，是不會有遺憾的。

三　黨錮❶諸君，只是褊淺❷無度量。身當濁世，自處清流❸，譬之涇、渭❹，不言自別。正當遵海濱而處，以待天下之清也，却乃名檢❺自負，氣節相高，志滿意得，卑視一世而踐踏之，譏謗權勢而狗彘之，使人畏忌奉承，愈熾愈驕，積津要❻之怒，潰權勢之毒，一朝而成載胥❼之凶，其死不足惜也。《詩》稱明哲保身❽，孔稱默足有容❾，免於刑戮❿，豈貴貨清市直⓫、甘鼎鑊⓬如飴哉？申、陳二子⓭得之，郭林宗⓮幾矣。顧、廚、俊、及⓯，吾道中之罪人也，僅愈於卑污耳。若張儉⓰，則又李膺、范滂⓱之罪人，可誅也夫。

【注　釋】❶黨錮　東漢桓帝時，宦官專權，李膺、陳蕃等猛烈地抨擊宦官集團。宦官誣告他們結為朋黨，誹謗朝廷，李膺等二百餘人遭捕，後雖釋放，但終身不許做官。靈帝時，李膺等被起用，與大將軍竇武謀誅宦官，事敗，膺等百餘人被殺。後泛指禁止黨人擔任官職，並限制其活動。❷褊淺　心地、見識等狹隘短淺。❸清流　比喻德行高潔負有名望的人。❹涇渭　涇水清，渭水濁，二水清濁異流，匯而不混。比喻優劣、是非等極其分明。❺名檢　名聲規矩。❻津要　水陸要衝之地，比喻身居要職的人。❼載胥　《詩經・大雅・抑》云：「其何能淑，載胥及溺。」意思是說其所為怎能說是善行，只會相引以陷於亂亡而已。載，則。胥，相。❽明哲保身　《詩經・大雅・烝民》云：「既明且哲，以保其身。」原指明智的人不參與可能給自己帶來危險的事。後多指生怕有損於自己，迴避鬥爭的處世態度。❾默足有容　見《禮記・中庸》，云：「國有道，其言足以興；國無道，其默足以容。」意思是說國家太平，發表政見，可以被取用；國家混亂，保持沉默，可以存性命。⑩免於刑戮　《論語・公治長》：「子謂南容：『邦有道，不廢；邦無道，免於刑戮。』以其兄之子妻之。」意思是孔子談到南容時說：「國家清明太平時，他不會被廢棄；統治昏亂黑暗時，他能免於刑罰。」於是就把兄長的女兒嫁給了南容。⑪貨清市直　指贏得清廉正直的名聲。⑫鼎鑊　古代的兩種烹飪器具。又古代的一種酷刑，用鼎鑊烹人。⑬申陳二子　謂申國、陳國二地的學子。申，古國名。姜姓，周封伯夷之後於申，春秋時滅於楚，故址在今河南南陽。陳，春秋諸侯國名，在今河南淮陽及安徽亳州一帶。⑭郭林宗　郭泰（西元一二八－一六九年），字林宗，東漢太原介休人。博通墳籍，善談論，遊洛陽，見河南尹李膺，膺大奇之，遂相友善，於是名震京師。平生不為危言覈論，故黨錮事起，能免於難。⑮顧厨俊及　指東漢末黨錮諸名士。《後漢書・黨錮列傳》：「自是正直廢放，邪枉熾結，海內希風之流遂共相標榜，指天下名士為之稱號，上曰三君，次曰八俊，次曰八顧，次曰八及，次曰八廚，猶古之八元、八凱也。竇武、劉淑、陳蕃為三君，君者，言一世之所宗也。李膺、荀昱、杜密、王暢、劉祐、魏朗、趙典、朱寓為八俊，俊者，言人之英也。郭林宗、宗慈、巴肅、夏馥、范滂、尹勳、蔡衍、羊陟為八顧，顧者，言能以德行引人者也。張儉、岑晊、劉表、陳翔、孔昱、苑康、檀敷、翟超為八及，及者，言其能導人追宗者也。度尚、張邈、王考、劉儒、胡母班、秦周、蕃嚮、王章為八廚，廚者，言能以財救人者也。」厨，同「廚」。⑯張儉　（西元一一五－一九八年）字元節，東漢高平人。舉茂才，舉劾中常侍侯覽及其母罪惡，請誅之，由是結仇，黨錮禍起，於是刊章討捕，儉得亡命，望門投止，莫不重其名行，破家相容。⑰李膺范滂　李膺（西元一一〇－一六九年），字元禮，潁州襄城人。舉孝廉高第，遷青州刺史，徵拜司隸校尉，反對宦官專權，有被其容接者名曰登龍門，後遭黨錮事，死於獄中。范滂（西元一三七－一六九年），字孟博，東漢汝南征羌人。少厲清節，舉孝廉。建寧二年大誅黨人，詔急捕滂等，自詣獄，臨訣，顧謂其子曰：「吾欲使汝為惡則惡不可為，使汝為善則我不為惡。」按李、范均因張儉案而死。

【語　譯】被禁錮的諸位黨人，只是心地狹隘、見識短淺。身在亂世，自以為品行高潔，就好像是涇水和渭水清濁異流，不用說，界線自然分明。這些人正應該隱居海濱，等待著天下清平，卻以名聲自負，以節操相互爭勝，得意張揚，人世的一切都不放在眼裡，而任意踐踏，譏諷誹謗有權位勢力的人，而像豬狗一樣地看待他們，使他人畏懼忌憚，阿諛迎逢，氣焰愈烈，而更加傲慢，致使權貴們怒氣積聚，致使權貴們毒瘤潰決，一旦成為招引亂亡的幫凶，其身死也就不值得同情。《詩經》稱明智的人不參與可能給自己帶來危險的事，孔子說混亂動蕩的年代，沉默寡言，可以保全其身，能免於刑罰殺戮，難道為了贏得清廉正直的名聲而甘願身遭酷刑？申、陳二地的學子懂得這個道理，郭林宗差不多也是如此。所謂八顧、八廚、八俊、八及諸名士，則是我們同道中的罪人，僅僅是較卑鄙齷齪的人好一些。至於張儉，則又是李膺、范滂的罪人，真是該被誅殺啊。

【研　析】黨錮的發生，會導致國家的滅亡，東漢末年是如此，北宋末年、明朝末年也是如此。奸臣當權，小人橫行，而清廉賢明之士遭到摒棄。一個在朝，一個在野，彼此攻擊謾罵，意氣用事，以致國破家亡。殊不知其弊端在於制度本身，而不是某個人。

四　世之頽波❶，明知其當變，狃於眾皆為之而不敢動；事之義舉，明知其當為，狃於眾皆不為而不敢動，則是亦眾人而已。提抱❷之兒，得一果餅，未敢輒食，母嘗之而後入口，彼不知其可食與否也，既知之矣，猶以眾人為行止，可愧也夫。惟英雄豪傑，不徇習❸以居非❹，能違俗而任道，夫是之謂獨復❺。嗚呼！此庸人智巧之士，所謂生事而好異者也。

【注　釋】❶頹波　比喻衰頹的世風或事物衰落的趨勢。❷提抱　養育；照顧。借指嬰幼兒。❸徇習　曲從於習俗。❹居非　指能處於眾人以為非的事情中。❺獨復　意思不詳。本意疑是獨自回答，此指做事特立獨行的意思。

【語　譯】世道趨於衰敗，明明知道其應當發生變化，卻受制於眾人都參與其中而不敢改變；事情是為正義而舉行的，明明知道其應當去做，卻受制於眾人都不參與而不敢去做，這樣的人，也就等同眾人罷了。一個嬰幼兒，得一個果子或餅子，不敢馬上就吃，要等到母親嘗過之後才敢把它放進口中，他不懂得果子或餅子可以吃嗎，既然明白了，仍然依照眾人的做法行動，可謂慚愧呀。只有英雄豪傑，不會迎合世俗，敢於做眾人以為非的事情，能違背世俗的見識，而勇於肩負重任，這可稱作是獨復。哎！這些見識淺陋、或是姦猾狡詐的人，也就是所說製造事端並且喜歡標新立異的人。

【研　析】英雄豪傑敢為人先，並不是為了圖名謀利，也不是為了標新立異，他們對自己的所作所為，感到無愧於他人，更無愧於天地良心。

五　體解❶神昏，志消氣沮，天下事不是這般人幹底。攘臂抵掌❷，矢志奮心，天下事也不是這般人幹底。幹天下事者，智深勇沉❸，神閒氣定。有所不言，言必當；有所不為，為必成。不自好而露才，不輕試以倖功❹，此真才也，世鮮識之。近世惟前二種人乃互相識，識者胥❺笑之。

【注　釋】❶體解　分解人的肢體，為古代酷刑之一。又猶解體，比喻人心離散。❷攘臂抵掌　攘臂，捋起衣袖，伸出胳膊，形容激奮的樣子。抵掌，擊掌。指談話中的高興神情。也指快談。❸勇沉　勇敢沉著。❹倖功　希圖僥倖立功。❺胥　皆；都。

【語　譯】身軀如同被肢解，精神萎靡不振，意志消沉，失去信心，天下的大事，這種人是不能承擔的。辯論時激昂亢奮，動輒發誓，氣勢慷慨，天下的大事，這種人也是不能承擔的。能幹天下大事的人，須是有深厚的智謀，勇敢沉著，神情安閒鎮定。不該說的不說，說出來一定是恰當；不該做的不做，做了一定會成功。不會自以為強而顯露才幹，不會輕易地出手以圖僥倖立功，這種人才是真正的人才，而世間少有人能識見得出。近來只有前面提及的二種人，彼此相識諷，對此，有識之士都覺得可笑。

【研　析】做大事業的人，不是靠空說大話就能成功的，超凡的智慧，堅強的意志，實幹的精神，都是不可或缺的。

六　山林處士❶，常養一個傲慢輕人之象，常積一腹痛憤不平之氣，此是大病痛。

【注釋】❶處士　本指有才德而隱居不仕的人，後也泛指未做過官的士人。

【語譯】隱居山林中的處士，時常會養成一副傲慢、輕視他人的樣子，時常會積聚滿肚子的憤恨不平之氣，這可是一種大的缺點。

【研析】隱居山林中的人，多屬於對統治、或對社會不滿的人，時間久了，就會形成很多偏見，言行的表現就會與社會格格不入。

七　天之生人，雖下愚亦有一竅之明，聽其自為用而極致之，亦有可觀，而不可謂之才。所謂才者，能為人用，可圓可方❶，能陰能陽❷，而不以己用者也，以己用，皆偏才者也。

【注釋】❶可圓可方　謂能靈活運用。❷能陰能陽　謂能應時變化。

【語譯】上天使人出生，即使是最愚笨的人，也會有一竅器官是清明的，聽任其自己發揮作用，並能達到極致，其作用也是可觀的，但這不能稱作才幹。所謂的才幹，是指能為他人所任用，可以靈活地發揮作用，可以應時變化，但不是為了謀求自我的利益，為謀求自我的利益而行事的人，都是屬於偏才。

【研析】真正有才幹的人，能發揮自己的才幹是其最大的心願，至於所謂個人的利益，則是其次。

八　知其不可為而遂安之者，達人❶智士之見也；知其不可為而猶極力以圖之者，忠臣孝子之心也。

【注釋】❶達人　指通達事理的人，又指豁達豪放的人。

【語譯】明知做了不能起作用，於是就安於現狀，這是通達事理和富於智慧人士的見解；明知做了不能起作用，卻依然極力想辦法去達到目的，這是忠臣孝子的心願。

【研析】明智達理的人會審時度勢，得時得勢，就會施展才華，為國家為社會做出貢獻。反之，就安於現狀，保存實力，等待時機。至於忠臣孝子則在關鍵時刻，即使是捨身取義，也是在所不辭的。

九　初開口便是煞尾語，初下手便是盡頭著，此人大無含蓄，大不濟事，學者戒之。

【語譯】一開口就是結束語，一下手就做完了事，這種人太不含蓄，不太能成就事業，學者對此應有戒備之心。

【研析】成就一項事業，是需要耐力和毅力的，這是浮躁淺薄的人所缺乏的。語言的巨人，行動的矮子，這種人不少見。

一〇　今之論人者，於辭受❶不論道義，只以辭為是，故辭寧矯廉❷而避貪愛之嫌。於取與不論道義，只以與為是，故與寧傷惠❸而避吝嗇之嫌。於怨怒不論道義，只以忍為是，故禮雖當校而避無量之嫌。義當明分，人皆病其訑，而以倨傲矜陵❹為節槩❺。禮當持體❻，人皆病其倨，而以過禮足恭❼為盛德。惟儉是取者，不辨禮有當豐；惟默是貴者，不論事有當言。此皆察理不精，貴賢智而忘其過者也。噫！與不及者誠有間矣，其賊道均也。

【注　釋】❶辭受　推辭和接受。❷矯廉　假裝廉潔。❸傷惠　指損失自己的利益。❹矜陵　矜持嚴峻。❺節槩　志節氣概。❻持體　保持體面。❼過禮足恭　過禮，超過常禮。足恭，過度謙敬，以取媚於人。

【語　譯】如今評議他人，在推辭和接受饋贈時不講求道義的，只是以推辭為正確，因此在推辭中，寧可裝作廉潔以躲避貪戀的嫌疑。在獲取和給予中是不講求道義的，只是以給予為正確，因此在給予中，寧可損傷利益以躲避吝嗇的嫌疑。在怨恨和忿怒中是不講求道義的，只是以容忍為正確，因此在禮儀方面，即使應當計較，但以躲避煩瑣無窮的嫌疑而終止。從道義上講是應當做事分明，但人們都認為這是諂媚，反而認為傲慢不恭、矜持嚴峻有氣節。從禮儀上應當保持體面，但人們都厭惡傲慢不遜，反而認為超過常禮、過度謙恭是高尚的品德。只是講究儉樸的，不會辨別禮儀有時應當多些；只是講究以沉默為貴的，不會辨識事情有時是應當講明白的。這都是由於體察道理不精細，敬重其賢能智慧而忽略其過失。哎！這與不能做到這一點的人確實有差距，但他們對道統的危害卻是相同的。

【研　析】評判他人，語言和行為常常是主要的依據，但是語言和行為往往會經過修飾，呈現給人看時就會有失實之感，這樣往往會引起猜疑，小則引發人與人間的不信任，大則會引發社會的動蕩。

一一　自古聖賢孜孜汲汲❶，惕勵憂勤❷，只是以濟世安民為己任，以檢身❸約己為先圖。自有知❹以至於蓋棺❺，尚有未畢之性分❻，不了之心緣，不惟孔孟，雖佛、老、墨翟❼、申❽、韓❾，皆有一種斃而後已念頭，是以生不為世間贅疣❿之物，死不為幽冥浮蕩⓫之鬼。乃西晉王衍⓬輩一出，以身為懶散之物，百不經心，放蕩於禮法之外，一無所忌，以浮談玄語⓭為得聖之清，以滅理廢教為得道之本，以浪遊於山水之間為高人，以銜杯於糟麴之林為達士，人廢職業，家尚虛無⓮，不止亡晉，又開天下後世登臨⓯題詠之禍，長惰慢放肆之風，以至於今。追原⓰亂本，蓋開釁⓱於莊、列，而基惡於巢、由⓲。有世道之責者，宜知所戒矣。

【注釋】❶孜孜汲汲　心情急切、勤勉不懈的樣子。❷惕勵憂勤　惕勵，警惕謹慎；警惕激勵。憂勤，憂慮勤勞。❸檢身　檢點自身。❹有知　指出生。❺蓋棺　指死。❻性分　本性；情分。❼墨翟　中國春秋、戰國之際的思想家，墨家學派的創始人，魯國人，或云宋國人，主張兼愛、非攻、尚賢等，提倡薄葬、非樂。❽申　指申不害，中國戰國時期鄭國人，韓昭侯時用為相。其學本於黃、老而主刑名。❾韓　指韓非，中國戰國時期韓國人，為法家學說的代表人物，著有《韓非子》。❿贅疣　附生於體外的肉瘤，比喻多餘無用之物。⓫幽冥

浮蕩　幽冥，地府；陰間。浮蕩，飄蕩。⓬王衍　（西元二五六—三一一年）字夷甫，西晉琅邪臨沂（今山東費縣）人，為元城令，崇信老莊之說，終日清談，官至司徒。⓭浮談玄語　沒有內容、不切實際的空談。⓮虛無　清靜無欲，無所愛惡。⓯登臨　登山臨水，指遊覽。⓰追原　追根窮源。⓱開釁　引起爭端，後多指挑起戰爭。⓲巢由　指巢父、許由，相傳為上古堯時的隱者，堯欲讓位於二人，皆不受。

【語　譯】自古以來，聖賢們都是勤苦不懈，惟恐做不到，警惕謹慎，憂慮勤勞，只是以救助社會、安定百姓為自己的職責，以檢點約束自己的言行為首先考慮的問題。自出生有知覺以至到死，仍然會有未了結的情分，未了結的心思和緣分，不僅孔子、孟子是這樣，即使如佛祖、老子、墨翟、申不害、韓非，都有一種死而後已的信念，所以活著的時候，不作人世間多餘無用的廢物，死了後不作陰間飄泊不定的惡鬼。西晉王衍等人一出來，以身軀為懶惰散漫之物，凡事不在意，行為放蕩，不受禮法約束，全無顧忌，把空談不實的議論當作得到聖人的清明，以廢除名理教化為獲得儒道的根本，以浪遊於山水之間當作志行高尚的人，以日日醉飲於酒林之中作為見識高超、不同於流俗的人，人人不務正業，家家崇尚虛無，不僅致使晉朝滅亡，又開創了天下後世人們沉溺於登山臨水、題詞歌詠的禍患，增長了懶散放蕩的風氣，以至於今日。追究擾亂根本的原因，大概由莊子、列子開啟事端，而巢父、許由開了惡劣的先例。有社會責任感的人，對此應該保持警惕。

【研　析】隱者及出家人，是不同流合汙的人，是逃避現實的人，以儒家積極用世的觀念來看，他們都是對社會無責任心的人，而他們的處世態度、生活作風又會感染到其他人，對社會產生負面的影響。作為統治者，對此保持警惕，是應該的，也是必要的。

一二 老子猶龍，不是尊美之辭，蓋變化莫測，淵深❶不露之謂也。

【注釋】❶淵深 深邃；深厚。

【語譯】老子猶如龍，這不是尊重溢美之辭，是指老子變化莫測，深藏不露的特點。

【研析】龍是傳說中的一種神異動物，所謂神龍不見首尾，變化莫測、深藏不露是其特點，所謂的高人就是如此。

一三 強恕❶，須是有這恕心，才好勉強❷推去。若視他人饑寒痛楚，漠然通不動心，是恕念已無，更強個甚？還須是養個恕出來，才好與他說強。

【注釋】❶強恕 勉力於恕道。恕，指推己及人，仁愛待物。《論語·衛靈公》云：「子貢問曰：『有一言而可以終身行之者乎？』子曰：『其恕乎！己所不欲，勿施於人。』」❷勉強 盡力而為。

【語譯】勉力於恕道，必須是有仁愛待物的心，才好盡力而為地推行。如果看到他人飢寒痛苦，冷漠全然不動於心，這說明沒有仁愛待物的念頭，更如何談得起勉力推行呢？還應該培養個恕心，才好與他再說勉力推行的事。

【研析】有愛心，才會行善事；喜歡行善事的，一定是愛心常住的人。

一四　明道❶受用❷處，陰得之佛、老。康節❸受用處，陰得之莊、列。然作用自是吾儒，蓋能奴僕四氏，而不為其所用者。此語人不敢道，深於佛、老、莊、列者，自默識得。

【注釋】❶明道　程顥（西元一〇三二—一〇八五年），字伯淳，洛陽（今屬河南）人，世稱明道先生。仁宗嘉祐進士，官為太子中允等。與弟頤受業於周敦頤，人稱二程，同為北宋理學家。著有《二程全書》。❷受用　得益；受益。❸康節　邵雍（西元一〇一一—一〇七七年），字堯夫，自號安樂先生，范陽（今河北涿州）人。北宋理學家，卒諡康節。著有《皇極經世》、《擊壤集》。

【語譯】明道得益的方面，暗中汲收了佛教、老子的學說。康節得益的方面，暗中汲收了莊子、列子的學說。然而明道、康節學說所起的作用，仍然是我們的儒學，能驅使佛教、老子、莊子、列子四家學說如奴僕，但不會為四家所利用。這種話一般的人是不敢說的，只有深深了解佛教、老子、莊子、列子四家學說的人，自然心領神會，能辨識得出。

【研 析】儒、釋、道是中國古代哲學思想的三個主要來源，儒家是入世，佛家、道家是出世。文人士大夫得志，則以儒家思想為主導；失志，則以佛家、道家思想為主導。二者互為補益，成為文人士大夫處世常採用的原則。

一五 鄉原❶是似不是偽，孟子也只定他個似字❷，今人却把似字作偽字看，不惟欠確，且未減了他罪。

【注 釋】❶鄉原 即「鄉愿」。指鄉里貌似謹厚，而實與流俗合汙的偽善者。❷孟子句 見《孟子．盡心下》，云：「萬子曰：一鄉皆稱原人焉，無所往而不為原人。孔子以為『德之賊』，何哉？曰：非之無舉也，刺之無刺也，同乎流俗，合乎汙世，居之似忠信，行之似廉潔，眾皆悅之，自以為是，而不可與入堯、舜之道，故曰『德之賊』也。」

【語 譯】鄉愿是相似而不是虛偽，孟子也只是把「鄉愿」定位個「似」字，今天的人卻把似字當作偽字看，不僅欠妥，並且沒有減輕他的罪過。

【研 析】虛偽是做作出來的，是可以被識破的。而鄉愿則帶有本性的特點，披著貌似謹慎忠厚的外衣，最易迷惑他人，也最具欺騙性。

一六　不當事，不知自家不濟，才隨遇長，識以窮❶精。坐談❷先生，只好說理耳。

【注釋】❶窮　困厄。❷坐談　空談。

【語譯】不遇著事情，不知道自己不行，才幹是隨著所遭遇到的事情而增長的，見識是陷入困境而更加精明。那些空談的先生們，只好論說著道理罷了。

【研析】知識和才幹可以從書本上學來，也可以從實踐中得到豐富和增益，前者是死的，後者是活的，因此增強自己的生存能力，開啟智慧，後者更重要。紙上談兵，空談道理，是會走進死胡同的，未必能適應社會的需要。

一七　沉溺了如神附、如鬼迷，全由不得自家。不怕你明見真知，眼見得深淵陡澗，心安意肯底直前撞去，到此翻然❶跳出，無分毫粘帶❷，非天下第一大勇不能，學者須要知此。

【注釋】❶翻然　迅速轉變的樣子；高飛的樣子。❷粘帶　粘連牽掛。

【語譯】沉溺其中，好像是神仙附體、惡鬼迷心，全然由不得自己。不怕你分明看見、真的知道，眼見得是深不見底的水潭、陡峭的山澗，還心甘情願地一直向前撞去，到了這裡，突然跳下，沒有絲毫的猶豫，不是天下第一勇武的人是不能做到的，學者應該明白這個道理。

【研　析】凡做事，只有入迷，才會投入全身心的精力去做事，去創造，即使遇到再多再難的問題，也會一一克服，不達目的不罷休。從事科學研究的人需要這種精神和毅力，做其他的事也是如此。

一八　巢父、許由❶，世間要此等人作甚荷蕢晨門❷？長沮、桀溺❸，知世道已不可為，自有無道❹則隱一種道理。巢、由一派有許多人，皆汙濁堯、舜，噦吐皋、夔❺，自謂曠古高人，而不知不仕無義，潔一身以病天下，吾道之罪人也。且世無巢、許，不害其為唐、虞❻；無堯、舜、皋、夔，巢、許也沒安頓處，誰成就你個高人？

【注　釋】❶巢父許由　注參見前文。❷荷蕢晨門　《論語・憲問》云：「子擊磬於衛，有荷蕢而過孔氏之門者，曰：『有心哉，擊磬乎。』既而曰：『鄙哉，硜硜乎。莫己知也，斯已而已矣。深則厲，淺則揭。』」後用荷蕢指隱者。❸長沮桀溺　見《論語・微子》，云：「長沮、桀溺耦而耕，孔子過之，使子路問津焉。」後指隱者的代稱。❹無道　指社會政治紛亂、黑暗。❺皋夔　傳說為舜時官吏，皋名皋陶，掌管刑獄；夔為樂官。後世均視之為賢者。❻唐虞　古史稱堯時為陶唐氏、舜時為有虞氏，以唐、虞為太平盛世。

【語　譯】巢父、許由，世間需要這樣的人做什麼隱者？長沮、桀溺，知道人世間已經不可作為，自然會有因政治黑暗、社會紛亂而歸隱的理由。巢父、許由這一類人，其中有許多都玷汙了像堯、舜時期一樣的太平盛世，令皋陶、夔作嘔，這些人自稱為自古至今志行高尚的人，但不懂在太平盛世不出來仕宦是不符合道義的，使自己一人清白不汙，而不滿於天下世風，這真是我們儒家道統的罪人。況且世間若無巢父、許由，仍無損於其為唐堯、虞舜時的太平盛世；而若沒有唐堯、虞舜、皋陶、夔，巢父、許由也沒有安身處，哪裡又會成就你做個志行高尚的人呢？

【研　析】《論語・泰伯》云：「子曰：篤信好學，守死善道。危邦不入，亂邦不居。天下有道則見，無道則隱。邦有道，貧且賤焉，恥也；邦無道，富且貴焉，恥也。」意思是說堅定信念，喜好學習，誓死堅守美好的目標。不去動蕩危險的國家居住。天下太平則施展才能，天下昏亂就隱居起來。國家清明，貧窮而且低賤，這是恥辱；國家黑暗，富有而且顯貴，這也是恥辱。呂坤的這段話就是基於此而闡發的。

一九　而今士大夫聚首時，只問我輩奔奔忙忙，熬熬煎煎，是為天下國家欲濟世安民乎？是為身家妻子欲位高金多乎？世之治亂❶，民之死生，國之安危，只於這兩個念頭定了。嗟夫！吾輩日多而世益苦，吾輩日貴而民日窮，世何貴於有吾輩哉！

【注釋】❶治亂　安定與動亂。也指治理混亂的局面，使國家安定太平。

【語譯】如今士大夫聚會時，只是詢問彼此奔忙碌碌，受盡煎熬折磨，這是為了天下國家，想要振濟社會、安定百姓呢？還是為了自己的家族妻兒想要有高的職位和更多的金錢呢？社會的安定與動亂，百姓的生存與死亡，國家的安全與危機，只需從這兩種想法上就可確定其態度。哎！像這樣的人越多而世間就越痛苦，像這樣的人越富貴而百姓就越貧窮，如此，人世間又有什麼理由看重這些人呢！

【研析】士大夫是屬於統治階層，是靠百姓的供養而富有且高貴，但又有幾個能真心為百姓而著想的呢？這種人越多，百姓就越苦。

二〇　夫物，愚者真，智者偽；愚者完，智者喪。無論人，即鳥之返哺❶，雉❷之耿介❸，鳲鳩❹均平專一，雎鳩❺和而不流❻，雁之貞靜❼自守，騶虞❽之仁，獬豸❾之秉正嫉邪，何嘗有矯偽哉？人亦然，人之全其天者，皆非智巧者也，纔智巧，則其天漓❿矣，漓則其天可奪，惟愚者之天不可奪。故求道真，當求之愚，求不二心⓫之臣以任天下事，亦當求之愚。夫愚者，何嘗不智哉！愚者智，純正專一之智也。

【注釋】❶返哺　又作反哺，指烏鴉長成，能覓食餵養母烏。❷雉　通稱野雞。雄的羽色美麗，尾長，可做裝飾品。雌者尾較短，灰褐色。善走，不能遠飛。❸耿介　正直不阿；廉潔自持。❹鳲鳩　即布穀鳥，一作布穀，又名勃姑、戴勝等。相傳為勸耕之鳥，播種時常鳴叫，鳴聲似「布穀」。❺雎鳩　鳥名，上體暗褐，下體白色。趾具銳爪，適於捕魚。❻流　放縱；無節制。❼貞靜　端莊嫻靜；堅貞沉靜。❽騶虞　傳說中的義獸名，似白虎，黑文，不食生物。❾獬豸　傳說中的異獸，一角，能辨曲直，見人相鬥，能以角觸邪惡無理者。❿漓　澆薄；淺薄。又同「離」。背離；喪失。⓫二心　有異心；不忠誠。

【語　譯】對事物來說，雖然愚笨，卻是真誠，雖然聰慧，卻是虛偽；雖然愚笨，卻能保全自己，雖然聰慧，卻會使自己滅亡。不用說人類，如烏鴉能返哺，雉鳥能正直廉潔，布穀鳥能均平專一，雎鳩能和順而有節制，大雁能端莊堅貞、堅守節操，騶虞能仁義，獬豸能秉持公正、嫉恨邪惡，這些生物何曾有矯情虛偽？人也是這樣，人能保全其天性，都不是靠智巧的，才用了智巧，那麼其天性就會變得浮薄，浮薄，天性就會喪失，只有愚笨人的天性不會喪失。所以探求真正的道，應該從愚笨的一面入手，求取忠誠的臣子，讓他負責天下大事，也應該從愚笨的方面挑選。愚笨，何嘗不是一種明智之舉啊！愚笨人的智慧，是純正專一的智慧。

【研　析】愚笨卻真誠要比聰慧卻虛偽要強得多，就在於一個誠信。愚笨不是愚蠢，也不是低能，它是純樸忠厚，不會玩弄機巧，所謂大智若愚，就是不容易達到的一種境界。

二一　面色不浮，眼光不亂，便知胸中靜定，非久養不能。《禮》曰：「儼若思，安定辭。」❶善形容有道❷氣象矣。

【注　釋】❶禮曰三句　見《禮記・曲禮上》。儼，恭敬莊重的樣子。安定辭，指慎於言辭。❷有道　有道德或才藝的人。

【語　譯】面色不浮腫，眼光不昏亂，就知道此人胸中鎮靜安定，不是長期注重修養是不能做到這一點的。《禮記・曲禮上》云：「恭敬莊重時像是在思考問題，出言謹慎。」這真是善於形容有道德人的氣概啊。

【研　析】有修養的人，言行的表現就會顯得穩重得體，這是偽裝或做作難以達到的效果。

二二　道自孔、孟以後，無人識三代以上❶面目，漢儒無見於精，宋儒無見於大。

【注　釋】❶三代以上　指傳說中的堯、舜、禹統治的時期，被儒家認為是理想中的太平盛世。三代，指夏、商、周三個朝代。

【語　譯】道統自孔子、孟子以後，沒有人能識見夏、商、周三代以上情狀，漢代儒者看不到其精細，宋代儒者看不到其弘大。

【研　析】道統是指儒家傳道的脈絡和系統，孟子認為孔子的學說是上傳自堯、舜、湯、周文王而來，並且自以為是繼承了孔子的衣缽，其後儒家思想的傳承就雜有不純的說法。

二三　有憂世之實心，泫然❶欲淚，有濟世之實才，施處輒宜，斯人也，我願為曳屨執鞭❷。若聚談紙上微言❸，不關國家治忽❹，爭走塵中眾轍❺，不知黎庶死生，即品格有清濁❻，均於宇宙無補也。

【注　釋】❶泫然　流淚的樣子。❷曳屨執鞭　指為奴僕。曳屨，同「曳履」。拖著鞋子。❸微言　精深微妙的言辭。❹治忽　即治亂，治理與忽怠。❺眾轍　比喻驅車奔走於名利途上的人們。❻清濁　比喻人事的優劣、善惡、高下等。

【語　譯】有一顆為時世而憂慮的真心，淚水泫然欲滴，有振救世道的真實才幹，付諸實踐就有效，對這種人，我願意曳屨執鞭甘為其前驅。至於群聚空談書上的所謂微言大義，無關於國家的安定和動亂，爭先恐後奔走於紅塵名利途中，不關心百姓的生死，即使他們品格上有優劣高下之分，但對天下都是無補益的。

【研　析】夸夸其談，不務實際，是官場中常見的習氣，能為百姓著想，實在是難得的。

二四　任有七難：繁任要提綱挈領，宜綜核❶之才；重任要審謀❷獨斷，宜鎮靜之才；急任要觀變會通，宜明敏❸之才；密任要藏機相可❹，宜周慎❺之才；獨任要擔當執持❻，宜剛毅之才；兼任要任賢取善，宜博文之才；疑任要內明外暗，宜駕馭之才。天之生人，各有偏長。國家之用人，備明羣長，然而投之所向，輒不濟事者，所用非所長，所長非所用也。

【注釋】❶綜核　綜合與考核。❷審謀　周密的計劃。❸明敏　聰明機敏。❹藏機相可　藏機，藏匿才智；藏匿心機。相可，判斷可行。❺周慎　周密謹慎。❻擔當執持　擔當，敢於承擔責任，有魄力。執持，握持；掌控。

【語譯】任務有七難：繁瑣的任務要求能抓住要害，應該是綜合與考核之才；重要的任務要求周密的計劃和獨自決斷，應該是穩重冷靜之才；緊急的任務要求隨機應變和融會貫通，應該是聰明機敏之才；機密的任務要求藏匿才智和判斷可行，應該是周密謹慎之才；獨立的任務要求敢於承擔責任和有掌控力，應該是剛強果決之才；兼職的任務要求任用賢能和取用長處，應該是博學廣知之才；疑難的任務要求內心清楚外表迷茫，應該是驅使控制之才。天生之人，各有所長。國家任用人，應明確地儲備有各種特長的人，然後把他們投放到適合的職位，其中也有不能成就事務的，或是由於所委派的任務不是其特長，或是由於所具有的特長沒恰當地發揮。

【研　析】每個人都不是萬能的，人各有所長，因此解決不同的問題，擔當不同的職位，能選擇適宜的人，才能做到人盡其才，才盡其用。

二五　小廉❶曲謹❷之士，循塗守轍❸之人，當太平時，使治一方，理一事，儘能奉職。若定難決疑，應卒蹈險，寧用破綻人，不用尋常人，雖豪悍之魁，任俠❹之雄，駕馭有方，更足以建奇功，成大務。噫！難與曲局❺者道。

【注　釋】❶小廉　小事上的廉潔。因非大德，故曰小廉。❷曲謹　謹小慎微。❸循塗守轍　比喻遵守規矩。❹任俠　憑藉權威、勇力或財力等手段扶助弱小，幫助他人。又指能見義勇為的人。❺曲局　枉邪不正。

【語　譯】在小事上表現出廉潔、謹小慎微的人，以及遵規守矩的人，在太平盛世時，委派他們治理一方，處理一事，他們都會竭盡全能地奉公守職。若是在危難疑惑時作出決定，應付突發事件，親歷危機，寧願任用有缺點的人，也不任用平庸的人，即使是豪放強悍的首領，任性而為、行俠仗義的英雄，有驅使控制的手段，更足以建立奇功，成就大業。哎！真難與見識狹邪的人論說這個道理。

【研　析】平庸者，至多只能做守成的人，太平盛世，他們可以平穩安閒。若在非常時期，則非個性不強、敢作敢為的人，是不能應付這種局面的。

二六　今之國語鄉評，皆繩人以細行❶，細行一虧，若不可容於清議❷。至於大節，都脫畧廢墜❸，渾不說起，道之不明，亦至此乎？可嘆也已。

【注　釋】❶細行　小節；小行。❷清議　對時政的議論；社會輿論。❸脫畧廢墜　脫畧，脫漏省略。廢墜，衰亡；滅絕。

【語　譯】如今上至朝廷，下至鄉村，衡量人都從小節入手，小節一旦有虧損，好像是不能被社會輿論所包容。至於其大的節操，都忽略廢棄，完全不提，大道不明，已經到了如此地步了嗎？真可嘆息呀。

【研　析】不拘小節，雖然有時會惹人不快，但這不是大問題。人生在世，大的節操不能虧損，否則就會遺恨終身。

二七　自中庸之道不明，而人之相病無終已。狷介❶之人病和易者為熟軟❷，和易之人病狷介者為乖戾❸；率真之人病慎密者為深險，慎密之人病率真者為粗疏；精明之人病渾厚者為含糊，渾厚之人病精明者為苛刻。使質於孔子，吾知其必有公案❹矣。孔子者，合千聖於一身，萃萬善於一心，隨事而時出之，因人而通變❺之，圓神❻不滯，化裁❼無端，其所自為，不可以教人者也，何也？難以言傳也。見人之為，不以備責也，何也？難以速化也。

【注　釋】❶狷介　孤高自潔。❷熟軟　諂諛逢迎。❸乖戾　悖謬；不合情理。❹公案　官府案件文卷，又指案件、有糾紛的事件。❺通變　通曉變化之理。又同「變通」。不拘常規；適時變動。❻圓神　即元神、精神、精力。❼化裁　隨事物變化而相裁節，後多指教化裁節。

【語　譯】自從中庸之道晦暗不明，人們相互埋怨沒有休止。孤高自潔的人抱怨溫和平易的人諂諛逢迎，溫和平易的人抱怨孤高自潔的人不通人情；直率真誠的人抱怨謹慎細心的人深沉陰險，謹慎細心的人抱怨直率真誠的人粗心疏忽；精細聰明的人抱怨淳樸忠厚的人曖昧馬虎，淳樸忠厚的人抱怨精細聰明的人嚴厲刻薄。假使向孔子質問，我想其中必然會成為惹起糾紛的事件。孔子，是集成千位聖人學說於一身，匯聚萬種善念於一心，根據事件而應時提出，依照人物而適時變動，精神曉暢，隨事物變化而相時裁斷的方法無窮，孔子自有主張，但不能傳教於他人，為什麼呢？難以用言語傳教啊。看到他人的作為，不去求全責備，為什麼呢？難以快速地教化啊。

【研　析】中庸之道就是講究不走極端，遇事要審時度勢，有所不為，有所必為，為或不為，全在於自己理智的決斷。

二八　告子❶許大力量，無論可否，只一個不動心，豈無骨氣人所能？可惜只是沒學問，所謂「其至，爾力也」❷。

【注　釋】❶告子　名告不害，戰國時人，與孟子同時。主張性無善惡，其言見《孟子．告子》。❷所謂其至二句　《孟子．萬章下》：「智，譬則巧也；聖，譬則力也。由射於百步之外也，其至，爾力也；其中，非爾力也。」意思是說箭能射到目標，是由你的力量決定的，至於能否射中，就不是你的力量所決定，即決定於你的技巧高下。

【語　譯】告子費如此大的力氣，不論可否，只是一個不為心動，難道是沒有志氣的人能做到的？遺憾的只是沒有學問，所說的也就是「箭能射到，這只是說明你的力量大」罷了。

【研　析】力量和本領有時並不是統一的，本領是智慧、技巧、能力等的集中體現，有力量而無本領，至多只是個莽漢；有本領又有力量，又有什麼目標不能達到的呢？

二九　千古一條大路，堯、舜、禹、湯、文、武、孔、孟由之。此是官路❶、古路，乞人、盜跖都有分，都許由，人自不由耳。或曰：「須是跟著數聖人走。」曰：「各人走各人路，數聖人者走底是誰底路？肯實在走，腳蹤兒自是暗合❷。」

【注釋】❶官路　官府修建的大道，後即泛稱大道，又比喻仕途。❷暗合　未經商討而意思契合。

【語譯】千古以來有一條大路，堯、舜、禹、商湯、文王、武王、孔子、孟子都遵循這條路。這既是條大道，也是條古老的道路，乞丐、盜蹠都有資格，都可以行由此路，但他們自己不由此路啊。有的人問：「必須是沿著數位聖人的路走。」回答說：「應該是各人走各自的路，數位聖人走的又是沿著誰走的路呢？只要肯實實在在地走，行跡自然與數位聖人所走的暗中契合。」

【研析】言行能達到與聖人默契，向聖人看齊，這是儒者努力的方向。

三〇　得人不敢不然之情易，得人自然之情難，秦、漢而後，皆得人不敢不然之情者也。

【語譯】得到人們不敢不如此的情態容易，得到人們天生的情態難，秦、漢而後，得到的都是人們不敢不如此的情態。

【研析】不敢不如此的情態是人為的、虛假的、做作的，但這是社會生活中普遍存在的現象。

三一 而今講學不為明道，只為角勝，字面詞語間拿住一點半點錯，便要連篇累牘辯個足，這是甚麼心腸，講甚學問。

【語譯】如今的講學不是為了昌明儒家道統，只是為了較量勝負，於字面詞語間抓住一點半點的錯，就要連篇累牘地辯論，直到心滿意足，這是什麼想法，講的是什麼學問。

【研析】真正的學問，是來自學術思想的自由，而不是意氣的爭鬥。但現實中往往因門派之爭，抓住其一，不計其餘，甚至曲解穿鑿，侮辱漫罵。

三二 眾人但於義中尋個利字，再沒利中尋個義字。

【語譯】眾人只是從義中尋找利字，再沒有從利中尋找義字。

【研析】「義」和「利」是矛盾的，也是對立的，而對「利」的追求往往會勝於對「義」的追求，這確是事實。

三三　士君子高談闊論，語細探玄，皆非實際。緊要在適用濟事，故今之稱拙鈍者曰不中用，稱昏庸者曰不濟事，此雖諺語口頭，余嘗愧之，同志者盍亦是務乎？

【語　譯】士君子高談闊論，言語細碎玄妙，都不切合實際。重要的是在於適用並有助於事情的解決，所以如今把笨拙呆滯的人稱作不中用，把糊塗愚蠢的人稱作不濟事，這雖然是諺語口頭話，我曾經感到慚愧，有志趣相同的人為什麼不也專力於這方面呢？

【研　析】現實生活中，每天都面臨著許多事情，高談闊論，光靠耍嘴皮子是解決不了問題的。想法子解決，這才是實幹家的作風。

三四　秀雅溫文，正容謹節❶，清廟明堂❷所宜。若蹈湯火，衽金革❸，食牛吞象❹之氣，填海移山❺之志，死孝死忠，千捶百折，未可專望之斯人。

【注　釋】❶正容謹節　正容，使容顏儀態端莊嚴肅。謹節，謹慎；守法度。❷清廟明堂　清廟，太廟；古代帝王的宗廟。明堂，古代帝王宣明政教的地方，凡朝會、祭祀、慶賞、選士、養老、教學等大典，都在此舉行。

❸衽金革　以兵器、甲冑為臥席。形容時刻保持警惕，隨時準備迎敵。❹食牛吞象　食牛，比喻志氣豪邁雄壯。吞象，比喻志氣高昂。❺填海移山　填海，古代神話中傳說的精衛鳥填海，比喻意志堅定。移山，移動山嶽，比喻不怕困難，頑強堅定。

【語　譯】秀美文雅，溫和有禮貌，容顏儀態端莊嚴肅，謹慎守法度，這些人適宜清廟明堂的要求。若赴湯蹈火，枕以兵器，席以甲冑而臥，有食牛吞象的氣概，有填海移山的志向，為孝而捐軀，因忠而殉國，經過千百次的錘煉磨難，不能專門地指望這些人。

【研　析】腐儒書生，謹守陋俗殘規，謹小慎微，遇有巨大的變故，如外侵，如戰亂等，往往會束手無策。

三五　不做討便宜底學問，便是真儒。

【語　譯】不做討便宜的學問，就是真正的儒者。

【研　析】如同成就任何一項事業，真正的學問是要付出艱辛和努力才能得到的，是要耐得住寂寞的。

三六　千萬人吾往，嚇殺老子，老子是保身學問。

【語　譯】千萬人同我一樣衝向同一個目標，這樣會嚇壞老子的，老子從事的是保全自己的學問。

【研　析】老子主張清靜無為，並不是無所作為，而是由無為達到無所不為，也就是少些人為的因素，多遵循自然的法則。這樣就會有所得，同時也避免了與他人的爭鬥，既可以成就事業，又可以保全自己，這才是上策。

三七　或問某公如何，曰：「可謂豪傑英雄，不可謂端人正士。」問某公如何，曰：「可謂端人正士，不可謂達節通儒❶。」達節通儒，乃端人正士中豪傑英雄者也。

【注　釋】❶達節通儒　達節，不拘常規而合於節義。又指明達世情、識時務。通儒，通曉古今、學識淵博的儒者。

【語　譯】有人詢問某公如何，回答說：「可以稱得上是英雄豪傑，但稱不得端方正直的人。」有人詢問某公如何，回答說：「可以稱得上是端方正直的人，但稱不得是明達世情、學貫古今、知識淵博的儒者。」明達世情、學貫古今、知識淵博的儒者，是端方正直人中的英雄豪傑。

【研　析】作為一名學者，既知識淵博、學貫古今，又能洞明世理人情，這確實是難得的。因為書卷氣息濃的人，多是為人正直純樸，難免會不解人情世故，也就是所謂的書呆子。

三八　性分❶名分，不是兩項。盡性分底不傲名分，召之見，不肯見之；召之役，執往役之事。今之講學者凌犯名分，自謂高潔孔子乘田委吏❷時，何嘗不折腰❸屈膝於大夫之庭乎？噫！道之不明久矣。

【注　釋】❶性分　天性；本性，也指情分。❷乘田委吏　乘田，《孟子．萬章下》云孔子「嘗為乘田矣。」乘田為春秋時魯國主管畜牧的小吏，後用以指小吏。委吏，《孟子．萬章下》云：「孔子嘗為委吏矣，曰：『會計當而已矣。』」古代指管理糧倉的小官，泛指小吏。❸折腰　指屈身事人。

【語　譯】天性、名位與身分，不是兩回事。能盡顯本性卻不會因名位與身分的高貴而傲慢，派人召見，不肯來見；以公事召見，就做曾經幹過的事。如今講學的人冒犯名位與身分，自稱高尚純潔就如孔子當年為乘田、委吏等小官吏時，未嘗不是折腰屈膝於大夫之門庭嗎？哎！儒道晦暗不明太久了。

【研　析】為人處世，看重名位與身分的人不在少數，為了所謂的面子，這也不願做，那也不願做。即使做了後有損於名位與身分，卻又以各種理由為自己開脫，這就是虛偽和做作的表現。當年孔子能屈尊於權貴之門，從事所謂的低賤之役，是為了實現理想和信念，而不是為了謀取個人名聲和利益，後人以此為藉口比附，是別有用心，是有違於儒家準則的要求。

治道

一　廟堂之上，以養正氣為先；海宇之內，以養元氣❶為本。能使賢人君子無鬱心之言，則正氣培矣；能使羣黎百姓無腹誹❷之語，則元氣固矣。

【注釋】❶元氣　指天地未分前的混沌之氣，又泛指宇宙自然之氣。❷腹誹　口中不說，心裡譏諷不滿。

【語譯】朝廷之上，以涵養剛正浩然之氣為首要任務；天地之內，以保養渾厚混沌之氣為根本。能使賢人君子無鬱塞之言，那麼剛正浩然之氣就得到了培育；能使廣大黎民百姓內心無怨恨之語，那麼渾厚混沌之氣就會堅固。

【研析】剛正之氣成主導，歪風邪氣就不能興風作浪，形成氣候。元氣在，就會有活力，對一個國家來說，這就意味著繁榮昌盛、太平清明，也就充滿著希望。

二　六合之內，有一事一物相凌奪❶侵借❷而不各居其正位，不成清世界；有匹夫匹婦冤抑❸憤懣而不得其分願❹，不成平世界。

【注釋】❶淩奪　侵奪；超越混淆。❷侵借　非法占用。❸冤抑　冤屈。❹分願　本心；本願。

【語譯】天地之間，只要有一事一物相互越位巧取，而不是各自堅守其應有的位子，就不會成為清明的世界；只要有匹夫匹婦委屈怨憤而不能實現其心願，就不能成為太平世界。

【研析】世上有巧取豪奪的事發生，有冤屈的事存在，就不能說是公平清明。只有人人遵守秩序，無非分之想，各司其職，就不會有怨憤的事出現。

三　為政❶之道，以不擾為安，以不取為與，以不害為利，以行所無事❷為興廢起敝❸。

【注釋】❶為政　治理國家；執掌國政。❷無事　指無為，道家主張順乎自然，無為而治。❸興廢起敝　興復廢毀，振奮衰敗。

【語譯】治理國家的方法，以不擾民為安定，以不掠奪百姓為給與，以不害民為吉利，以實行無為而治而達到興復廢棄、振奮衰敗。

【研析】百姓安居樂業，天下就會太平，統治就會長久，因此擾民害人的事，少做或不做，這才是英明的策略。所謂水能載舟，也能覆舟，朝代的更迭就說明了這個道理。

四　從政自有個大體，大體既立，則小節雖有牴牾❶，當別作張弛❷，以輔吾大體之所未備，不可便改絃易轍。譬如待民貴有恩，此大體也，即有頑暴不化者，重刑之，而待民之大體不變；待士有禮，此大體也，即有淫肆不檢者，嚴治之，而待士之大體不變。彼始之寬也，既養士民之惡；終之猛也，槩❸及士民之善。非政也，不立大體故也。

【注釋】❶牴牾　抵觸；冒犯。❷張弛　弓弦拉緊和放鬆。喻事物之進退、起落、興廢等。❸槩　即概，量穀物時刮平斗斛的器具。喻刮平，不使過量。限量。

【語譯】處理政事應該有大局觀，大局觀既然確立，即使細節方面有抵觸，也應當另作收緊或放手的處理，以輔助大局不完善之處，不可因此而改變原來的設想。比如對待百姓，重要之點在於施恩惠，這就是大局觀，即使有凶惡殘暴、死不悔改的人，用嚴厲的刑罰來解決，但對待百姓大的決策不能因此改變；對待士大夫以禮賢的態度，這就是大局觀，即使有荒淫肆虐、言行不檢點的人，用嚴厲的方法來管教，但對待士大夫的大局觀不可改變。那些開始時採用寬鬆的政策，就會滋養士大夫老百姓的惡習；最終卻採用嚴厲的措施，又限制了士大夫老百姓的善行。這不是處理政事，是沒有確立大局觀的原因啊。

【研　析】做什麼事都應有大局觀，大局觀關係著全局策略的確定，決定著事情的成功與失敗。因此大局觀既然已確定，即使出現各種干擾，也不能輕易改變既定的策略，堅守信念，努力地去實現目標就行了。

五　人情之所易忽莫如漸，天下之大可畏莫如漸。漸之始也，雖君子不以為意，有謂其當防者，雖君子亦以為迂，不知其極重不反❶之勢，天地聖人亦無如之奈何，其所由來者漸也。周、鄭交質❷，若出於驟然，天子雖孱懦❸甚，亦必有恚❹心，諸侯雖豪橫❺極，豈敢生此念？迨積漸❻所成，其流不覺至是。故步視千里為遠，前步視後步為近，千里者，步步之積也。是以驟者，舉世所驚；漸者，聖人獨懼，明以燭之，堅以守之，毫髮不以假借❼，此慎漸之道也。

【注　釋】❶極重不反　即積重難返，指長期形成的風俗、習慣、弊端或某種局面難以改變，用於消極方面。

❷周鄭交質　見《左傳・隱公三年》，云：「王二於虢，鄭伯怨王，王曰：『無之。』故周、鄭交質，王子狐為

質於鄭，鄭公子忽為質於周。」古代列國互相派人為質，作為守信的保證。❸孱懦　怯懦軟弱。❹恚　怨恨。❺豪橫　強暴蠻橫。❻積漸　漸變積累。❼假借　寬容。

【語　譯】人情易於忽視的沒有比得上漸變，天下最可怕的沒有比得上漸變。漸變的開始，即使是君子也不在意，有人提醒應當提防，即使是君子也認為其迂腐，卻不知道這已形成了積重難返的趨勢，即使是天地間的聖人，對此也是無可奈何的，這是由於自始以來的漸變結果。昔日周王、鄭伯互相派人當人質，好像是事出於突然，周王雖然軟弱怯懦，也必然有怨恨之心，諸侯雖然強暴蠻橫，怎敢有這種念頭？等到逐漸演變而局面已形成，是不知不覺中演化成為這樣。因此說步行者，視千里的路程為遙遠，而前一腳步視後一腳步為近，行至千里，是一步一步的積累。所以說突變時，普天下覺得驚訝；漸變時，聖人獨覺畏懼，明察就像以燭光照亮，堅守不變，絲毫不會寬容，這是謹慎地對待漸變的方法。

【研　析】習慣是日積月累形成的，好的習慣是如此，壞的習慣也是如此。同樣，事情的形成、發展，直到終結也是如此。這是一個過程，甚至是漫長的，向好的方面引導，就會有利於事業的發展。反之，不以為然，任其發展，以致積重難返，就會導致不良結果的出現。所以說防微杜漸，是要求時刻保持著清醒的頭腦。

六　君子之於風俗也，守先王之禮而儉約是崇，不妄開事端以貽可長之漸。是故漆器不至金玉而刻鏤之不止，黼黻❶不至庶人錦繡被墻屋不止。民貧盜起不顧也，嚴刑峻法莫禁也，是故君子謹其事端，不開人情竇而恣小人無厭之欲。

【注釋】❶黼黻　泛指禮服上所繡的華美花紋。也指繡有華美花紋的禮服。

【語譯】君子對於風氣習俗，遵守先王制定的禮儀，崇尚節儉，不隨便開啟糾紛，以致任由漸變發展。所以說製作漆器，不到塗飾金玉，雕鏤刻琢不會停止，百姓的屋裡不見繡有華美的花紋禮服不會停止。百姓貧苦，盜賊蜂起，不予理會，刑罰嚴厲，法制嚴酷，卻不禁止，因此說君子謹慎地對待事情發生的苗頭，不應該開啟講人情的先例，從而放縱小人難以滿足的欲望。

【研析】君子是屬於道德高尚的人，是儒家思想信念的實踐者，因此以民為本的信念應該銘記，而對待小人，則應該保持警惕。

七　微者正之，甚者從之，從微則甚，正甚愈甚。天地萬物，氣化❶人事，莫不皆然。是故正微從甚，皆所以禁之也，此二帝三王❷之所以治❸也。

【注釋】❶氣化　指陰陽之氣的變化，比喻世事的變遷。又指陰陽之氣化生萬物。❷三王　所指不一，其一指夏禹、商湯、周武王。其二指夏禹、商湯、周文王。其三指商湯、周文王、周武王。❸治　指政治清明，社會安定，與「亂」相對。

【語譯】衰微的設法去扶正，做得過分的卻去順從，順從衰微反而使之更衰微，扶正反而使事情更加糟糕。天地萬物，陰陽變化，人情事理，無不是這樣的。所以說扶持衰微、順從過分，都是被禁止的，這也是二帝三王時能達到社會安定、天下太平的原因。

【研析】萬世萬物都有生老病死的過程，這是自然的法則，也是自然的選擇。對於衰微，人為的干預不僅不能扭轉這種發展趨勢，而且可能會產生推波助瀾的破壞性作用，事與願違的結果也就難免。

八　聖人治天下，常令天下之人精神奮發，意念斂束。奮發則萬民無棄業，而兵食足，義氣❶充，平居❷可以勤國，有事可以捐軀。斂束則萬民無邪行，而身家❸重，名檢❹修。世治❺則禮法易行，國衰則姦盜不起❻。後世之民，怠惰放肆甚矣，臣民而怠惰放肆，明主之憂也。

【注釋】❶義氣　節烈、正義的氣概；剛正之氣。❷平居　平日。❸身家　本人和家庭。也指身分地位。❹名

檢　名譽與禮法。❺世治　時代太平；社會安定。❻起　應聘；出仕。

【語　譯】聖人治理天下，常使天下的人精神奮發，私心雜念得到制約。精神奮發，所有的人都會有事做，將士眾多，糧食充足，人們正義感強，平日可以為國家多做些貢獻，有了大事可以為國捐軀。私心雜念得到制約，人們就不會行為不端，自家和家庭得到重視，名譽與禮法得以維護。時世太平，禮儀法度就容易施行，國家衰微，即使是奸人盜賊也不願出仕。後世的人們，真是極其的懶惰放肆，官吏和百姓懶惰，任意妄為，作為聖明的君主，是要憂慮的。

【研　析】英明的統治者，是使國家太平，人人遵紀守法，安居樂業，並能以大局為重，為了國家的利益，即使犧牲自己的生命也在所不惜。

九　只有不容己之真心，自有不可易之良法。其處之未必當者，必其思之不精者也；其思之不精者，必其心之不切者也。故有純王❶之心，方有純王之政。

【注　釋】❶王　稱王；統治。

【語　譯】只要有能不寬容自己的真心，自然會有不可替代的好方法。那些處治未必妥當的，必然是思考不精細的人；那些思考不精細的，必然是心情不迫切的人。因此有純真的統治心願，就會有純真的統治政策。

【研析】作為一個統治者，若想長治久安，既要嚴於律己，同時也要制定切實有效的政策，坐江山難，失江山易。

一〇 為人上❶者，只是使所治之民，個個要聊生，人人要安分，物物要得所❷，事事要協宜，這是本縣職分。遂了這個心，纔得暢然一霎懽，安然一覺睡。稍有一民一物一事不妥貼，此心如何放得下？何者？為一郡邑❸長，一郡邑皆待命於我者也；為一國君，一國皆待命於我者也；為天下主，天下皆待命於我者也。無以答其望，何以稱此職？何以居此位？夙夜汲汲❹圖惟之不暇，而暇於安富尊榮之奉？身家妻子之謀？一不遂心，而淫怒❺是逞耶？天付之以生民之寄，寧為盈一己之欲哉！試一反思，便當愧汗。

【注釋】❶人上　人之上，指統治者。❷得所　得到安居的地方或合適的位置。❸郡邑　府縣。❹汲汲　心情迫切的樣子。❺淫怒　大怒。

【語　譯】作為父母官，只是使所統治的百姓，個個要賴以生存，人人要規矩本分，物物要得到合適的地方，事事要協調適宜，這是本縣令的職責。滿足了這個心願，才能得到一時間的暢快，安穩地睡一覺。稍微有一民、一物、一事安排不妥貼，這心又怎能放得下？為什麼呢？作為一府和一縣的長官，一府和一縣的事務都要聽命於我；作為一個國君，一國的事務都要聽命於我；作為天下的主宰，天下的事務都要聽命於我。沒有辦法滿足百姓的願望，憑什麼說能擔當這個職位？憑什麼占居這個職位？早晚急切謀劃這些問題惟恐沒有空閒，又哪有閒暇去享受平安富麗、尊貴榮耀的生活呢？又哪有閒暇去為自己和家庭、妻子和兒女謀劃呢？一旦不能滿足心願，就會放縱自己怒氣嗎？上天把百姓交付與你，難道是為了滿足你一己的欲望嗎！試著反思一下，就應當慚愧流汗。

【研　析】作為父母官，不論職位的高還是低，不能把國家的利益和百姓的利益放在心上，就不配坐在這個職位上。

一一　堯、舜無不弊之法，而恃有不弊之身，用救弊之人以善天下之治，如此而已。今也不然，法有九利，不能必其無一害，法有始利，不能必其不終弊。嫉才妬能之人，惰身利口❶之士，執其一害終弊者訕笑之，謀國不切而慮事不深者從而附和之，不曰：「天下本無事，安常襲故何妨？」則曰：「時勢本難為，好動喜事何益？」至大壞極弊，瓦解土崩而後付之天命焉，嗚呼！國家養士何為哉？士君子委質❷何為哉？儒者以宇宙為分內何為哉？

【注　釋】❶利口　能言善辯。❷委質　放下禮物。古代卑幼往見尊長，不敢行賓主授受之禮，把禮物放在地上，然後退出。引申為臣服、歸附。

【語　譯】堯、舜時期沒有無弊端的法律，而是依靠有不敗壞的自身，用糾正弊端的人來改善天下的治理，如此罷了。如今則不是這樣，法律有九方面的利處，但不能一定保證沒有一方面的禍害，法律制定的當初是有其利處的，但不能一定保證其最終沒有弊病。嫉才妒能的人，懶惰狡辯的人，堅持認為法律最終有弊端的人就會譏笑，為國事謀劃不深切、考慮不周到的人從而附和他們，不是說：「天下本來無事，安於現狀、因襲舊規有什麼妨礙？」就會說：「當前的形勢本來就難有作為，喜歡生事出新有什麼好處？」等到法律大壞，弊端發展到極至，以至土崩瓦解而後歸咎於天命如此，哎！國家培養的士子做了些什麼呢？士君子附和是為了什麼呢？通習儒家經典的人把全天下事看作是本分之內的事是為了什麼呢？

【研　析】制定法律，是為了約束人們的行為，使之符合統治者的利益。而世事是千變萬化的，法律並不能解決所有的問題，指責法律的弊病，鑽法律的漏洞，這種事也是時常有的。因此，除了法律需要不斷完善之外，自覺自律應該成為人們的自主意識。

一二　後世無人才，病本只是學政❶不修，而今把作❷萬分不急之務，纔振舉❸這個題目，便笑倒人，官之無良，國家不受其福，蒼生且被其禍，不知當如何處？

【注釋】❶學政　教育工作。❷把作　當作。❸振舉　振作；整頓。

【語譯】後世沒有人才，令人擔憂的根本只是沒有做好教育工作，如今當作萬分不急的事，才把這個項目振作起來，便令人覺得十分好笑，官吏們的不善，國家得不到福氣，百姓遭受其禍，真不知該如何處理？

【研析】人才關係到國運，教育制度的完善，措施的得力，政府的支持和投入，是多出人才、出好人才所必需。

一三　無治人❶，則良法美意反以殃民；有治人，則弊習陋規皆成善政。故有文武之政，須待文武之君臣。不然，青萍結綠❷，非不良劍也，烏號繁弱❸，非不良弓矢也，用之非人，反以資敵。予觀放賑❹、均田❺、減糶❻、檢災❼、鄉約❽、保甲❾、社倉❿、官牛⓫八政而傷心焉，不肖有司，自省有餘愧矣。

【注釋】❶治人　治理國家的人才。❷青萍結綠　指飾有美玉的寶劍。青萍，古代寶劍名，又泛指劍。結綠，美玉名。❸烏號繁弱　烏號、繁弱，均為古代良弓名。❹放賑　放債。❺均田　古代分配田地的制度，不同朝代，方法不一，漢代按等級分賜田地，北魏至唐中葉按人口分配。❻減糶　荒年時，米價上漲，國家將常平倉糧米減價出售。❼檢災　指減少災情的措施。❽鄉約　即鄉規民約，適用於本鄉本地的規約。❾保甲　古代管理百姓的戶籍編制。❿社倉　即義倉，古代為防荒年而在鄉社設置的糧倉。⓫官牛　官府飼養的牛。

【語譯】沒有治理國家的人才，那麼良好的法制和美好的情意反而會禍害百姓；有治理國家的人才，那麼敗壞的風氣和不良的規矩也會成為所謂的美好的政令。因此說有文治與武事的政權，必須依賴於有文才和武略的君主與臣子。不這樣，就如同飾有美玉的青萍寶劍，不是不好的劍，烏號、繁弱，不是不好的弓和箭，使用它們的人不夠格，反而會幫助敵方。我看放賑、均田、減糶、檢災、鄉約、保甲、社倉、官牛八方面的施政而感到傷心啊，這些無能的官員，自己反思一下，應該會有無窮的愧疚。

【研析】有了好的法規和政策，若執行不得力，或有關官員沒有作為，再好的法規和制度也是一紙空文，起不到有效的作用，對國家來說就是一種危害。

一四　一呼吸間，四肢百骸，無所不到；一痛癢間，手足心知❶，無所不通，一身之故也。無論人生，即偶，提一線而渾身俱動矣，一脈之故也。守令者，一郡縣之線也；監司❷者，一省❸路❹之線也；君相者，天下之線也。心知所及而四海莫不精神，政令所加而天下莫不鼓舞者何？提其線故也。今一身痛癢而不知覺，則為癡迷之心矣；手足不顧，則為痿痺❺之手足矣。三代以來，上下不聯屬久矣，是人各一身，而家各一情也，死生欣戚不相關，其罪不在下也。

【注　釋】❶心知　即心智。❷監司　負有監察之責的官吏。❸省　為中央官署名，如中書省、尚書省、門下省，元以來為地方行政區域名。❹路　宋、元時行政區域名。宋時的路，相當於明、清時的省，元時的路，相當於明、清的府。❺痿痺　肢體不能動作或喪失感覺。

【語　譯】在一呼一吸的極短時間，人的四肢百骸，沒有那處不能到達；在一痛一癢的極短時間，手足心智，沒有那處不能聯通，這是因為它們屬於同一個身體的原故。不用說人生，就以木偶來說，提一下牽引的線，全身都會活動，這是因為它們像是由同一根血脈連接在一起的原故。太守和縣令，就好比是一府和一縣的那根線；監司，就好比是一省或一路的那根線；君主和宰相，就好比是全天下的那根線。他們心智考慮並能傳達到的，四海之內沒有誰不興奮；政策和命令能施加到的，全天下沒有誰不歡悅的，這是為什麼呢？是因為有像控制木偶的那根線的原故。假使全身痛癢而沒有知覺，這是癡迷呆滯的心；手足沒反應，就是痲木病態的手足。三代以來，居上位的與下屬的不能聯屬同心已經很久了，這些人都是各自為一個軀體，每家都是各自有一種情感，死和生，喜與悲，彼此不相關，造成這種情況，是不能歸咎於下屬的。

【研　析】從中央到地方，若不能上下協調一致，政策就不會得到有效的執行，如此百姓就會遭殃，也不利於國家的長治久安。

一五　夫民懷敢怒之心，畏不敢犯之法，以待可乘之釁❶。眾心已離，而上之人且恣其虐以甚之，此桀、紂❷之所以亡也。是以明王❸推自然之心，置同然❹之腹，不恃其順我者之迹，而欲得其無怨我者之心，體其意欲而不忍拂，知民之心不盡見之於聲色，而有隱而難知者在也。此所以固結❺深厚，而子孫終必賴之也。

【注　釋】❶釁　縫隙；裂痕。此指起義造反的機會。❷桀紂　兩人分別是夏、商兩朝的末代皇帝，均為傳說中的暴君。桀名履癸，紂為諡號，又稱帝辛。❸明王　聖明的君主。❹同然　相同。❺固結　牢固團結；凝結。

【語　譯】百姓懷有敢於憤怒的心，卻畏懼不敢觸犯的刑法，而是等待可以利用的時機。眾人已生反叛之心，而在上的統治者還是恣意妄為，對百姓更是變本加厲地虐待，這就是桀、紂亡國的原因。所以聖明的君主把自己的真誠想法說給百姓聽，不應堅持百姓要有順從我的跡象，而是想得到百姓沒有怨恨我的心思，體會百姓的意願而不忍心違背，懂得百姓的心願不完全表現在話語中和面色上，而是有藏於心又難以知道的。因此與百姓建立深厚而牢固的團結，這是子孫最終必然會依賴的基礎。

【研　析】水能載舟，也能覆舟，百姓就好比是水，是統治的基礎，基礎不牢固，統治也不會長久。

一六　治世莫先無偽，教民只是不爭。

【語　譯】太平盛世首先是無虛偽，教導百姓只須是不爭奪。

【研　析】誠信是人與人能融洽相處的基礎，待人以誠，就不會引發爭執。

一七　勢有時而窮，始皇以天下全盛之威力，受制於匹夫，何者？匹夫者，天子之所恃以成勢者也，自傾其勢，反為勢所傾。故明王不恃蕭牆❶之防禦，而以天下為藩籬❷，德之所漸❸，薄❹海皆腹心之兵。怨之所結，衽席❺皆肘腋❻之寇。故帝王虐民，是自虐其身者也，愛民，是自愛其身者也。覆轍❼滿前而驅車者接踵，可慟哉。

【注釋】❶蕭牆　古代宮室內作為屏障的矮牆。借指朝廷內部。蕭，通「肅」。❷藩籬　用竹木編成的籬笆或柵欄。比喻邊界、屏障、障礙等。❸漸　流入；浸染。❹薄　靠近；逼近。❺衽席　床褥與莞簟。引申為寢處之所，又借指男女色欲之事。❻肘腋　胳膊肘與胳肢窩，比喻切近之地，也比喻親信、助手。❼覆轍　翻車的軌跡，比喻招致失敗的教訓。

【語譯】形勢有時會變得窘迫，秦始皇憑藉天下全盛的威力，卻受制於有勇無謀的人，這是為什麼呢？有勇無謀者，是天子依賴而成就全盛形勢的人，天子是壓倒其勢的，反而被順服的匹夫所傾覆。所以聖明的君主不會依靠宮廷的蕭牆來作為防禦，而是以全天下作為屏障，恩德所能流惠的地方，即使是遠在海邊居住的人也都會成為腹心一樣的至誠士兵。如果是結了怨憤，即使與同寢的愛人都可以成為近身的敵人。因此說帝王虐待百姓，就像是虐待自身，愛護百姓，就像是愛護自身。眼前都是車子曾經走過而傾翻的道路，但驅車前往的還是一輛接著一輛，這真是叫人悲慟啊。

【研析】以民為本是儒家思想的一個重要體現，也應成為統治者制定政策的重要依據，失民心者，必然會失天下。

一八　如今天下人，譬之驕子，不敢熱氣❶唐突，便艴然❷起怒。縉紳❸稍加綜核❹，則曰苛刻；學校稍加嚴明，則曰寡恩；軍士稍加斂戢❺，則曰凌虐❻；鄉官❼稍加持正❽，則曰踐踏。今縱不敢任怨，而廢公法❾以市恩❿，獨不可已乎？如今天下事，譬之敝屋，輕手推扶，便愕然咋舌，今縱不敢更張⓫，而毀拆以滋壞，獨不可已乎？

【注　釋】❶熱氣　熱情；激烈。❷艴然　惱怒的樣子。❸縉紳　插笏於紳帶間，舊時官宦的裝束。借指士大夫。❹綜核　聚總而考核。❺斂戢　收斂；束縛。❻凌虐　欺壓虐待。❼鄉官　古代一鄉所屬官吏的總稱。❽持正　持守公正；操守正派。❾公法　猶國法。❿市恩　以私惠取悅於人；討好。⓫更張　重新張設，比喻變更或改革。

【語　譯】如今天下的人，就像是被嬌養寵愛的，不敢過激冒犯，否則就會勃然大怒。對官員們稍加綜合考核，就說這是苛刻；對學校稍加嚴格公正，就說這是寡恩；對軍士稍加管束，就說這是凌虐；對鄉官稍加要求操守廉正，就說這是踐踏。如今縱然不能忍受別人的怨言而不抱怨，而為了討好他人置國法於不顧，這偏偏不可以停止嗎？如今天下的事情，就像破敗的房屋，輕手推推扶扶，就會令人大吃一驚，嚇得連話都說不出，現在縱然不敢更新變革，但拆除破敗以增加其敗壞的程度，這偏偏不可以停止嗎？

【研　析】弊端重重，局面已是積重難返，為了各自的利益，不顧大局，各行其是，這對統治來說是不妙的。

一九　公私兩字，是宇宙的人鬼關。若自朝堂以至閭里❶，只把持得公字定，便自天清地寧，政清訟息。只一個私字，擾攘❷的不成世界。

【注　釋】❶閭里　里巷；平民聚居之處。❷擾攘　混亂；騷亂。

【語　譯】「公」和「私」這兩個字，是天地間決定「做人」還是「做鬼」的界線。上自朝廷下至平民聚居的地方，只要堅持住一個「公」字，天地自然就會安寧，統治也會清明，爭吵也會停止。只要存有一個「私」字，天下就會有騷亂，世界也就不成樣了。

【研　析】本著天下為公的信念去做事，那麼不平等的現象也就會減少，人們的怨憤之情就會消失。私欲是一切矛盾和糾紛的導火線，小則是爭鬥，大則是戰爭，私欲主導下的世界是不會太平的。

二〇　天下之存亡係兩字，曰天命；天命之去就❶係兩字，曰人心。

【注釋】❶去就　離去與接近。

【語譯】天下的存亡維繫在兩個字上，叫做「天命」；天命的離去與接近維繫在兩個字上，叫做「人心」。

【研析】天命看似不可知的，而人心是可知的。作為統治者，失去了人心，也就失去了天下。

二一　聖人聯天下為一身，運天下於一心。今夫四肢百骸，五臟六腑，皆吾身也，痛癢之微，無有不覺，無有不顧，四海之痛癢，豈帝王所可忽哉？夫一指之疔❶如粟，可以制人之死命，國之存亡，不在耳目聞見時，聞見時，則無及矣，此以利害言之耳。一身麻木，若不是我，非身也。人君者，天下之人君；天下者，人君之天下。而血氣不相通，心知不相及，豈天立君之意耶？

【注釋】❶疔　即疔瘡，中醫指病理變化急驟並有全身症狀的惡性小瘡。

【語譯】聖人是把天下的事聯繫為一體，把天下的事放在一起思考。就像四肢百骸，五臟六腑，都屬於我們身軀的一部分，即使輕微的痛癢，沒有不能感覺到的，沒有不關注的，那麼四海之內有痛癢，難道帝王就可以忽視嗎？譬如一根手指長有如粟米粒大的疔瘡，就可以制人於死命，國家的存亡，不在於耳聽眼見之時，等到耳聽眼見之時，就來不及了，這是就利害關係而言。全身的麻木，如果不是發生在自己的身上，就認為與己身無關。君主，是天下人的君主；天下，是君主的天下。但血液和氣息不能相互溝通，心慮和智慧不能相互傳達，這難道是上天確立君主統治天下的本意嗎？

【研析】作為帝王，對社會、對百姓的了解就像是了解自己的軀體一樣，疾病痛癢，有了不舒服，就得醫治，否則就會釀成大病，重則會喪命。治理天下也是如此，對百姓疾苦生死的漠不關心，也就等同於自毀天下。

二二 三軍❶要他輕生，萬姓要他重生。不輕生，不能戡亂；不重生，易與為亂。

【注釋】❶三軍　周制，諸侯大國有三軍，即中軍、上軍、下軍。又古代指步、車、騎三軍。又泛稱軍隊。

【語譯】三軍需要他吝惜生命，百姓卻要求他珍惜生命。捨不得獻出生命，就不能平定叛亂；不珍重生命，就容易作亂。

【研析】作為一名戰士，是國家利益的捍衛者，國家需要時，就得奔赴戰場，即使獻出生命也在所不惜。同樣，他也可能是動亂的製造者，也可能因此而失去性命。同樣是失去生命，其價值和意義卻不同。

二三　任人不任法，此惟堯、舜在上，五臣❶在下可矣。非是而任人，未能不亂者，二帝三王❷，非不知通變宜民❸，達權宜事之為善也，以為吾嘗御天下，則吾身即法也，何以法為？惟夫後世庸君具臣❹之不能與道致治❺，暴君邪臣之敢於恣惡肆奸也。故大綱細目，備載具陳，以防檢❻之，以昭示之，固知夫今日之畫一，必有不便於後世之推行也，以為聖子神孫❼自能師其意而善用於不窮，且尤足以濟吾法之所未及。庸君具臣相與守之而不敢變，亦不失為半得，暴君邪臣，即欲變亂而弁髦❽之，猶必有所顧忌。而法家拂士❾，亦得執祖宗之成憲❿，以匡正其惡而不苟從，暴君邪臣亦畏其義正⓫事核⓬也，而不敢遽肆，則法之不可廢也明矣。

【注　釋】❶五臣　《論語・泰伯》云：「舜有臣五人，而天下治。」指禹、稷、契、皋陶、伯益五人。❷二帝三王　二帝指堯、舜。三王指夏、商、周三代之君，所指不一，或說是夏禹、商湯、周武王，或是說夏禹、商湯、周文王，或是說商湯、周文王、周武王。❸宜民　安撫百姓，使民安定。❹具臣　備位充數之臣。泛稱為人臣者。❺興道致治　振興道德，使國家在政治上安定清平。❻防檢　防範和檢束。❼聖子神孫　聖子，超凡入聖的兒子或登帝位的兒子。神孫，後嗣的美稱，多稱君主。❽弁髦　古代男子行冠禮，先加緇布冠，次加皮弁，後加爵弁，三加後，即棄緇布冠不用，並剃去垂髦，理髮為髻。因以「弁髦」喻棄置無用之物。弁，黑色布帽。髦，童子眉際垂髮。❾法家拂士　《孟子・告子下》：「入則無法家拂士，出則無敵國外患者，國恒亡。」法家指守法度的世臣。拂士，輔佐的賢士。拂，通「弼」。❿成憲　原有的法律、規章制度。⓫義正　猶正義、道義。⓬事核　當指真實的事情。

【語　譯】任用人才是不應該依照法規的，這樣做，只有堯、舜在上統治，五臣在下輔助才可以。不是這樣而任用人才，沒有不發生動亂的，二帝三王時，不是不知道通曉變化、使百姓安定以及使事務能做到權宜解決為佳，而是認為我既然為天下的統治者，我自身的表現就可被他人取法，又何必制定法規呢？只是後世庸君和無作為的臣子不能振興道德，致使天下安定清平，而暴君邪臣敢於恣意作惡、肆意妄為。所以制定的法規，大至國家憲法，小至條文細目，都有詳細的記載和陳述，就是為了防範和約束人們，用以向人們宣示，本來就知道今天的逐一條列，必然會有不便於後世推行的地方，認為聖子神孫自然能師承其旨意，並善於運用，以致無窮，而且更足以幫助彌補所制定的法規存在著的漏洞。庸君和無作為的臣子相與遵守而不敢改變，也不失為達到了一半的目的，暴君邪臣，即使想要變亂也是沒有用的，仍必然是有所顧忌。而守法的世臣和輔佐的賢能人士，也是堅守祖宗現成的法規和制度，用以糾正邪惡而不苟且順從，暴君邪臣也是畏懼事情的正義真實而不敢輕舉妄為，那麼法規不能廢棄也就清楚了。

【研　析】人才的選用本來是為了各盡其能的，最大地發揮其作用的。而現實生活中卻不盡是如此，人們往往是先制定好錄用的標準，然後再選擇，這樣的所謂人才也只是比庸人稍好點，守成可以，創新則有欠。因為真正富有創新能力的人才，是不應受人為的框架制約的。

二四

事有知其當變而不得不因者，善救之而已矣。人有知其當退而不得不用者，善馭之而已矣。

【語　譯】知道事情應當要變化但不得不去適應，這是善於補救罷了。知道某人應該退位但不得不任用，這是善於控制罷了。

【研　析】人們往往會一反常態，做些迫不得已的事，這只不過是權宜之計罷了。

二五

使眾之道，不分職守，則分日月，然後有所責成而上不勞，無所推委而下不奸。混呼雜命，概怒❶偏勞❷，此不可以使二人，況眾人乎？

勤者苦，惰者逸，訥者冤，辨者欺，貪者飽，廉者飢，是人也，即為人下且不能，而使之為人上，可嘆也夫！

【注釋】❶概怒　疑同「慨怒」。憤怒。❷偏勞　負擔特別重。

【語譯】役使眾人的方法，不是從職位上有要求，就會從時間上有要求，然後責成他們完成一定的任務，而居上位的人就不會辛勞，沒有人推卸責任，而下屬就不會奸詐。胡亂的指令使喚，會使他們憤怒，使他們負擔過重，這樣的話，即使是二個人也不會聽從使喚，何況是眾人呢？勤勞的人辛苦，懶惰的人安逸，口齒笨拙的人含冤，善辨的人欺詐，貪婪的人飽餐，廉正的人飢餓，這類人即使讓他們屈居下位尚且不能，況且使他們居人之上，真可嘆惜啊！

【研析】任用人擔當領導，按理說應當是勤懇的、廉正的，而事實上不盡是這樣，善辨的，貪婪的，卻不乏其人，這是不利於統治的。

二六　弭盜❶之末務❷，莫如保甲❸；弭盜之本務❹，莫如教養。故斗米十錢，夜戶不閉，足食之效也；守遺待主，始於盜牛，教化之功也。夫盜，辱名也；死，重法也，而人猶為之，此其罪豈獨在民哉？而惟城池❺

是恃，關鍵❻是嚴，巡緝❼是密，可笑也已。

【注釋】❶弭盜　制止盜竊。❷末務　非根本的事；次要的事。❸保甲　舊時一種對百姓的戶籍編制，一般來說是十家為一保，有保長。五十家為一大保，有大保長。十大保為一都保，有正副都保正。家有兩男丁以上者，選一人做保丁，組成保甲，授以弓弩，教之戰陣。同時實行各戶互相監視和互相告發的連坐法等。❹本務　指農事。又指本分事務，本分。又指根本事務。❺城池　城牆和護城河。泛指城、城市。❻關鍵　門閂，指裝在物體上作關閉用的器件。又指機關、機械裝置。❼巡緝　巡查緝捕。

【語譯】制止盜竊的一般做法，沒有比得上保甲法的；制止盜竊的根本措施，沒有比得上教育和培養。所以說斗米十錢，夜不閉戶，這是糧食充足的表現；守著遺物，等待失主，這人開始也是偷牛賊，如今改了，這是教育感化的功效。盜竊，這是侮辱的名稱；處死，是嚴重的刑罰，而人們仍然去做，這些罪行，其責任難道僅僅是歸於百姓嗎？而防備的措施只是依仗城池，把城門閂緊，嚴密地巡查緝捕，真可笑啊。

【研析】衣食足，知廉恥。因此說豐衣足食，注重百姓的教育和修養，遠比提防百姓違法作亂要現實得多。

二七　百姓只幹正經事，不怕衣食不豐足；君臣只幹正經事，不怕天下不太平。試問有司庶府❶，所職者何官，終日所幹者何事，有道❷者可以自省矣。

【注釋】❶有司庶府　有司，官吏，古代設官分職，各有專司，故稱。庶府，指政府各部門。❷有道　有才藝或有道德。

【語譯】老百姓只要幹正經事，就不怕衣食不豐足；君臣只要幹正經事，就不怕天下不太平。試問有關政府部門的官吏們，擔任的是什麼職官，終日做的是什麼事，有道德責任感的人可以反省一下自己。

【研析】各種行業的人都有正經的事做，各種職位的人都能有所作為，天下太平是不難做到的。

二八　人才邪正，世道為之也；世道污隆，君相為之也；君人者何嘗不費富貴哉？以正富貴人，則中人皆化為君子；以邪富貴人，則君子皆化為中人。

【語譯】人的才能是邪惡還是純正，這是受社會道德風尚的影響；社會道德風尚的敗壞或興隆，這是受君王和丞相大臣們的影響；為人之君為什麼不把富貴分享給他人呢？以純正使人富貴，那麼中等人都會變成君子；以邪惡使人富貴，那麼君子都會變成中等的人。

【研　析】社會道德風尚的邪惡還是純正，敗壞或興隆，影響著人們的價值取向，而居高位者的言行往往起著主導作用。

二九　滿目所見，世上無一物不有淫巧❶，這淫巧耗了世上多少生成底財貨，誤了世上多少生成底工夫。淫巧不誅而欲講理財，皆苟且之談也。

【注　釋】❶淫巧　謂過於精巧而無益的技藝與製品。又指浮華纖巧。

【語　譯】滿眼所見到的，世上無一物不是浮華纖巧，這浮華纖巧耗盡了世上多少已有的財貨，耽誤了世上多少已有的工夫。不革除浮華纖巧而想講究理財，都是敷衍馬虎之談。

【研　析】為了一己的享受，追求浮華纖巧的生活，而耗費大量的社會資源和財富，這是一種犯罪。

三〇　為政之道，第一要德感誠孚，第二要令行禁止。令不行，禁不止，與無官無政同，雖堯、舜不能治一鄉，而況天下乎？

【語　譯】治理國家的方法，第一是要以德服人，講究誠信，第二是有令必行，有禁必止，紀律嚴明。如果有令不行，有禁不止，這與沒有官吏、沒有政府有什麼差別，即使是堯、舜那樣聖明的君主也不能治理一個鄉村，更何況是治理天下呢？

【研析】道德和誠信可以感化人，而法令條規則用來約束人的言行，對統治者而言，二者是互為表裡的，缺一不可。

三一　印書先要個印板真，為陶先要個模子好，以邪官舉邪官，以俗士❶舉俗士，國欲治，得乎？

【注釋】❶俗士　庸俗不高尚的人；見識淺陋的人。

【語譯】印書首先要有塊真的印板，製陶器首先要有個好的模具，以邪官舉薦邪官，以俗士舉薦俗士，國家想要太平清明，可能嗎？

【研析】要治理好國家，官吏的選用很重要，政令能否有效地落實，百姓的願望能否及時地反映上去，這是關係到國運的昌盛與否。

三二　而今舉世有一大迷，自秦、漢以來，無人悟得。官高權重，原是投大遺難，譬如百鈞重擔，須尋烏獲❶來擔；連雲大廈，須用大木為柱。

乃朝廷求賢才，借之名器❷以任重，非朝廷市私恩、假之權勢以榮人也。今也崇階重地❸用者以為榮人，重以予其所愛，而固以吝於所疏，不論其賢不賢，其用者以為榮己，未得，則眼穿涎流以干人，既得，則捐身鏤骨以感德，不計其勝不勝。旁觀者不論其官之稱不稱，人之宜不宜，而以資淺議驟遷，以格卑議冒進❹，皆視官為富貴之物，而不知富貴之也欲以何用，果朝廷為天下求人耶？抑君相為士人擇官耶？此三人者皆可憐也，叔季之世❺生人，其識見故如此，無怪乎宋太宗❻問劉昌言❼之涕泣，謂呂蒙正❽之眼穿也。

【注釋】❶烏獲　戰國時期秦國的大力士，或云為年代更古遠的力士，後泛指力士。❷名器　名號與車服儀制，奴隸社會與封建社會用以別尊卑貴賤的等級。❸崇階重地　崇階，高官；高位。重地，重要的地位。❹冒進　才德不稱而求仕進。❺叔季之世　末世。❻宋太宗　名趙匡義（西元九三九—九九七年），北宋第二位皇帝，開寶六年（西元九七三年）封晉王，九年即位，改名炅。在位二十二年。❼劉昌言　（西元九四二—九九九年）字禹謨，南安人。太宗太平興國八年（西元九八三年）進士，官至同知樞密事。❽呂蒙正　（西元九四四或西元九四六—一〇一一年）字聖功，河南洛陽人。宋太宗太平興國二年（西元九七七年）狀元。歷任參知政事、宰相，卒論文穆。

【語　譯】如今普天下有一大的迷團，自秦、漢以來，就沒有人弄明白。官品高，權勢重，原本是讓他承擔重大難解的任務，比如百鈞的重擔，必須要尋找大力士烏獲來承擔；高聳入雲的大廈，必須用高大的木頭為柱子。而朝廷求賢才，借名聲地位並委以重任，這並不是朝廷用來表示私自的恩惠、並假借權勢使人才得以榮耀。如今高官和重要的地位是用來使人榮耀，對所親近的人就委以重任，而對關係疏遠的人就非常吝嗇，不論其賢能，還是不賢能，被任用的人以此作為榮耀自己，沒有得到高官職位的，就望眼欲穿、垂涎流淌地去求人，已經得到了，為回報恩德，就會發誓鏤心刻骨不忘，犧牲性命也不惜，而不考慮其能否勝任。旁觀者不論其官位是否稱職，用人是否適宜，就認為資歷淺的可以馬上升遷，品德卑下的也可以求得仕進，都把做官看成是獲取富貴的東西，而不知道使他們富貴想起什麼作用，這果真是朝廷為天下選求人才嗎？還是君王宰相為士大夫們選擇官位呢？這三類人都是可悲憐的，時代處於末世的人，他們的見識本來就是這樣，無怪乎宋太宗問道劉昌言時流淚，說呂蒙正這種人真讓人望眼欲穿。

【研　析】能得到賢能的臣子，委以重任，這不僅能使君主省心，達到事半功倍的效果，而且也是百姓的福氣。不過這種人不是那麼容易找到的，把權勢和地位當作謀取私利，榮耀自己的工具，這卻是比較普遍的。

三一三　漢始興，郡守某者御州兵，常操❶之內免操二月，繼之者罷操。

又繼之者，常給之外冬加酒銀，人五錢。又繼之加肉銀，人五錢。又繼之者加花布銀，人一兩。倉庫不足，括❷稅給之，猶不足，履畝❸加賦給之，兵不見德也而民怨。又繼之者曰：「加，吾不能，而損，吾不敢。」竟無加，兵相與鼓譟❹曰：「郡長無恩。」率怨民以叛，肆行攻掠❺。元帝❻命刺史❼按❽之，報曰：「郡守不職，不能撫鎮❾軍民而致之叛。」竟棄市❿。嗟夫！當棄市者誰耶？識治體⓫者為之傷心矣。

【注釋】❶常操　定期的操演。❷括　搜集。❸履畝　實地觀察，丈量田畝。❹鼓譟　古代指出戰時擂鼓吶喊。又指喧嚷、起哄。❺肆行攻掠　恣意地襲擊搶奪。❻元帝　即漢元帝（西元前七十六—前三十三年），名劉奭。❼刺史　原為朝廷所派督察地方之官，後沿為地方官職名稱。漢武帝時，分全國為十三部（州），部置刺史。成帝改稱州牧，哀帝時復稱刺史。❽按　巡察；考核。❾撫鎮　安撫鎮守。❿棄市　本指受刑罰的人在街頭示眾，民眾共同鄙棄之，後以「棄市」專指死刑。⓫治體　治國的綱領、要旨。又指政治法度。

【語譯】漢王朝剛建立時，有一位郡守統率士兵，在規定的任務內免去二個月的操練，繼任者就連操練也免去。又一繼任者，在規定的供給之外，於冬季增加買酒的銀兩，每人是五錢。又一繼任者增加買肉的銀兩，每人是五錢。又一繼任者增加買花布的銀兩，每人是一兩。而倉庫中錢不夠支付，就搜括稅錢供給，仍然不夠，通過丈量田地增加賦稅保障供給，這樣做，不見士兵感恩，而百姓卻埋怨。又一繼任者說：「增加供給，我不能，減少費用，我不敢。」最終沒有增加費用，士兵互相喧鬧說：「長官對我們沒有恩德。」於是率領滿是怨恨的百姓造反，肆意妄為，搶奪掠取。元帝命刺史巡察考核，回報說：「郡守不稱職，不能安撫鎮守士兵和百姓，以致他們反叛。」結果現任郡守被砍頭示眾。哎！應當被砍頭示眾的人是誰呢？深知治國政體的人為此而傷心。

【研　析】當制度法規被踐踏，以致人們習以為常後，如果再使之回歸到制度法規範圍內行事，就不是一件容易的事了，是要付出代價的。

三四　迂儒識見看得二帝三王事功，只似陽春雨露，嫗煦❶可人，再無一些冷落嚴肅之氣。便是慈母，也有訶罵❷小兒時，不知天地只恁陽春，成甚世界？故雷霆霜雪不備，不足以成天威怒；刑罰不用，不足以成治。只五臣❸耳，還要一個臯陶。而二十有二人❹，猶有四凶❺之誅。今只把天德王道看得恁秀雅溫柔，豈知殺之而不怨便是存神過化❻處？目下作用，須是汗吐下後，服四君子❼四物百十劑，纔是治體。

【注　釋】❶嫗煦　養育。嫗，指地賦物以形體。煦，指天降氣以養物。又指和悅之色。❷訶罵　厲聲責罵。

❸五臣　《論語・泰伯》：「舜有臣五人而天下治。」五臣指禹、稷、契、皋陶、伯益，其中皋陶主刑獄。❹二十有二人　《史記・五帝本紀》云舜有臣二十二人，即禹等六人，以及十二牧、四嶽，又云：「此二十二人咸成厥功，皋陶為大理平，民各伏得其實。」❺四凶　所指不一。一云相傳為堯、舜時代四個惡名昭彰的部族首領。即渾敦、窮奇、檮杌、饕餮，舜將四凶流放到四方邊遠的地方，以禦魑魅，見《左傳・文公十八年》。又《尚書・舜典》云：「流共工於幽洲，放驩兜於崇山，竄三苗於三危，殛鯀於羽山。」或云窮奇為共工，渾敦為驩兜，饕餮為三苗，檮杌為鯀。後世多用以比喻凶狠貪婪的朝臣。❻存神過化　《孟子・盡心上》：「夫君子所過者化，所存者神，上下與天地同流。」謂聖人所到之處，人民無不被感化，永遠受其精神影響。❼四君子　人參、白朮、茯苓、甘草四種中藥的合稱。

【語譯】迂腐儒生的見識是看到堯、舜二帝和夏禹、商湯、周文王三王功績，只似溫暖春日的雨露，生養哺育萬物，使人稱心如意，再無一些冷落嚴肅的氣息。即使是慈母，也有厲聲責罵小孩子的時候，迂腐儒生不懂得天地間只是如此這般地如溫暖的春天，這世界將成為什麼樣子？因此說沒有雷霆霜雪，不足以成就老天的威嚴與盛怒；不使用刑罰，不足以達成治理。舜只有禹、稷、契、皋陶、伯益五位賢能之臣，還需要一個皋陶專門主管刑獄。而舜雖然有二十二位賢能的大臣，還是發生了處罰清除四凶的事情。如今只把上天的品德和以仁政治理天下的主張看得如此秀雅溫柔，難道不知道除去凶惡而百姓不怨就是人民受聖人精神感化的結果？眼前能發揮作用的，必須是出汗嘔吐後，服用人參、白朮、茯苓、甘草四種草藥合成的藥劑百十，這才是治國的要旨。

【研析】儒家主張以仁政治理天下，以德服人，但從不排斥法制的作用。以德行感化百姓，可達到潛移默化的作用，但這是需要個體的自律自覺。而對於一些凶頑不化者，刑罰的威嚇是必要的，如此，才能確保仁政的實現，目標的達成。

三五　兩精，兩備，兩勇，兩智，兩愚，兩意，則多寡強弱，在所必較。以精乘雜，以備乘疏，以勇乘怯，以智乘愚，以有餘乘不足，以有意乘不意，以決乘二三❶，以合德❷乘離心，以銳乘疲，以慎乘怠，則多寡強弱，非所論矣。故戰之勝負無他，得其所乘與人為所乘，其得失不啻百也。實精也而示之以雜，實備也而示之以疏，實勇也而示之以怯，實智也而示之以愚，實有餘也而示之以不足，實有意也而示之以不意，實有決也而示之以二三，實合德也而示之以離心，實銳也而示之以疲，實慎也而示之以怠，則多寡強弱，亦非所論矣。故乘之可否無他，知其所示，知其無所示，其得失亦不啻百也。故不藏其所示，凶也；誤中於所示，凶也，此將家之所務審也。

【注釋】❶二三　謂不專一，反覆無定。❷合德　猶同德。

【語　譯】兩種精銳，兩種準備，兩種勇敢，兩種智慧，兩種愚笨，兩種意志，那麼多寡強弱，所在必然會較量。以精銳利用雜亂，以準備利用疏略，以勇敢利用怯弱，以智慧利用愚笨，以有餘利用不足，以有意利用不意，以決斷利用三心二意，以同心同德利用離心離德，以精銳利用疲憊，以謹慎利用懶惰，那麼多寡強弱，就不必說了。所以說交戰的勝負沒有別的途徑，就是能利用對方的弱點和被他人所利用，其間的得失何止百倍。實際上是精簡卻顯示為雜亂，實際上有準備卻顯示為疏略，實際上勇敢卻顯示為怯弱，實際上智慧卻顯示為愚笨，實際上有餘卻顯示為不足，實際上有意卻顯示為無意，實際上有決斷卻顯示為三心二意，實際上同心同德卻顯示為離心離德，實際上精銳卻顯示為疲憊，實際上謹慎卻顯示為懶惰，那麼多寡強弱，也就不必說了。所以是否善於「利用」沒有別的方法，知道對方所展示出的實力，也要知道對方沒有展示出的實力，其間得失又何止百倍。所以說不善於掩藏自己的實力，這是凶險的；但是誤判對方所展現的實力，這也是凶險的，作為將帥，這是務必要詳究的。

【研　析】兵不厭詐，能做到知彼知己，並不是口頭上說說而已。善於審時度勢，善於利用對方的弱點，這是能否取勝所必需。

三六　居官八一個快性❶，自家討了多少便宜，左右省了多少負累❷，百姓省了多少勞費❸。

【注　釋】❶快性　即快意，恣意所欲。❷負累　負擔。❸勞費　耗費人力、精力或財力。

【語　譯】擔任官職，只圖一個快意做事，自己討了多少便利，屬下省了多少負擔，百姓省了多少精力和財力。

【研　析】身為官員，做事果敢利落，於己於人於事都是有好處的。優柔寡斷，往往會陷自己於被動。

三七

余佐司寇❶日，有罪人情極可恨，而法無以加者。司官❷曲擬重條，余不可，司官曰：「非私惡也，以懲惡耳。」余曰：「謂非私惡，誠然，謂非作惡，可乎？君以公惡輕重❸法，安知他日無以私惡輕重法者乎？刑部只有個『法』字，刑官只有『執』字，君其慎之。」

【注　釋】❶司寇　掌管刑獄、糾察等事的官。❷司官　主管官員。又屬官對其長官的自稱。❸輕重　謂增減。又指左右、影響事物。

【語　譯】我在刑部任侍郎時，有個罪犯案情極其可恨，但根據法律條文卻沒法判罪。主審此案的官員打算附會重罰的條款，我認為不行，主管官員說：「不是我私心恨他，是為了懲辦惡人。」我說：「你說不是出於私心恨他，的確如此，說不是做壞事，可以嗎？你以公眾厭恨這種惡人，隨意運用法律條文，怎麼知道他日不會因私心厭惡，而隨心所欲地曲解和任用法律呢？刑部只有個『法』字，執法者心中只有『執』字，你要慎重行事。」

【研　析】法律是公正，這是人們耳熟能詳的話，然而人們時常會感覺到有些惡人卻能逃避法律的處罰，是法律存有缺陷？還是惡人手段高明？其間的無奈，非當事者難以明白。而執法者秉公辦事，有所必為，有所不為，這是對法律的尊重和維護。

三八　濫准❶、株連❷、差拘❸、監禁❹、保押❺、淹久❻、解審❼、照提❽，此八者，獄情之大忌也，仁人之所隱也，居官者慎之。

【注　釋】❶濫准　不詳，疑指不依法規，隨意批准的行為。❷株連　一人有罪而牽連多人。❸差拘　具體不詳。❹監禁　監押犯人，禁止其行動自由。❺保押　押出交保。❻淹久　久留，此指延長羈押的時間。❼解審　解送審訊。❽照提　具體不詳。

【語　譯】濫准、株連、差拘、監禁、保押、淹久、解審、照提，這八種情況，是處理案情的大忌諱，仁德之人避免這樣做，當官的人要慎重。

【研　析】審查處理案件，疑案從無，不要株連無辜，這才符合以仁政治國的要求。

三九　養民之政，《孟子》云：「老者衣帛食肉，黎民不飢不寒❶。」韓子云：「鰥寡孤獨廢疾者皆有養也❷。」教民之道，《孟子》云：「使契為司徒，教以人倫，父子有親，君臣有義，夫婦有別，長幼有序，朋友有信。放勳曰：『勞之來之，匡之直之，輔之翼之，使自得之，又從而振德之。』❸」，〈洪範〉❹曰：「無偏無陂❺，遵王之義；無有作好❻，遵王之道；無有作惡，遵王之路；無偏無黨，王道蕩蕩❼；無黨無偏，王道平平❽；無反無側，王道正直。會其有極，歸其有極。」予每三復斯言，汗輒浹背，三嘆斯語，淚便交頤。嗟夫！今之民，非古之民乎？今之道，非古之道乎？抑世變若江河，世道終不可反乎？抑古人絕德❾，後人終不可及乎？吾耳目口鼻，視古人有何缺欠？爵祿事勢，視古人有何靳嗇❿？俾六合景象若斯，辱此七尺之軀，靦面⓫萬民之上矣。

【注釋】❶老者衣帛食肉二句　見《孟子・梁惠王上》。衣，名詞動用，穿衣。❷鰥寡孤獨廢疾者句　見唐韓愈〈原道〉。鰥寡孤獨，語本《孟子・梁惠王下》：「老而無妻曰鰥，老而無夫曰寡，老而無子曰獨，幼而無父曰孤。此四者，天下之窮民而無告者。」泛指沒有勞動力而獨居無依靠的人。❸使契為司徒十三句　見《孟子・滕文公上》。契，傳說中商的祖先，為帝嚳之子。舜時佐禹治水有功，任為司徒，封於商，賜姓子氏。司徒，官名，相傳少昊始置，周時為六卿之一，曰地官大司徒。掌管國家的土地和人民的教化。人倫，封建禮教所規定的人與人之間的關係，特指尊卑長幼之間的等級關係。放勳，帝堯名。來，多作「徠」。招致；招攬。❹洪範　《尚書》篇名。❺陂　偏頗；邪僻不正。❻作好　謂徇私偏好。❼蕩蕩　廣大的樣子；博大的樣子。❽平平　謂治理有序，安詳嫻熟。❾絕德　卓絕的德行。❿靳嗇　吝嗇。⓫靦面　面容羞愧；厚著面皮。

【語譯】養育百姓的政策，《孟子》云：「年老的人有衣穿有肉吃，百姓沒有飢餓，不受凍寒。」韓子云：「年老而無妻、無夫、無子的，幼年喪父的，以及因病殘廢的，都可以得到供養。」教化百姓的方法，《孟子》云：「任命契為司徒，用人際間應遵守的關係準則教育百姓，父與子間有血親，君與臣間有道義，夫與婦間有差別，長與幼間有次序，朋友間有信任。放勳說：『慰勞他們，使他們歸順，糾正他們，使他們正直，輔佐他們，幫助他們，使他們自己悟得，又從而振濟他們的德行。』」〈洪範〉云：「不要偏心邪僻，遵從先王的法則；不要徇私偏好，遵從先王之政策；不要作惡人壞事，遵從先王的道路；不要偏袒結黨，以仁政治天下的王道廣大無邊；不要結黨偏袒，以仁政治天下的王道安詳平穩；不要反覆無常，以仁政治天下的王道端正剛直。會集他們依據中正的原則，使他們歸順也依據中正的原則。」每當我多次回味這些話，就會汗流浹背，對此三嘆，淚水交互流下臉頰。哎！如今的百姓，不就如同古代的百姓嗎？如今的道理，不就是古代的道理嗎？還是說世道變化如江河流水，世道最終不可回歸嗎？還是說古人德行卓絕，後人最終不可能趕得上嗎？我們的耳目口鼻，與古人相比有什麼缺欠？爵位、俸祿、事情、形勢，與古人相比，又有什麼吝嗇處？使天地四方的景象都是如此，辜負了堂堂七尺之軀，即使高踞萬民之上，也會羞愧無以自容。

【研　析】民本思想，是儒家學說的重要一方面。作為父母官，應該以民為本，努力實踐，而不是貪戀榮華富貴，民脂民膏，這是有違於儒家宗旨的。

四〇　德立行成了，論不得人之貴賤，家之貧富，分之尊卑，自然上下格心❶，小大象❷指。歷山耕夫❸，有甚威靈氣焰，故曰：「默而成之，不言而信，存乎德行❹。」

【注　釋】❶格心　使心歸於正；匡正思想。❷象　《周易》專用語，謂解釋卦象的意義，亦指卦象。❸歷山句　《史記・五帝本紀》：「舜耕歷山，漁雷澤，陶河濱。」歷山，古山名。相傳舜耕歷山，所在地點說法不一，一云在今紹興餘姚。❹默而成之三句　見《周易・繫辭上》，意思是說要令人信服，不是靠說，而是要親自去做，這與德行涵養有關。

【語　譯】道德品行已有建樹，就不用論其人是否貴賤，家庭是否貧富，身分是否尊卑，自然會上下努力，使心歸於端正，符合小大卦象的指意。舜當年在歷山耕田，又有什麼顯赫的威聲和氣勢，所以說：「默默地勞動而完成，不用說話而令人信服，就在於他有道德品行。」

【研析】要使人信服，首先要以身作則。注重道德品行的修養，不僅有助於提高自身的素質，也會因此感染他人，起潛移默化的作用。

四一　天下之事，要其終而後知君子之用心；君子之建立，要其成而後見事功之濟否。可奈庸人俗識，讒夫利口❶，君子纔一施設❷，輒生議論。或附會以誣其心，或造言以甚其過。是以志趣不堅，人言是恤者，輒灰心喪氣，竟不卒功；識見不真，人言是聽者，輒罷君子之所為，不使終事。嗚呼！大可憤心矣。古之大建立者，或利於千萬人而不利於一時，或利於千萬人而不利於一人，或利於千萬世而不利於一事。其有所費也似貪，其有所勞也似虐。其不避嫌也，易以招摘取議。及其成功，而心事如青天白日矣，奈之何鑠金銷骨❸之口奪未竟之施、誣不白之心哉？嗚呼！英雄豪傑冷眼天下之事，袖手天下之敝，付之長吁冷笑，任其腐潰決裂而不之理。玩日愒月❹，尸位素餐❺，而苟且目前以全軀保妻子者，豈得已哉？蓋懼此。

【注釋】❶利口 能言善辯。❷施設 實施；措置。❸鑠金銷骨 鑠金，熔化金屬，比喻傷人的讒言。銷骨，滅絕骨肉之親，形容毀謗之言害人之烈。❹玩日愒月 虛度光陰。愒月，同「愒日」。荒廢光陰。❺尸位素餐 居位食祿而不盡其職。

【語譯】天下的事，要等到最終而後才知君子的用心；君子確立一事，要等到成功而後才看見功業成功與否。可恨庸人俗見，讒人善辯，君子才一施展，就發表非議。或牽強附會以誣蔑君子的真心實意，或造謠以加重君子的過錯。所以說志向不堅定、總是顧忌別人言論的人，就灰心喪氣，最終功業不成；見識不真，總是聽信別人話的人，就會終止君子的作為，使事情不能完成。哎！太令人激憤了。古代建立大事業的人，有的利於千萬世但不利於一時，有的利於千萬人而不利於一人，有的利於千萬事而不利於一事。其中有的花費的精力好像過多，有的付出的勤勞好像自虐。他們不迴避嫌疑，容易招惹指摘和非議。及其成功，而心事就如青天白日那樣清楚，怎奈讒言如鑠金銷骨破壞了未完成的措施、玷汙了難以表白的真心呢？哎！英雄豪傑冷眼看待天下的事，對天下的弊病袖手旁觀，付之長嘆冷笑，任其腐朽、潰爛、敗壞而不理會它。那些虛度光陰，居其位而不盡其職的人，只是苟且眼前的安逸以保全自己、妻與子者，如此能終止嗎？我真是擔心啊。

【研析】世上總有這種情況，一些人有志向，想成就一番大事業，而來自這或那的干擾、嘲諷等，往往使得事情半途而廢，或難以實現。相反，那些身居高位，苟且偷安，無所作為的人卻能呼風喚雨，為所欲為。

四二　今之用人，只怕無去處，不知其病根在來處。今之理財，只怕無來處，不知其病根在去處。

【語　譯】如今用人，只是擔心如何安排其歸宿，不知其病根是在於對其本來面目的了解。如今理財，只是擔心財物的來源，不知其病根是在於如何使用財物。

【研　析】用人，如果只是因為其有才華，而不考慮其品德好壞，就會出問題。同樣，對於理財，多考慮如何增收固然是好事，但如果不知把這些財物用在刀刃上，甚至是浪費虛耗，那麼增收再多也是無用的。

四三　居官有五要：休錯問一件事，休屈打一個人，休妄費一分財，休輕勞一夫力，休苟取一文錢。

【語　譯】為官有五方面要注意：不要錯問一件事，不要屈打成招一個人，不要浪費一分的財物，不要輕易地使用一男子的勞力，不要隨意地拿取一文錢。

【研　析】為官，所謂高處不勝寒，一念之差，一件小事處理不當，舉手投足間有絲毫的不妥，都有可能帶來麻煩，惹起風波，毀掉前程。

四四　兵以死使人者也，用眾怒，用義怒，用恩怒。眾怒，讎在萬姓也，湯武❶之師是已；義怒，以直攻曲也，三軍❷縞素❸是已；恩怒，感激思奮也，李牧❹犒三軍、吳起❺同甘苦是已。此三者，用人之心，可以死人之身；非是，皆強驅之也。猛虎在前，利兵❻在後，以死毆❼死，不戰，安之？然而取勝者，倖也，敗與潰者，十九。

【注　釋】❶湯武　商湯與周武王的並稱。《周易・革》：「湯武革命，順乎天而應乎人。」❷三軍　周制，諸侯大國三軍，中軍最尊，上軍次之，下軍又次之。一軍一萬二千五百人，三軍合三萬七千五百人。後為軍隊的通稱。❸縞素　白色喪服。❹李牧　（？—前二二九年）戰國時期趙國將領，戰功顯赫，後趙王中了秦國的離間計，聽信讒言，不久李牧遇害。❺吳起　戰國初期衛國人。著有《吳子》，為中國古代重要的軍事典籍之一。❻利兵　鋒利的武器。❼毆　通「驅」。驅趕。

【語　譯】用兵就是驅使人去死，採用的方法是激發眾人的憤怒，以義氣激起憤怒，以恩惠激起憤怒。眾人激發的憤怒，仇恨存在於所有百姓的心中，商湯、周武王的部隊就是這樣；以義氣激起憤怒，就是以正直攻打邪曲，士兵們都穿素裝以示戰死沙場；以恩惠激起憤怒，感激奮發，李牧犒賞三軍、吳起與士兵同甘共苦就是如此。這三種情況，是使人心服，因此甘願獻身；如果不是這三種情況，都屬於強迫並驅趕士兵去死。前面是如猛虎的敵兵，後面是手持鋒利武器的監軍，以死亡威脅驅趕去死戰，不戰鬥，又往哪裡逃呢？這樣，即使取勝了，也是僥倖，至於失敗與潰逃的，有十之九。

【研析】士兵能奮勇殺敵，不怕犧牲自己的生命，就在於能激於義憤，或感於恩德。這是得人心的反映，只有得人心，驅使之，即使是赴湯蹈火，也會在所不辭。

四五　民情甚不可鬱也，防❶以鬱水，一決則漂屋推山；激以鬱火，一發則碎石破木。桀、紂❷鬱民情而湯、武❸通之，此存亡之大機也，有天下者之所夙夜孜孜❹者也。

【注釋】❶防　堤岸；堤壩。❷桀紂　桀，夏代最後一個君主，名履癸，相傳是暴君。紂，商代最後一個君主的諡號。一作受，又稱帝辛，相傳是暴君。❸湯武　湯，商朝的開國之君，又稱成湯、成唐、武湯、武王、天乙等，被稱作聖君。武，即周武王，姬姓，名發，文王次子，諡號武王，西周開國君主，被稱作聖君。❹孜孜　勤勉；不懈怠。

【語　譯】百姓的心情和願望是不可以讓它鬱積在心裡的，堤壩是用來積聚水的，一旦潰決，就會漂流房屋，移動山丘；砲彈用來積聚火藥，一旦發射，就會破碎石頭，毀壞樹木。桀、紂時期百姓的心情和願望鬱結難發，商湯、周武王卻使之疏通暢達，這是關係存亡的重要關鍵，也是統治天下的人日夜勤勉所希望做到的。

【研　析】《國語》云：「防民之口，甚於防川。川壅而潰，傷人必多。民亦如之，是故為川者決之使導，為民者宣之使言。」呂坤所言，就是自此發揮。統治者治理百姓，要使他們把心中的不滿和怨恨適時適當地發洩出來，並能認真地聽取百姓的意見，這是有助於維護長治久安的。所謂水能載舟，也能覆舟，對統治者來說，這個道理都明白，但要做到不「覆舟」，是要付出努力的。

四六　國家之取士以言也，固將曰「言如是行必如是也」，及他日效用，舉背之矣。今閭閻❶小民立片紙，憑一人，終其身執所書而責之不敢二，何也？我之所言，昭然在紙筆間也，人已據之矣。吁！執卷上數千言，憑滿闈之士大夫，且播之天下，視小民片紙何如？奈之何吾資之以進身❷，人君資之以進人，而自處於小民之下也哉？噫！無怪也，彼固以空言求之，而終身不復責券也。

【注釋】❶閭閻　里巷內外的門，多借指里巷。也指民間，或指平民。❷進身　入仕做官。

【語譯】國家錄用官員是依據他們的言論，本意是指「言論是這樣，行為也必然是這樣」，等到他日供職效勞，舉措都違背了最初所說的。如今普通小民立一紙字據，以一人為證人，終其身遵守字據所言，而他人督促而不敢違背，這是為什麼呢？這是因為我所說的明明白白地用筆寫在紙上，別人已當作根據了。哎！手拿著寫有數千言的論說，以周圍滿是士大夫的人作見證，而且傳播天下，卻不能遵守，這與小民片紙字據相比，又怎樣呢？怎奈我們是憑藉這而走上仕途、君主是依據這而選用人員，卻甘願自處於小民之下嗎？哎！無足奇怪，那些人本來就是以空話追求功名，走上仕途，而終身不會實踐其所說的。

【研析】《論語・公冶長》：「子曰：始吾於人也，聽其言而信其行；今吾於人也，聽其言而觀其行。」也就是說了解一個人，不能只憑其口頭上說得好聽，還應觀察其所作所為，言行不一的人常見，夸夸其談的人常見，所以說任用人員，選擇人才，品行和能力不能忽視。

四七　卑卑❶世態，嫋嫋❷人情，在下者工不以道之悅，在上者悅不以道之工。奔走揖拜之日多而公務填委，簡書❸酬酢之文盛而民事罔聞。時光只有這些時光，精神只有這些精神，所專在此則所疏在彼，朝廷設官本勞己以安民，今也擾民以相奉矣。

【注釋】❶卑卑　平庸；微不足道。❷嫋嫋　繚繞的樣子；悠揚婉轉。❸簡書　用於告誡、策命、盟誓、徵召等事的文書。也指一般的書信文牘。

【語譯】平庸的世俗情態，糾纏不清的人情。職位低下的人專心於不以正道取悅別人，職位高上的人喜歡不講究正道行事。奔走於官場、忙於作揖跪拜的時間多而公務堆積卻不處理，忙於應酬的書信之文多而對百姓的事置若罔聞。人一生的時光只有這些有限的時光，精力也只有這些有限的精力，專心於此就會忽略於彼。朝廷設置官員本意是辛苦自己以安撫百姓，如今卻也是騷擾百姓以相互酬謝。

【研析】設置官員，本意是代表朝廷，管理百姓，為百姓服務，是百姓的公僕。而實際上，甘心做公僕的少，而以自己是百姓的官老爺卻大有人在。一心只知服務於上司、不管下屬百姓的死活，這倒是官場中常見的。

四八　「與其殺不辜，寧失不經❶」，此舜時獄也。以舜之聖，皋陶之明，聽比屋可封❷之民，當淳樸未散之世，宜無不得其情者，何疑而有不經之失哉？則知五聽❸之法，不足以盡民，而疑獄難決，自古有之。故聖人寧不明也，而不忍不仁，今之決獄，輒恥不明，而以臆度之見，偏主之識殺人，大可恨也。夫天道好生，鬼神有知，奈何為此？故寧錯生了人，休錯殺了人。錯生，則生者尚有悔過之時；錯殺，則我亦有殺人之罪，司刑者慎之。

【注釋】❶與其殺不辜二句　見《尚書・虞書》。不經，不合常法。❷比屋可封　謂上古之世教化遍及四海，家家都有德行，堪受旌表。比屋，屋舍相鄰，家家戶戶，形容眾多、普遍。借稱老百姓。❸五聽　審察案情的五種方法。《周禮・秋官・小司寇》：「以五聲聽獄訟，求民情。一曰辭聽，二曰色聽，三曰氣聽，四曰耳聽，五曰目聽。」也就是通過觀察說話、神色、氣息、聆聽、眼光五方面表現是否正常來斷案。聽，判斷。

【語譯】「與其濫殺無辜的人，遇有疑案，寧願不按法規，從無處理」，這是舜對判案官員說的話。以舜的聰明睿智，皐陶的明察秋毫，聽信處處受過教化的百姓之言，正處於淳樸之風依然保存的時代，應該是對民風民情都很了解，又有什麼因疑問而違反法規的判案呢？就會知道用「五聽」的方法斷案，不足以說全符合民情，而疑案就難以判決，這種情況自古以來就有。所以說聖人寧肯有不英明之嫌，而不忍做不仁義的事。如今斷案，動不動就以判不明為恥，就以自己臆測的看法、片面的見識而殺人，真是可恨啊。天意是愛惜生靈，鬼神也會知道，為什麼還要濫殺無辜？所以說寧願因錯判而使罪犯活著，也不要因錯判而誤殺無辜。因錯判而使罪犯活著，那麼活著的人還有悔過的機會；因錯判而誤殺無辜，那麼作為審判官的我也有殺人之罪。主管刑獄的人一定要慎重。

【研　析】有罪必罰，疑罪從無，這種理念為現代司法所認同。應該說這是尊重生命，保護人權的體現，是文明社會的象徵，儘管現實中仍難免會有錯判冤獄的發生，但已不是普遍現象了。

四九　大纛高牙❶，鳴金❷奏管，飛旌捲蓋，清道唱騶❸，輿中之人，志驕意得矣。蒼生之病苦幾何，職業之修廢幾何，使無愧於心焉？即匹馬單車，如聽鈞天之樂，不然，是益厚吾過也，婦人孺子豈不驚炫？恐有道者笑之。故君子之車服儀從❹，足以辨等威而已，所汲汲❺者固自有在也。

【注　釋】❶大纛高牙　大纛，軍中或儀仗隊的大旗。高牙，大纛；牙旗。又指高官的官衙。❷鳴金　敲擊鉦、鐃等金屬樂器，後多指敲鑼。古代多用以表示軍士進退的信號。❸清道唱騶　清道，又稱淨街。清除道路，驅散行人。舊時常用於帝王、官員出行時。唱騶，舊時顯貴出行，隨從的騎卒在前面吆喝開道，令行人迴避。❹車服儀從　車服，車輿禮服。儀從，儀衛隨從。❺汲汲　心情急切的樣子，引申為急切追求。

【語　譯】高牙大旗，敲鑼奏樂，軍旗飄舞，吆喝開路，坐在轎中的人，真是志氣驕橫、得意揚揚啊！百姓的疾苦有多少，自身事業的得失怎麼樣，就無愧於心嗎？即使是坐在匹馬單車中，如聽上天傳來的仙樂悠閒自得，不這樣的話，就是增加我的罪過。婦人小孩見此情景難道不害怕嗎？恐怕被有志之士所譏笑。所以說君子對於車輿禮服、儀衛隨從，足以辨識等級威儀罷了，而孜孜不倦追求的本來就有不只這些。

【研析】朝廷任用官員，予以職權和地位，是更有效地協理天下，安定百姓，而不是用以顯耀自己的地位名聲、用來欺壓驚嚇百姓的工具。但人們往往不是這樣想的，官本位的意識已經浸透到許多人的腦海裡。權威可以左右一切，甚至權大於法的事也是常見的。為百姓謀福利，為社會服務，多成了空頭支票。

五〇　夫治水者，通之乃所以窮之，塞之乃所以決之也。民情亦然，故先王引民情於正，不裁於法。法與情不俱行，一存則一亡。三代❶之得天下，得民情也；其守天下也，調民情也。順之而使不拂❷，節之而使不過，是之謂調。

【注釋】❶三代　指夏、商、周，儒家認為聖君所處的時代，為太平盛世。❷拂　逆反；違背。

【語譯】治理水利的人，疏通水道是為了使水完全洩流，堵塞水道就會造成潰決。百姓的情感和願望也是如此，因此先王引導民情於純正之道，不用法律來制裁。法律與人情是不能並行的，採用了一種方法，那麼就得放棄另一種方法。夏、商、周三代之所以取得天下，就在於順適了民情；三代之所以能持久地保有天下，就在於善於協調民情。順適民情而不使百姓有逆反之心，節制百姓而不使他們有過激行為，這就是所說的協調。

【研　析】統治能長治久安與否，就在於是否得民心，而了解民情，體貼民情，順應民情，是得民心所必需。得民心者得天下，這是亙古不變的道理。

五一　進賢舉才而自以為恩，此斯世之大惑也。退不肖之怨，誰其當之？失賢之罪，誰其當之？奉君之命，盡己之職。而公法廢於私恩，舉世迷焉，亦可悲矣。

【語　譯】進用賢者，薦舉人才，而自以為是施恩惠，這是使今世人們大感迷惑的地方。辭退不成材的人而招致怨恨，誰來擔當呢？失去賢能之士而造成的罪過，誰來擔當呢？奉君王之命，盡自己的職責罷了。而公法因私人恩惠而廢棄不用，全社會都覺得迷惑，這也是可悲的事。

【研　析】為國家舉賢用能，這是官員分內的事，應該是其義務。而現實中往往不是如此，官員們往往藉此變成施恩惠於人的手段，結黨營私，甚至於置法規於不顧，引起公憤，這種事也不少見，賢能之士因此而不能施展抱負，為國家做出應有的貢獻，這的確是國家的悲哀。

五二　法多則遁情❶愈多，辟❷之逃者入千人之羣，則不可覓，入三人之羣，則不可藏矣。

【注釋】❶遁情　猶隱情，即隱瞞情況，或指難言之事。❷辟　通「譬」。譬喻。

【語譯】法律條規太多，隱情就會愈多，就像逃者進入千人之群中，就難以尋找到，而進入三人之中，就無處藏身了。

【研析】制定法律條規，應該是確定大的方面就行了，面面俱到是不可能的。現實生活是豐富多彩的，也是複雜多變的。法律條規如果太過於瑣碎，彼此就有可能發生衝突，就有可能讓人無所適從。

五三　篤恭❶之所發，事事皆純王，如何天下不平？或曰：「纔說所發，不動聲色乎？」曰：日月星辰皆天之文章，風雷雨露皆天之政令，上天依舊篤恭在那裏。篤恭，君人❷之無聲無臭也；無聲無臭，天之篤恭也。

【注釋】❶篤恭　純厚恭敬。❷君人　為人之君，也指統治人民。又指國君。

【語譯】能做到純厚恭敬，那麼事事都會符合純正的王道，這樣天下為什麼不太平呢？有人就問：「剛才所說的做到純厚恭敬，不能從聲色表現出來嗎？」我回答說：比如日月星辰就像天上的文章，風雷雨露就像天上的政令，而上天依舊呈現為純厚恭敬在那裡。純厚恭敬，是為人之君無聲無臭的體現；無聲無臭，就是上天純厚恭敬的反映。

【研析】純厚恭敬，是一種謙遜的美德，體現了對他人的尊重，也是自己修養深厚的表現。孟子所云：「愛人者，人恆愛之；敬人者，人恆敬之。」這是互動的心理反映，作為一國之君，這也是增強親和力，取信於民的有效方法。

五四　無事時，惟有丘民❶好蹂踐❷，自吏卒以上，人人得而魚肉❸之。有事時，惟有丘民難收拾，雖天子亦無躲避處，何況衣冠？此難與誦詩讀書者道也。

【注釋】❶丘民　丘甸之民，泛指百姓。❷蹂踐　踩踏；侵擾。❸魚肉　比喻受侵害、欺壓者。也比喻欺凌、殘害。

【語譯】天下太平無事時，只有百姓好欺辱，自小官吏以上，人人可以欺凌百姓。天下出現動亂時，只有百姓最難管理，即使是天子也無處躲避，何況衣冠士大夫？這個道理難與讀死書的腐儒說。

【研析】百姓，可以幫助你打天下，坐江山，也可以推翻埋葬你，這就在於統治者是如何對待百姓的。善待百姓，就是善待自己的江山，作為一國之君，應該明白這個道理。

五五　太和❶之氣雖貫徹於四時，然炎徼❷以南常熱，朔方以北常寒。姑無論，只以中土❸言之，純然暄燠❹而無一毫寒涼之氣者，惟是五月半後、八月半前九十日耳，中間亦有夜用袷❺綿時，至七月而暑已處❻，八月而白露❼零，九月寒露❽、霜降❾，亥子丑寅❿，其寒無俟言矣。二三月後猶未脫綿，穀雨⓫以後始得斷霜。四月已夏，猶未清和⓬，大都嚴肅之氣，歲常十八。而草木二月萌芽，十月猶有生意，乃生育長養⓭，不專在於暄燠，而嚴肅之中，正所以操縱沖和之機者也。聖人之為政也，法天當寬，則用春夏；當嚴，則用秋冬。而常持之體，則於嚴威之中，施長養之惠，何者？嚴不匱，惠易窮。威中之惠，鼓舞人羣；惠中之惠，驕弛眾志。子產⑭相鄭，鑄刑書⑮，誅強宗⑯，伍田疇，褚衣冠⑰。及語子太叔猶有「莫如猛」之言⑱，可不謂嚴乎？乃孔子之評子產，則曰：「惠人也。」⑲他日又曰：「子產，眾人之母⑳。」孔子之為政可知矣。彼沾沾煦煦㉑，尚姑息以養民之惡，卒至廢弛玩愒㉒，令不行，禁不止，小人縱恣，善良吞泣，則孔子之罪人也。故曰居上以寬為本，未嘗以寬為政。嚴也者，所以成其寬也，故懷寬心，不宜任寬政，是以懦主殺臣，慈母殺子。

【注釋】❶太和　天地間平和淡泊之氣。❷炎徼　南方炎熱的邊區。❸中土　指中原地區。❹暄燠　溫暖；暖和。❺袷　夾衣。❻暑已處　即處暑，二十四節氣之一，在西曆八月二十三日左右。❼白露　秋天的露水。二十四節氣之一。每年在陽曆九月八日前後。❽寒露　二十四節氣之一，在陽曆十月八日或九日。❾霜降　二十四節氣之一，在西曆十月二十三日或二十四日。這時中國黃河流域一般出現初霜，大部分地區多忙於播種三麥等作物。❿亥子丑寅　中國古代最初只有地支紀月法，每年各月用十二地支代表，即把冬至所在的月即夏曆十一月為子月，丑為十二月，寅為一月，依此類推，亥為十月。⓫穀雨　二十四節氣之一，在四月十九、二十或二十一日。穀雨前後，中國大部分地區降雨量比前增加，有利作物生長。⓬清和　天氣清明和暖。又農曆四月的俗稱。⓭長養　撫育培養；長大；生成。⓮子產　春秋時鄭國大夫公孫僑，字子產，一字子美。鄭簡公十二年為卿，二十三年起執政，治鄭多年，有政績，得民心。⑮刑書　刑法的條文。⑯強宗　豪門大族。⑰伍田疇二句　《左傳·襄公三十年》云：「從政一年，輿人誦之曰：『取我衣冠而褚之，取我田疇而伍之。孰殺子產，吾其與之！』」伍，古代軍隊編制單位，士兵五名編為一伍。又古代民戶編制單位，五家編為一伍。田疇，泛指田地，此指民戶。褚，儲藏。⑱及語子太叔句　《左傳》云：「鄭子產有疾，謂子大叔曰：『我死，子必為政，唯有德者能以寬服民，其次莫如猛。夫火烈，民望而畏之，故鮮死焉；水懦，弱民狎而翫之，則多死焉。』」⑲乃孔子之評子產三句　見《論語·憲問》云：「或問子產，子曰：『惠人也。』」。⑳子產二句　《禮記·仲尼燕居》：「子曰：師爾過，而商也不及。子產，猶眾人之母也，能食之，不能教也。」㉑沾沾煦煦　沾沾，自矜的樣子；執著。煦煦，惠愛的樣子；和悅的樣子。㉒玩愒　即「玩歲愒日」的略語，謂貪圖安逸，曠廢時日。

【語　譯】天地間平和淡泊之氣雖然貫徹於一年四季，然而南方常是炎熱，北方常是寒冷。這姑且不論，只以中原地區而論，純然是溫暖而無一絲毫寒涼之氣，只有五月半後、八月半前共九十天，其間也有夜晚用夾衣的時候，至七月而已處暑，八月而秋天的露水已零落，即白露，九月寒露、霜降，十一月、十二月、一月、十月，其寒冷就不必說了。二月三月後仍未脫掉綿衣，穀雨以後霜開始停止，四月已經是夏天，天氣仍然沒有清明和暖，大多地區仍是寒冷之氣，這種情形每年常是十之有八。而草木二月開始萌芽，十月仍然有生機，就說明萬物生長養育的時間是較長的，不只在於溫暖的時候，而寒冷之中，正是可以掌控平和淡泊的時機。聖人制定政策，效法自然和天道應當寬厚，就如同在春夏時；應當嚴肅，就如同在秋冬時。而我們時常要保養的身體，就如在嚴寒威冷之中，實施撫育培養的恩德，為什麼呢？嚴肅就是不匱乏，恩惠容易用盡。威嚴中的恩惠，能鼓舞眾人；恩惠中的恩惠，能使眾人驕傲喪失鬥志。子產為鄭國的宰相，制作刑法條文，誅滅豪門大族，把民戶五家編為一單位，儲存衣冠。以及告訴子太叔時仍有「為政不如採取威猛的措施」的話，這難道不是嚴厲嗎？孔子評子產，就說：「是個惠愛於民的人。」他日又說：「子產，就如眾人的母親。」孔子處理政事的態度可知。那些沾沾自喜，尚且寬容以滋養百姓的惡習，結果是荒廢日月，有令不行，有禁不止，小人肆意放縱，善良的人吞聲哭泣，這種人是孔子的罪人啊。所以說為官的人以寬厚為本，未嘗以寬厚處理政事。嚴厲，就是為了成就其寬厚，所以心懷寬厚，但不應該在處理政事時任憑寬厚，如果這樣，就會有懦弱的帝王誅殺大臣，慈愛的母親殺死兒子的事發生。

【研析】治理國家，處理政事，嚴厲的法制是必須的。作為帝王，作為官員，對百姓心存慈愛寬厚是應該的，這是仁政的體現。但嚴格地執行法律條文，才是社會穩定、國家長治久安的保障，兩者相輔相成，並不排斥。

五六 盈天地間，只靠二種人為命，曰農夫織婦，却又沒人重他，是自戕其命也。

【語譯】滿天地間只是依靠二種人養育而活著，即農夫和織婦，卻沒有人重視他們，這是自己斷送自己的性命。

【研 析】古代中國是農業大國，男耕女織，所有人的衣食就有了保障，這就是根本，因此說輕視男耕女織，這是自掘墳墓的做法，是不足取的。

五七 酒之為害不可勝紀也，有天下者而不知嚴酒禁，雖談教養，皆苟道耳，此可與留心治平者道。

【語 譯】酒為害於人的事不可勝紀，作為統治者而不知制定嚴格禁酒的法令，即使是談教育生養百姓，都是苟且偷安的辦法，這些話只可與留心治理太平的人說。

【研 析】因醉酒而惹起的是非，小則送命，大則誤國，古今中外，屢見不鮮。

五八 而今當民窮財盡之時，動稱礦稅之害，以為事于君父，諫之不行，總付無可奈何。我且就吾輩安民節用以自便者言之，飲食入腹，三分銀用之不盡，而食前方丈❶，總屬暴殄，要他何用？僕隸二人，無三十里不肉食者，下程❷飯卓，要他何用？轎扛人夫，吏書馬匹，寬然有餘，而鼓吹❸旌旗要他何用？下筦❹上簟❺，公座圍裙，儘章物采❻矣，而滿房鋪毡，要他何用？上司新到，須要參謁❼，而節壽之日，各州縣幣帛下程充庭盈門，要他何用？前呼後擁不減百人，巡捕聽事❽，不缺官吏，而司道❾府官，交界送接，到處追隨，要他何用？隨巡司道，揖拜之外，張筵互款，期會❿不遑，而帶道文卷⓫，盡取抬隨，帶道書吏，盡人跟從，要他何用？官官如此，在在如此，民間節省，一歲儘多，此豈朝廷今之不得不如此耶？吾輩可以深省矣。

【注釋】❶方丈　指方丈之食，極言肴饌豐盛。❷下程　停駐；休憩。接待行人的酒食。也指贈給行人的川資或禮物。❸鼓吹　即鼓吹樂，古代的一種器樂合奏曲。又指演奏樂曲，或演奏樂曲的樂隊。又指鼓吹聲、樂曲聲。❹筦　疑為「莞」之誤。莞，俗名水蔥、席子草。也指用莞草織的席子。❺簟　供坐臥鋪墊用的葦席或竹席，也指日常用來作障蔽和墊物的竹席。❻物采　色采；景物的光彩。❼參謁　晉見上級或所尊敬的人，瞻仰尊敬的人的遺容、陵墓等。❽聽事　聽命行事。❾司道　司，官署；政府機構。道，古代行政區劃名。❿期會　約期聚集。⓫文卷　公文案卷。

【語譯】如今當百姓貧窮、財物用盡的時候，動不動就說是礦業稅的危害，認為事奉君父，諷諫而不聽，總是付之無可奈何。我姑且就我們安撫百姓、節省財用以自便的事而談談，日常的飲食，三分銀子就足夠用了，而如今滿席酒食豐盛，都是糟蹋，要這樣做有什麼用呢？奴僕二人跟隨，每三十里就得吃肉，停下來休息也擺設酒席，要這樣做有什麼用呢？坐在人力轎上，供使喚的吏書馬匹，綽綽有餘，而鼓吹音樂、排列旌旗又要它有什麼用呢？下面鋪草席，上面是竹席，所在座位圍著美女，完全顯現出光采，而滿房鋪著毛氈，又要它有什麼用呢？上官新到，必須要拜見，遇到節日壽時，各州縣送來的錢帛禮物庭中屋裡到處都是，又要它有什麼用呢？前呼後擁不下百人，巡邏搜捕，聽命行事，官吏下屬不缺，而司、道、府各級官員，來到邊界互相迎送，到處追隨，要它有什麼用呢？隨同巡察的司道官員，作揖拜禮之外，設宴互相交談，相約再會的次數都不夠用，而上道時公文案卷，全都隨從運來取用，行走在路上隨身帶有祕書，全部跟從，這要它又有什麼用呢？所有官員都是如此，處處都是如此，而民間節儉省用，盡一年所有，這難道是朝廷制定的法令使人不得不如此嗎？我們可以深刻地反省啊。

【研析】國家財政出現困乏，官員出行迎送仍然是講排場，擺闊氣，鋪張浪費，維持所謂風光面子，至於民生疾苦，則是其次了，這自然是朝廷的悲哀，國家的不幸。

五九　簿書❶所以防奸也，簿書愈多而奸愈黠，何也？千冊萬簿，何官經眼，不過為左右開打點之門，廣刁難之計，為下司增紙筆之孽，為百姓添需索之名。舉世昏迷，了不經意，以為當然，一細思之，可為大笑，有識者裁簿書十之九，而上下相安，弊端自清矣。

【注釋】❶簿書　記錄財物出納的簿冊；官署中的文書簿冊。

【語譯】用簿書登記帳目就是為了防止奸詐，然而簿書愈多而奸人就更狡黠，這是為什麼呢？有千萬冊的簿書，又有哪位官員看過呢？不過是為左右開啟了行賄的門徑，增加了刁難的計策，為下屬增加紙筆費用的禍害，為百姓增添索取的名目。人人都糊塗沉迷，完全不在意，以為理當如此。只要仔細一思考這事，可令人大笑，有識見的人裁減簿書十分之九，如此上下相安，弊端自然消除了。

【研析】所謂上有政策，下有對策，登記在冊，一筆筆似乎很清楚，但這有可能只是表面文章。日積月累，簿書越來越厚，帳冊越來越多，其間作弊的手段也就有可能越來越複雜，越來越高明，弊端也就越來越多。

六〇　養士用人，國家存亡第一緊要事，而今只當故事。

【語譯】培養官員，選用人才，當初這是關係國家存亡第一要緊的事，而如今的人只把這當作舊的條例。

【研析】選擇賢明，任用人才，這是關係國家的繁榮富強。與此相反，任人唯親，講求關係，假公濟私，卻是現實中常有的事。選賢任能，能做到公平公正，是需要努力的。

六一　臣是皋、夔、稷、契❶，君自然是堯、舜，民自然是唐虞。士君子當自責：「我是皋、夔、稷、契否？」終日悠悠泄泄❷，只說吾君不堯、舜，弗俾厥后惟堯、舜，是誰之愧恥？我輩高爵厚祿，寧不皇汗❸？

【注釋】❶皋夔稷契　皋，即皋陶，相傳是舜時的司法官。夔，名夔牙，相傳舜時的樂官。稷，指后稷，周的始祖名棄，曾經被堯舉為農師，被舜命為后稷，為古代主管農事之官。契，虞舜之臣，助禹治水有功，任司徒。❷泄泄　閒散自得貌；和樂貌；弛緩；懈怠。❸皇汗　即「惶汗」，恐懼落汗。

【語譯】為臣就像是皋陶、夔、后稷、契一樣賢能，那麼君主自然是堯、舜一樣的聖主，百姓自然就像生活在唐虞那樣的太平盛世。士君子應當自我責問：「我做的是否像皋陶、夔、后稷、契嗎？」終日悠閒懶惰，只是抱怨自己的君主不像堯、舜，不能使其後人只如堯、舜，誰應當為此而感到羞愧可恥呢？我們這些人高官厚祿，難道不感到恐懼羞愧嗎？

【研析】君主聖明，臣子就應賢能；君主昏庸，臣子更應賢能。這才是百姓的幸福。而臣子若只圖高官厚祿，不問國計民生，這倒是百姓的悲哀。

六二　惟有為上的難，今人都容易做。

【語　譯】只有向上進取是有困難的，維持現狀都是容易做到的。

【研　析】向上進取，就得付出，有一分耕耘，就有一分收穫，當然，也有顆粒無收的時候，但總比苟且偷安、得過且過要有意義些，人生的價值在於進取，而不是安於現狀。

六三　聽訟者要知天平，未稱物，先須是對鍼，則稱物不爽。聽訟之時，心不虛平，色態纔有所著，中證❶便有趨向，況以辭示之意乎？當官先要慎此。

【注　釋】❶中證　證人。

【語　譯】聽理訴訟的人就像要懂得用天平，沒稱量貨物時，必須先核對指針，稱量貨物就不會有誤。聽理訴訟時，心中不能保證公平，存有雜念，神色和態度才有所指向，證人便會順從，何況以言辭暗示呢？為官的人在這一點上首先要謹慎。

【研　析】作為斷案的主審官，心存公正，不誤導證人，才能不致誤判，否則就會有冤獄。

六四　天下之勢，頓❶可為也，漸❷不可為也。頓之來也驟，漸之來也遠；

頓之著力在終，漸之著力在始。

【注　釋】❶頓　即頓悟。佛教語。謂不假時間和階次，直接悟入真理。與「漸悟」、「漸修」相對。又指頓然領悟。❷漸　即漸悟。佛教語。謂須經長期修行，才能達到對佛教真理的覺悟。與「頓悟」相對。

【語　譯】天下大勢，可以用頓悟之法，不可用漸悟之法。頓悟其來也迅速，漸悟其來也慢遠；頓悟用力是在最後，漸悟用力是在開始。

【研　析】頓悟和漸悟是佛家修行的兩種方式，其方法不同，其結果也是不同的。頓悟重在結果，是速成式的。漸悟重在過程，所以良好的開端是必要的。

人情

一

一巨卿還家，門戶不如做官時，悄然不樂，曰：「世態炎涼如是，人何以堪？」余曰：君自炎涼，非獨世態之過也。平常淡素，是我本來事；熱鬧紛華，是我倘來❶事。君留戀富貴以為當然，厭惡貧賤以為遭際，何炎涼如之而暇嘆世情哉？

【注　釋】❶倘來　不應得而得或無意中得到。

【語　譯】一位大官退休回家，在社會上的地位不如做官時，悶悶不樂，就說：「世態炎涼如此，叫人怎麼忍受？」我回答道：這是你自我覺得人情冷暖反覆無常，並非人情淡薄。平日裡清淡樸素，是自己本來如此的狀況；熱鬧繁華，是自己偶然得到的東西。你留戀富貴並以為本來就是如此，厭惡貧賤並以為是偶然的不幸遭遇，你又為什麼會覺得世態炎涼如此而感嘆人情世故呢？

【研　析】俗云人走茶涼，多是就官場而言。世態炎涼，人情勢利，這是普遍的現象，置身於其中的人，應該深有體會。問題是凡事能拿得起，又能放得下，這樣做，才不至於為得失而煩惱。

二　兩人相非，不破家不止，只回頭認自家一句錯，便是無邊受用❶。兩人自是，不反面稽唇不止，只溫語稱人一句好，便是無限懽忻❷。

【注　釋】❶受用　得益；獲益。❷懽忻　即歡欣，喜悅。

【語　譯】兩人互相指責非議，不到家破人亡不止，如果回頭自己認一句錯，就會受益無窮。兩人都自以為是對的，不反脣相譏諷是不會終止的，如果用溫暖的話語稱他人一句好處，就會得到無限的喜樂。

【研　析】在是非爭議的過程中，非要分個勝負，以致翻臉成仇，怨恨在心，這是大不可取的。所謂退一步海闊天空，給別人方便，就是給自己方便。

三　守禮義者，今人以為倨傲；工諛佞❶者，今人以為謙恭。舉世名公達宦自號儒流，亦迷亂相責而不悟，大可笑也。

【注釋】❶諛佞　奉承獻媚。

【語譯】遵守禮義的人，今人以為是傲慢不恭；工於諂媚的人，今人以為是謙虛恭順。舉世的名公達官都自稱為儒學之士，對此也是迷惑混亂、相互指責而不能自悟其理，真是可笑啊。

【研析】是非不分，混淆黑白，是常發生的事。更可悲的是，明明心裡知道不對，卻還巧為開脫，或強詞奪理，以為理所當然，聲稱是「識時務者為俊傑」，熱衷功利的人往往如是。

四　世間有三利衢壞人心術，有四要路壞人氣質，當此地而不壞者，可謂定守矣。君門，士大夫之利衢也；公門，吏胥之利衢也；市門，商賈之利衢也。翰林❶、吏部❷、臺❸、省❹，四要路也，有道者處之，在在❺都是真我❻。

【注　釋】❶翰林　即翰林院，官署名，唐初置。明將著作、修史、圖書等事務並歸翰林院，成為外朝官署。❷吏部　舊官制六部之一。❸臺　古代中央政府的官署，常指御史臺。❹省　為中央官署名，又稱省中，禁中。❺在在　處處；到處。❻真我　佛教語，涅槃四德之一，亦稱「大我」，與「妄我」相對，謂出離生死煩惱的自在之我。

【語　譯】世間有三條通往利祿的途徑可以敗壞人的思想品德，有四條達到顯要地位的途徑可以損害人的氣質風度，人處在這種情況下而不受到影響，可謂是操守堅定啊。君主之門，是士大夫獲取利益的途徑；公府之門，是官吏獲取利益的途徑；市場之門，是商賈獲取利益的途徑。翰林院、吏部、御史臺、省中，為四處顯要的地位，有道德的人擔任其職，處處顯現的都是一心為國為民的真我。

【研　析】富貴利祿、地位顯要，是許多人夢寐以求的。心術不正的人，就會用非常的手段獲取，這於國於民來說都是個禍害。因此只有品德高尚的人居其位，才是國家和百姓的福氣。

五　朝廷法紀做不得人情，天下名分做不得人情，聖賢通理❶做不得人情，他人事做不得人情，我無力量做不得人情，以此五者徇人❷，皆妄也，君子慎之。

【注　釋】❶通理　通曉事理，又指共通的道理。❷徇人　曲從或迎合他人。

【語　譯】朝廷的法律綱紀不能做人情，天下的名位身分不能做人情，聖賢共通的道理不能做人情，別人的事不能做人情，自己沒有能力不能做人情，用這五方面迎合他人，都是妄意所為，君子一定要慎重。

【研　析】為了達到目的，走人情之路，是社會中常見的事，人情大於法的事也不是稀見之事。不用人情，似乎有些事就是解決不了，做一個正人君子是要付出艱辛的。

六　兩悔，無不釋之怨；兩求，無不合之交；兩怒，無不成之禍。

【語　譯】雙方都後悔，就沒有解不開的怨恨；雙方都有需求，就沒有不成交的；雙方都發怒，就沒有不造成禍患的。

【研　析】俗云一個巴掌拍不響，於彼此有益的事情，雙方當同心同德，無有不成。如有衝突，彼此能讓一步，化干戈為玉帛，未嘗不是喜事。

七　攻人者，有五分過惡，只攻他三四分，不惟彼有餘懼，而亦傾心引服❶，足以塞其辯口；攻到五分，已傷渾厚，而我無救性矣；若更多一分，是貽之以自解之資。彼據其一而得五，我貪其一而失五矣，此言責❷

家之大戒也。

【注　釋】❶引服　認罪；服罪。❷言責　進言勸諫的責任。又指諫官。

【語　譯】攻擊別人的人，別人有五分的過錯，只攻擊他三四分就夠了，不僅他心存恐懼，而且會真心認罪，足以不讓他狡辯；如果攻擊到五分，已經是有損於淳樸厚道，如此就會傷害人的品性；如果攻擊更多一分，這樣就會留給他自我辯解的藉口。他根據責備超過一分的過錯而否認了五分的過錯，而你因貪圖責備他超過一分的過錯而失去了五分的認錯，這是進言勸諫的人最應忌諱的。

【研　析】批評指責他人的過錯，不要抱著痛打落水狗的態度，給人以改過的機會，他人會心存感激的，於己於人都是有益的。

八　恕人有六：或彼識見有不到處，或彼聽聞有未真處，或彼力量有不及處，或彼心事有所苦處，或彼精神有所忽處，或彼微意❶有所在處。先此六恕，而命之不從，教之不改，然後可罪也已。是以君子教人而後責人，體人而後怒人。

【注　釋】❶微意　隱藏之意；精深之意。

【語譯】寬恕他人有六種情況：有的是他的見識考慮不周處，有的是他所聽到的有不真實處，有的是他的能力有達不到的時候，有的是他有心事、有苦衷，有的是他的精神有疏忽的地方，有的是他內心深處有所想的東西。首先是從這六個方面寬恕他人，之後命令他但不聽從，教誨他卻不改，就可以定罪。所以說君子先教育人而後責備人，先體貼人而後譴責人。

【研析】日常生活中，設身處地，換位思法，是很有人性的做法。先禮後兵，不失為理性的策略。

九　人到無所顧惜時，君父之尊，不能使之嚴；鼎鑊❶之威，不能使之懼；千言萬語，不能使之喻。雖聖人亦無如之何也已，聖人知其然也，每養其體面，體其情私，而不使至於無所顧惜。

【注釋】❶鼎鑊　鼎和鑊，古代兩種烹飪器具。古代的酷刑，用鼎鑊烹人。

【語譯】人到了什麼都無所顧惜時，即使有君父的尊貴，也不能使他嚴肅；即使有鼎鑊的威嚇，也不能使他懼怕；即使有千言萬語，也不能使他明白。雖然有聖人，對此也是沒有辦法的。聖人明白這個道理，常是顧忌他的體面，體恤他的隱私，而不使他至於無所顧惜。

【研析】人們常說人的臉皮被撕破了，對什麼也就無所顧惜了，什麼事也不在乎了。因此，給人留有面子，做事留有餘地，較之趕盡殺絕要更得人心。

一〇 有二三道義之交，數日別，便想思。以為世俗之念，一別便生；親厚❶之情，一別便疏。余曰：君此語甚有趣向❷，與淫朋狎友❸滋味迥然不同，但真味未深耳。孔、孟、顏、思❹，我輩平生何嘗一接？只今誦讀體認間，如朝夕同堂對語，如家人父子相依，何者？心交神契，千載一時，萬里一身也。久之，彼我且無，孰離孰合，孰親孰疏哉？若相與而善念生，相違而欲心長，即日暮一生，濟得甚事？

【注釋】❶親厚 關係親密，感情深厚。❷趣向 志趣；志向。❸淫朋狎友 不正派的親密朋友。❹孔孟顏思 即孔子、孟子、顏回、子思。顏回，字子淵，春秋時期魯國人。十四歲時拜孔子為師。孔伋，字子思，孔子嫡孫。終年八十二歲。子思受教於孔子的弟子曾參，子思的門人再傳孟子，後人把子思、孟子並稱為思孟學派。

【語譯】有兩三位同道的義友，才別數日，就想念思慮。認為世俗人的思念，一分別就陌生了；親密深厚的情感，一分別就疏遠。我答道：你說的這些話很有志趣，與不三不四的朋友的滋味完全不同，只是真實的意味不深厚。孔子、孟子、顏回、子思，我們平生何曾接觸過。如今誦讀他們的著作，於體悟認知間，就如朝晚與他們同堂對話，如同一家人父子相依，為什麼呢？就像知心朋友，神交千載，如同處在同一個時期，如同遠隔萬里，卻似同一身體。久而久之，不分彼此，又有誰離誰合、誰親誰疏呢？如果相處而修善的念頭產生，相離而欲見之心變得久長，即使一生整天如此，又能有什麼用呢？

【研　析】有共同的思想志趣，就能產生共鳴，即使是相距千載，相隔萬里，只要心心相印，又何必苟求時時刻刻在一起呢？

一一　受病於平日而歸咎於一旦，發源於臟腑而求效於皮毛。太倉❶之竭也，責窮於囷底；大廈之傾也，歸罪於一霖。

【注　釋】❶太倉　古代京師儲藏穀物的大糧倉。

【語　譯】患病是平日疏於調養，卻歸咎於得病那一刻；病根發源於五臟六腑，卻求治效於皮毛。官府的大糧倉已經空了，卻責備儲存已用盡；大廈將要倒了，卻歸罪於一場久雨。

【研　析】出了問題，有些人總喜歡找一些理由或藉口為自己開脫，推卸責任，其實這是不負責任的表現。

物理

一

鴟鴞❶其本聲也如鵲鳩❷然，第其聲可憎，聞者以為不祥，每彈殺之。夫物之飛鳴，何嘗擇地哉？集屋鳴屋，集樹鳴樹。彼鳴屋者，主人疑之矣。不知其鳴于野樹，主何人不祥也？至於犬人行，鼠人言，豕人立，真大異事。然不祥在物，無與於人，即使於人為凶，然亦不過感戾氣❸而呈兆，在物亦莫知所以然耳。蓋鬼神愛人，每示人以趨避❹之幾，人能恐懼修省❺，則可轉禍為福，如景公之退孛星❻，高宗之枯桑穀，妖不勝德❼，理氣必然，然則妖異之呈兆，即蓍龜❽之告繇❾，是吾師也，何深惡而痛去之哉？

【注釋】❶鴟鴞　鳥名，俗稱貓頭鷹。❷鵲鳩　不詳。按鵲和鳩，為兩種鳥。❸戾氣　邪惡之氣。❹趨避　疾走迴避。又指趨利避害，趨吉避凶。❺修省　修身反省。❻景公之退孛星　《左傳・昭公二十六年》：「齊有彗星，晏子曰：無益也，祇取誣焉，天道不慆。不貳其命，若之何禳之。且天之有彗也，以除穢也。君無穢德，又何禳焉？若德之穢，禳之何損？」孛星，彗星。❼高宗之枯桑穀二句　《史記・殷本紀》云：「殷道衰，諸侯或不至。帝雍已崩，弟太戊立，是為帝太戊。帝太戊立伊陟為相，亳有祥桑穀共生於朝，一暮大拱。帝太戊懼，問伊陟，伊陟曰：『臣聞妖不勝德，帝之政其有闕與？帝其脩德。』太戊從之，而祥桑枯死而去。」按：

帝太戊廟號中宗，帝武丁廟號高宗。❽蓍龜　古人以蓍草與龜甲占卜凶吉，因以指占卜。❾繇　占卜。此指繇文，占卜的文辭。

【語　譯】鴟鴞鳴叫的聲音就如同鵲鳩鳴聲一樣，只是其鳴叫聲令人憎惡，聽到的人以為不祥，常常用彈弓射殺。物之飛鳴，何曾選擇地方呢？停在屋上就在屋上鳴叫，停在樹上就在樹上鳴叫。那些在屋上鳴叫的，主人就會有疑心，不知它們在野外樹上鳴叫，又預示什麼人會有不祥呢？至於犬如人行走，鼠如人說話，豬如人站立，真是特別怪異的事情。然而這些不祥的表現是在動物身上，與人是沒有關係的，即使於人似乎預示著有凶兆，然而也不過是感邪惡之氣而呈現出徵兆，對動物來說也不知為什麼會這樣。大概鬼神憐愛人，常常向人們顯示趨吉避凶的徵兆。人對修身反省能感到恐懼，就可以轉禍為福，如齊景公接受晏子的建議不搞祭祀而消除彗星降臨而感到不安的心理，殷高宗朝祥桑穀共生於朝，不久還是枯死，妖異現象是不能勝過好德行的，這是事理之氣發展的必然結果，然而妖異現象呈現的預兆，就像是用蓍草與龜甲占卜顯示出的繇文，這就是我的老師，為什麼要極其厭惡而堅決除去呢？

【研　析】自然中的現象千變萬化，人們往往會把一些現象附會到自己的身上，有所謂吉祥的，也有所謂凶惡的，左右和影響著人們的語言和行為，古今中外，屢見不鮮，這是迷信，但信之不疑的還是大有人在。

二　春夏秋冬不是四個天，東西南北不是四個地，溫涼寒熱不是四個氣，喜怒哀樂不是四個面。

【語譯】春夏秋冬不是四種天象，東西南北不是四種地方，溫涼寒熱不是四種氣候，喜怒哀樂不是四種面容。

【研析】春夏秋冬、東西南北、溫涼寒熱、喜怒哀樂，都是一種物體在不同的時間段呈現出的不同狀貌，這是現象，不是本質。本質變了，這些依附的種種現象也就不存在了。

三　臨池者，不必仰觀，而日月星辰可知也。閉戶者，不必遊覽，而陰晴寒暑可知也。

【語譯】在水池邊的人，不必抬頭看，而日月星辰諸種天象就可以知道了。閉門不出戶的人，不必外出遊覽觀賞，而陰晴寒暑諸種氣候就可以知道了。

【研析】人並不是一生下來就什麼都知道的，人生的知識和經驗，是我們感知物象及其變化的重要基礎。

四　先得天氣而生者，本上而末下，人是已；先得地氣而生者，本下而末上，草木是已。得氣中之質者飛，得質中之氣者走，得渾淪磅礡❶之氣質者為山河，為巨體之物，得游散纖細之氣質者為蠛蠓❷蚊蟻蠢動❸之蟲，為苔蘚萍蓬藂蔇之草。

【注　釋】❶渾淪磅礡　渾淪，指宇宙形成前的迷蒙狀態。磅礡，廣大無邊的樣子；氣勢盛大。❷蠛蠓　蟲名，體微細，將雨，群飛塞路。❸蠢動　出於本性的自然的行動；蠕蠕而動。

【語　譯】先得上天之氣而降生的，是本在上而末在下的人；先得土地之氣而出生的，是本在下而末在上的草木。得氣中之質的在天上飛，得質中之氣的在地上跑，得渾沌磅礡氣質的為山河、為巨形之物，得游散纖細之氣質的為蠛蠓蚊蟻等蠢動之蟲、為苔蘚萍蓬等叢生之草。

【研　析】天地間的萬事萬物，之所以有大有小，有粗有細，為人為蟲，為草為木，或飛於天，或行於地，諸如此類，都是由於秉性不同，所以形狀色彩各異。

五　火不自知其熱，冰不自知其寒，鵬❶不自知其大，蟻不自知其小，相忘於所生也。

【注　釋】❶鵬　傳說中最大的鳥。《莊子・逍遙遊》：「北冥有魚，其名為鯤，鯤之大不知其幾千里也。化而為鳥，其名為鵬。鵬之背不知其幾千里也。怒而飛，其翼若垂天之雲。」

【語譯】火自己是不知道其熱度的，冰自己是不知道其寒冷的，鵾鵬自己是不知道其龐大的，螞蟻自己是不知道其渺小的，都是因為它們不在意自己怎麼來的。

【研析】能忘記自己的生與死、來與去，就不會有得失之心，隨緣任運，這也是一種生存態度。

六　大風無聲，湍水無浪，烈火無焰，萬物無影。

【語譯】風大到極點就會沒有聲音，水流極其急旋就會沒有波浪，火燃燒得極旺就不會有火苗，物象多到上萬就會沒有影子。

【研析】事物發展到極致，其外露的氣勢就會消去，化有為無，這是生命最完美的體現。所謂大智若愚，就是指這種境界。

七　薰香蕕臭❶，蕕固不可有，薰也是多了的，不如無臭，無臭，臭之母也。

【注釋】❶蕕臭　蕕，草名，似細蘆，蔓生水邊，有惡臭。臭，腐臭的氣味。

【語　譯】薰草味香，蕕草味臭，蕕草本來就不該有的，薰草如果太多了，不如沒有味道，就是百味之祖。

【研　析】臭，是指味道，本無所謂香和不香之別，所謂香與不香，是人為分別的結果，而後世臭就專指難聞的氣味了。臭味是人人厭棄的，香味是人人喜歡的，但香味過多過濃，反而會令人感到不舒服，所謂過猶不及，講的就是這個道理。

八　柳炭鬆弱無力，見火即盡；榆炭稍強，火稍烈；桑炭強，山栗炭更強，皆逼人而耐久。木死成灰，其性自在。

【語　譯】柳樹燒成的木炭鬆軟無力，燃燒後不久就熄滅；榆樹燒成的木炭稍硬，燃燒後火要旺些；桑樹燒成的木炭要硬些，山栗樹燒成的木炭更硬些，燃燒後火勢逼人而持續時間也久長。樹木死後燒成灰炭，其本性仍然未變。

【研　析】本性難改，是人們常說的話，自誕生在這個世界上，凡物均有自己的特性，生老病死，總是在變，惟一難變的，就是上天賦予的本性。

廣喻

一　劍長三尺，用在一絲之銛❶刃；筆長三寸，用在一端之銳毫，其餘皆無用之羨物也。雖然，使劍與筆但有其銛者銳者焉，則其用不可施。則知無用者，有用之資；有用者，無用之施。易牙❷不能無爨子，歐冶❸不能無砧❹手，公輸❺不能無鑽廝，苟不能無，則與有用者等也，若之何而可以相病也？

【注　釋】❶銛　鋒利。❷易牙　又稱狄牙、雍巫。春秋時齊桓公寵臣，長於調味，善逢迎，傳說曾烹其子為羹以獻桓公。後多以指善烹調者。❸歐冶　歐冶子，春秋時著名鑄劍工。《呂氏春秋．贊能》：「得十良劍，不若得一歐冶。」❹砧　指磨刀石。❺公輸　春秋時有公輸班，或稱魯班，為魯國巧匠。班，或作「般」、「盤」。

【語　譯】劍長三尺，發揮作用的只是一絲寬鋒利的刃；筆長三寸，發揮作用的只是一端尖銳的毫毛，其餘都是無用的多餘之物。雖然這樣，使劍與筆只有其鋒利或尖銳的部分，則其作用就不能發揮。可知無用的部分，正是有用所依賴的；有用的部分，是供無用部分的發揮。易牙不能不烹調自己的兒子，歐冶子不能沒有磨劍的助手，公輸班不能無鑽孔的奴僕。如果不能「無」，其與「有」的作用是同等的，為什麼要以為互相抵觸呢？

【研　析】「有」和「無」既是對立的，又是相互依存的，這個道理，《老子》一書已經說得很清楚了。「無」是為了給「有」發揮作用提供方便，「有」是主導，「無」是輔助，二者缺一不可。

二　著味非至味也，故玄酒❶為五味❷先；著色非至色也，故太素❸為五色❹之主；著象非至象也，故無象為萬象母；著力非至力也，故大塊❺載萬物而不負；著情非至情也，故太清❻生萬物而不親；著心非至心也，故聖人應萬物而不有。

【注釋】❶玄酒　古代祭禮中當酒用的清水。以其色黑，謂之玄。太古無酒，此水當酒用，故謂之玄酒。❷五味　指酸、甜、苦、辣、鹹五種味道。❸太素　古代謂最原始的物質。❹五色　青、赤、白、黑、黃五種顏色，古代以此五者為正色。❺大塊　大自然；大地。❻太清　天空；天道；自然。

【語譯】調味並不是最佳的味道，所以玄酒為五味之先；染色並不是最佳的顏色，所以太素為五色之主；製作形象並非最佳的形象，所以沒有形象為一切形象之祖；用力並非最佳的力量，所以大地負載萬物而無負重之感；講究感情並非極其真實的情感，故自然生長萬物而不顯得親昵；用心並非最真誠的心，所以聖人應對萬物而不存擁有之心。

【研析】天地孕育萬物，萬物的生死盛衰，都是遵循著自然規律而然，人為的因素，外力的作用，往往會起相反的效果。

三　凡病人面紅如赭❶，髮潤如油者不治，蓋萃一身之元氣血脈，盡於面目之上也。嗚呼！人君富，四海貧，可以懼矣！

【注　釋】❶赭　土紅色。

【語　譯】凡是生病的人面色紅如赭色，頭髮濕潤如油而不好治療，大概聚集一身的精氣血脈都表現在臉面上。唉！帝王富有，四海貧窮，可令人恐懼啊！

【研　析】富有四海，是帝王的福分，但如果只圖一人享受，四海百姓卻生活在水深火熱之中，這個王位不會維持太久的。

四　風之初發於谷也，拔木走石，漸遠而減，又遠而弱，又遠而微，又遠而盡，其勢然也。使風出谷也，僅能振葉拂毛，即咫尺不能推行矣。京師，號令之首也，紀法不可以不振也。

【語　譯】風剛從山谷中興起的時候，拔起樹木，捲走石頭，漸遠而風勢減小，又遠而減弱，又遠而變得細微，又遠而停止，其氣勢的發展就是如此。假使風從山谷中颳出，只能振動樹葉、拂動毛髮，即使咫尺的距離也不能前行啊，京城是號令首先頒發的地方，綱紀法律不可以不振作。

【研　析】京城是國家的心臟，各種法律政令都由此而發出，由京城而至省、至州、至府、至縣，如何執行，執行的力度如何，卻要打問號。上有政策，下有對策，朝廷的政令能否有效地被執行，是中央集權統治能力強弱的反映。

五　背上有物，反顧千萬轉而不可見也，遂謂人言不可信，若必待自見，則無見時矣。

【語譯】後背上有東西，回頭千萬轉而見不到，就說別人講的不可信，如果必須等到自己看見，就永遠沒有看見的機會了。

【研析】自己看不到，就認為不存在，這是不對的。當局者迷，旁觀者清，能明白這個道理，就不至於自欺欺人了。

六　毫釐之輕，斤鈞之所藉以為重者也；合勺之微，斛斗之所賴以為多者也；分寸之短，丈尺之所需以為長者也。

【語譯】毫釐是很輕微的計量單位，而斤鈞重的東西卻是憑藉不斷增添的輕微而成的；合勺是很微小的計量器具，而斛斗盛東西多卻是依賴不斷增加的微小而成的；分寸是很短的計量單位，而丈尺的長度卻是需要不斷增長的分寸而成的。

【研　析】千里之行，是靠每一小步積累而成的，取得成果，是靠一步步腳踏實地而來的。

七　長戟利於錐，而戟不可以為錐；猛虎勇於狸，而虎不可以為狸。用小者無取於大，猶用大者無取於小，二者不可以相誚也。

【語　譯】長戟比錐鋒利，但戟不可用作錐；猛虎比貍凶狠，但猛虎不可當作貍。用小的不會選取大的，就像用大的不會選取小的，兩者不可以互相責備。

【研　析】尺有所短，寸有所長。世間萬事萬物，不論大小強弱，能生存在天地間，就說明他有這個能力，有可供他人借鑑的地方。學他人之長，補自己之短，這才是明智之舉。

八　鑑不能自照，尺不能自度，權❶不能自稱，囿於物也。聖人則自照、自度、自稱，成其為鑑、為尺、為權，而後能妍媸、長短、輕重天下。

【注　釋】❶權　秤砣，測定物體重量的器具。

【語　譯】鏡子是不能照見自己面目的，尺是不能量自己長度的，秤砣是不能秤自己重量的，局限於物體本身。聖人則可以自我相照、自我度量、自我秤重，因此可以當作世人的鏡子、尺、秤砣，然後能為天下區別衡量妍和媸、長和短、輕和重。

【研　析】聖賢之所以能成為天下人的楷模，就在於能自知自明，時時警醒自己，所以少犯錯，不犯錯。

九　蒼松古栢與夭桃穠李❶爭妍，重轂鸞鑣❷與衝車❸獵馬爭步，豈直不能，亦可醜矣。

【注　釋】❶夭桃穠李　茂盛豔麗的桃花、李花。❷重轂鸞鑣　重轂，古代皇帝乘坐的車。有兩個車轂，取其平穩。鸞鑣，繫有鸞鈴的馬銜。❸衝車　古兵車名，用以衝城攻堅。

【語　譯】蒼松古柏與夭桃穠李爭比哪個豔麗，重轂鸞鑣與衝車獵馬爭比誰跑得快，何止不能相比，也會令人覺得醜陋。

【研　析】不是一類，就不要去比較，因為其間沒有可比性，若相比，肯定會出笑話的。人貴有自知之明，如此才能自重自愛。

一〇　鎖鑰各有合，合則開，不合則不開，亦有合而不開者，必有所以合而不開之故也。亦有終日開，偶然抵死不開，必有所以偶然不開之故也，萬事必有故，應萬事必求其故。

【語　譯】鎖和鑰匙是各自相配合的，相吻合就能打開，不吻合就不能打開。也有相吻合卻打不開的，其中一定會有相吻合卻打不開的原因。也有終日可以打開，而偶然怎麼也打不開的，其中一定會有偶然怎麼也打不開的原因。世上萬事萬物之所以產生出現，一定是有其原因的，因此說，應對各種事情，一定要尋求其之所以這樣的原因。

【研　析】因果關係是人們所熟知的，有其因，必有其果，反之亦然。對症下藥，解決問題的時效性就會提高，費力不討好的事常有，就在於不知道問題之所以產生根本原因是什麼。

一一　窗間一紙，能障拔木之風；胸前一瓠，不溺拍天❶之浪，其所托者然也。

【注　釋】❶拍天　形容浪濤洶湧衝擊，氣勢浩大。

【語　譯】窗戶間的一張紙，能阻擋拔木而起的狂風；胸前掛著一個葫蘆，不會沉溺於巨浪之中，這是因為有所依託而如此。

【研析】很多時候，很多場合，之所以能成功，能把問題解決，就在於善於利用外物，這樣既可以增強保護自己生存的能力，又有助於拓展自己生存的空間，何樂而不為呢？

一二　人有饋一木者，家僮曰：「留以為梁。」余曰：「木小，不堪也。」僮曰：「留以為棟。」余曰：「木大，不宜也。」僮笑曰：「木，一也，忽病其大，又病其小。」余曰：「小子聽之，物各有宜用也，言各有攸當也，豈惟木哉？」他日為余生炭，滿爐烘人，余曰：「太多矣。」乃盡濕之，留星星三二點，欲明欲滅，余曰：「太少矣。」僮怨曰：「火，一也，既嫌其多，又嫌其少。」余曰：「小子聽之，情各有所適也，事各有所量也，豈惟火哉？」

【語譯】有人送我一根木頭，家僮說：「留下來用作橫梁。」我說：「木頭太小，不能作橫梁。」家僮說：「留下來作棟梁。」我說：「木頭太大，不宜作棟梁。」家僮笑著說：「同樣的一根木頭，忽而嫌其太大，又嫌其太小。」我說：「你聽著，物體各有所適用的價值，話語各有所適應的場合，難道僅僅是根木頭嗎？」他日家僮為我生炭火，滿爐的炭火旺得烤人，我說：「炭火太旺了。」於是用水全澆濕木炭，只賸下三二點星星之火，欲明欲滅，我說：「太少了。」家僮埋怨說：「同樣是一爐火，一會嫌火旺，一會又嫌火弱。」我說：「你聽著，情形各有所適應的場合，事情各有所應有的分量，難道僅僅是火嗎？」

【研析】因地制宜，隨機應變，這是靈活的運用。時間不同，環境不同，事情就會發生變化，相時度勢，採用適應的策略，可以減少不必要的浪費或犧牲。而物能盡其用，人能盡其才，才能更有效地發揮作用。

一三　海，投以污穢，投以瓦礫，無所不容。取其寶藏，取其生育，無所不與。廣博之量，足以納觸忤而不驚；富有之積，足以供採取而不竭。聖人者，萬物之海也。

【語譯】大海，即使投以汙穢的東西，投以破碎的磚頭瓦片，無所不容。獲取大海中的寶藏，獲取大海中生育的東西，無所不與。大海廣博的容量，足以容納即使是與它相抵觸的事物也不會驚亂；大海富有的積聚，足以供人們取用而不會完竭。聖人，就如容納萬物的大海。

【研析】有大海般的胸懷，才能成就偉大的事業。能包容一切，才能令人信服。聖人之所以為後人學習的榜樣，就在於此。

一四　鏡空而無我相，故照物不爽分毫，若有一絲痕照人面上，便有一絲，若有一點瘢，照人面上，便有一點，差不在人面也，心體不虛，而應物❶亦然，故禪家嘗教人空諸有❷，而吾儒惟有喜怒哀樂未發之中，故有發而中節之和❸。

【注　釋】❶應物　順應事物，又指待人接物。❷諸有　所有；一切。❸喜怒二句　〈中庸〉云：「喜怒哀樂之未發謂之中，發而皆中節謂之和，中也者，天下之大本也；和也者，天下之達道也。」朱熹注云：「喜怒哀樂，情也，其未發，則性也。無所偏倚，故謂之中。發皆中節，情之正也，無所乖戾，故謂之和。」按中和為中庸之道的主要內涵，儒家認為能「致中和」，則天地萬物均能各得其所，達於和諧境界。

【語　譯】鏡子空明而沒有自己的影像，因此照物沒有絲毫的差別，如果有一絲的疤痕，照在人面上便有一絲的疤痕，如果有一點的傷瘢，照在人面上便有一點的傷瘢，其差錯不在人面，在於其精神和肉體的不空虛。順應事物也應如此，所以禪家曾教人要看空一切，而儒家也主張喜怒哀樂只藏於未表露之中，即使喜怒哀樂之情的表露，也是要有節制，以達到中和。

【研　析】人生在世，喜樂哀愁是情感的自然外露，能順應自然，不走極端，不為身外之物所牽累，這是一種積極的人生態度。

一五　人未有洗面而不閉目、撮紅而不慮手者，此猶愛小體也。人未有過簷滴而不疾走、踐泥塗而不揭足者，此直愛衣履耳。七尺之軀，顧不如衣履哉！乃沉之滔天情欲之海，拚於焚林❶暴怒之場，粉身碎體，甘心焉而不顧，悲夫！

【注　釋】❶焚林　春秋時介之推從晉文公流亡，割股食公，有功而不受祿，隱入綿山，後晉文公焚燒樹林逼迫，仍不出，抱樹焚死。後以「焚林」為求取賢士的典故。

【語　譯】沒有人洗臉而不閉眼睛、手抓紅色的東西而不洗手的，這是愛護身體一小部分的表現。沒有人經過滴水的屋簷下而不快跑、踐踏泥塗而不擡起腳的，這只是愛惜衣服和鞋子罷了。七尺高的軀體，難道還不如衣服和鞋子嗎！而沉迷如滔天情欲之海，拚命於功名是非之場，粉身碎骨，心甘情願而不顧，真可悲啊！

【研　析】功名利祿，富貴榮華，都是身外之物，而世人往往會為了獲取這些而絞盡腦汁，勾心鬥角，甚至不惜違規犯法、犧牲自己的生命，真是不值啊！

一六　左手畫圓，右手畫方，是可能也。鼻左受香，右受惡，耳左聽絲，右聽竹，目左視東，右視西，是不可能也。二體且難分，況一念而可分乎？

【語　譯】左手畫圓，右手畫方，這是可以做到的。左鼻孔聞香味，右鼻孔聞臭味，左耳聽絃樂，右耳聽管樂，左眼向東看，右眼向西看，這是不可能做到的。一個器官的二部分尚且難以分開，何況在思索一個問題時能有雜念嗎？

【研　析】一心不能二用，雜念會干擾正常思路的，思考問題，能用心專一，才能更快更有效地形成想法，解決問題。

一七　擲髮於地，雖烏獲❶不能使有聲；投核於石，雖童子不能使無聲。人豈能使我輕重哉？自輕重耳。

【注　釋】❶烏獲　戰國時秦之大力士。參見卷下〈治道〉第三二則注釋❶。

【語　譯】把頭髮扔到地上，即使像烏獲那樣的大力士也不能使它發出聲音；把果核扔到石上，即使兒童也不能使它不發出聲音。別人怎能左右影響我呢？人還是作自己的主宰。

【研　析】走什麼樣的路，做什麼樣的人，這是自己的事。也就是說尊嚴是要靠自己來維護的，這樣生活才能有目標，有方向，也就有了奮鬥的動力和方向。

一八　澤潞❶之役，余與僚友並肩輿，日莫❷矣，僚友問輿夫去潞幾何，曰五十里，僚友憮然。少間，又問尚有幾何，曰四十五里，如此者數問而聲愈厲，意迫切不可言，甚者怒罵。余少憩車中，既下車，戲之曰：「君費力如許，到來與我一般。」僚友笑曰：「余口津且竭矣，而咽若火，始信兄討得便宜多也。」問卜筮者亦然，天下豈有兒不下迫而強自催生之理乎？大抵皆揠苗之見也。

【注　釋】❶澤潞　指澤州、潞州，今均屬山西。❷莫　即暮字。

【語　譯】到澤州、潞州出差的路上，我與僚友坐的轎子並行，天色已晚，僚友問轎夫到潞州還有多少路程，轎夫說還有五十里，僚友悵然不樂。過了一會，又問還有多遠，轎夫說還有四十五里，就這樣連續問了多次而聲音一次比一次嚴厲，態度非常迫切，難以用語言表達，甚至是怒罵。我在車中稍作休息，然後下車，對僚友戲謔說：「你費了這麼多口舌，到頭來還是和我一樣的。」僚友笑著說：「我口已乾渴，而且咽喉如火燒，才相信老兄您討得很多便宜。」詢問占卜的人也是如此，天下豈有嬰孩不急於出世而強迫出生的道理呢？這大抵都是揠苗助長的見識。

【研　析】能達到目的，實現願望，是每一位當事者的想法，而急於求成，往往會事與願違。因為事情的進展總是要有一個過程，我們可以人為地加速這個過程，但加速是有限度的，不能過分，否則不僅於事無補，甚至會造成身心的不快。

一九　進香叫佛，某不禁，同僚非之，余憮然曰：王道荊榛❶而後蹊徑❷多，彼所為誠非善事，而心且福利之，為何可弗禁？所賴者緣是以自戒而不敢為惡也。故歲飢不禁草木之實，待年豐，彼自不食矣。善乎孟子之言曰「君子反經而已矣❸」，「而已矣」三字，旨哉！妙哉！涵蓄多少趣味。

【注　釋】❶荊榛　泛指叢生灌木，多用以形容荒蕪情景。比喻艱危、困難。❷蹊徑　這裡比喻除儒家學說外的各種學說。❸孟子之言曰句　《孟子・盡心下》云：「君子反經而已矣，經正則庶民興，庶民興，斯無邪慝矣。」注疏云：「君子治國家歸於常經，謂以仁義禮智道化之，則眾民興起而家給人足矣，倉廩實而知禮節，安有為邪惡之行也？」經，即常軌。

【語　譯】進香念佛，我不會禁止，而同僚卻認為不對，余悵然地說：王道仁政難以推行後各種學說與起，它們所主張的確實不是什麼好事情，但人們內心卻向它們祈求福利。為什麼說可不禁止呢？之所以依賴這些學說是因為這樣做可以使百姓達到自我警戒而不敢做壞事做惡人。所以說出現飢年就不會禁止人們食用草木的果實，等待豐年糧足，他們自然不會食用草木的果實。孟子云「君子所要做的是使邪說歸於常理罷了」，說得真好啊！「而已矣」三字，真是有意義啊！真是絕妙啊！其中蘊涵了多少趣味。

【研　析】王道是儒家以仁政治理天下的主張，仁政得推行，則百姓受其恩惠。仁政不能推行，即意味著天下不太平，或是昏君奸臣主宰，那麼百姓就會遭殃。而被儒家認為是邪說的佛家、道家等就會盛行，百姓信其說，不過是在亂世中為自己尋求精神的寄託和心靈的安慰，這不過是權宜之計。

二〇　日食膾炙❶者，日見其美，若不可一日無。素食三月，聞肉味，祇覺其腥矣。今與膾炙人言腥，豈不訝哉？

【注　釋】❶膾炙　細切的肉和烤熟的肉。泛指佳餚。

【語　譯】每天吃美味佳餚，一天要比一天好，好像一天都不能少。如果連續三個月吃素，聞到肉味，只覺得滿是腥味。如今與吃葷的人談腥味，豈不令人驚訝？

【研　析】話不投機半句多，就如同與食葷的人大談吃素，或與食素的人大談吃葷，肯定會引起對方反感的。

二一　鈎吻❶、砒霜❷，也都治病，看是甚麼醫手。

【注　釋】❶鈎吻　常綠灌木，纏繞莖，葉子卵形或披針形，花黃色，果實為蒴果，種子有毒，中醫入藥。也稱斷腸草、大茶藥、火把花、葫蔓藤、野葛、毒根、黃藤等。❷砒霜　一種無機化合物，白色或灰色固體，有劇毒。

【語　譯】鈎吻、砒霜是毒性很強的東西，都可以用來治病，就看是什麼醫生取用了。

【研　析】鈎吻、砒霜是可以致人於死的東西，但醫生可以用它們來治病，關鍵是劑量的掌握和取用，這在於醫術是否高明，不是所有醫生都能做到的。

二二　家家有路到長安，莫辨東西與南北。

【語　譯】每家每戶都有通往長安的路，不需要分辨東西與南北。

【研　析】長安是指京城，京城的地理位置是人所共知的，京城在自家的什麼方位也是最容易確認的，而到達京城的路也是屬於最暢通的。

二三 鐘一鳴，而萬戶千門有耳者莫不入其聲，而聲非不足。使鐘鳴於百里無人之野，無一人聞之，而聲非有餘。鐘非人人分送其聲而使之入人，人非取足於鐘之聲以盈吾耳，此一貫❶之說也。

【注　釋】❶一貫　用一種道理貫穿於萬事萬物。又指同一個道理。

【語　譯】鐘一鳴響，而千家萬戶有耳朵的人沒有不聽見其聲音的，而聲音本身並非不充足。使鐘在無人居住的百里方圓的野外鳴響，沒有一人能聽見，而聲音本身並非多餘。鐘不是分別將聲音一一傳送至每個人的耳中，而人也不是有意識地獲取足夠的鐘聲以達到滿耳都是，這說的是同一個道理。

【研　析】鐘聲能否傳入到人的雙耳，這主要取決於人與聲源的距離，雖然有聲音的大小、強弱等差別，但最終還是取決於距離的遠近。

二四 未有有其心而無其政者，如漬❶種之必苗，爇❷蘭之必香；未有無其心而有其政者，如塑人之無語，畫鳥之不飛。

【注　釋】❶漬　浸潤；濕潤。❷爇　燃燒；焚燒。

【語譯】沒有聽說過用心作為而沒有政績的，如同浸潤種子必然會發芽，燃燒蘭草必然會產生香氣；沒有聽說過無心作為而會有政績的，如同泥塑的人不會說話，描繪的鳥不能飛。

【研析】有一分付出，就會有一分收穫，反之，是不會有得的。指望天上掉下餡餅，不啻癡人說夢。

二五　某嘗與友人論一事，友人曰：「我胸中自有權量❶。」某曰：「雖婦人孺子未嘗無權量，只怕他大斗小秤。」

【注釋】❶權量　權與量，測定物體大小、輕重的器具。又指權衡。

【語譯】我曾經與友人討論一件事，友人說：「我胸中自有權衡和度量。」我說：「即使是婦女兒童也未嘗沒有權衡和度量，只是怕他們斗大秤小。」

【研析】遇到任何一件事，人們都會有自己的看法，並形成自己解決問題的思路，不論是官員士大夫，還是婦女兒童。至於能否達到目的，是否有效，則是另外一個話題。

二六　齁鼾❶驚鄰而睡者不聞，垢污滿背而負者不見。

【注　釋】❶齁鼾　打鼾聲，形容熟睡。

【語　譯】熟睡時鼾聲驚醒了鄰人而自己卻聽不到，背部滿是汙垢而自己卻看不見。

【研　析】能夠十分清楚地看到自己的短處，或明白自己的錯誤，並不是件容易的事。如果只是因為自己不知道、沒看見，而對他人善意的提醒又不以為然，這倒是可怕的。

二七　被桐以絲❶，其聲兩相借也。道不孤成，功不獨立。

【注　釋】❶被桐以絲　指用桐木製成琴。《後漢書・蔡邕列傳》云：「吳人有燒桐以爨者，邕聞火烈之聲，知其良木，因請而裁為琴，果有美音，而其尾猶焦，故時人名曰『焦尾琴』焉。」後人因以焦尾琴泛指好琴。絲，指絃樂器。

【語　譯】用桐木製作成琴，琴絃借助於優質的桐木可發出美妙的聲音。道德的完善是需要他人協助，成效的取得不是獨自就能達到的。

【研　析】個人的能力是有限的，事業的成功是有賴於志同道合的人共同努力的結果。《論語・里仁》：「子曰：德不孤，必有鄰。」作為社會中的一個分子，與他人協同作戰，是取得成功的保障，同時也可以大大增強自身的生存能力和拓展自身的生存空間。

二八 無涵養❶之功，一開口動身便露出本象，說不得你有灼見真知。無保養之實，遇外感內傷依舊是病人，說不得你有真傳口授。

【注釋】❶涵養 指道德、學問等方面的修養。

【語譯】平常不注重道德學問等方面的修養，一開口說話和有一舉一動，就會露出自己的本來面目，不在乎你有什麼真知灼見。平常不重視身體的保養，遇到外來的感染而出現內傷，依然成為病人，不在乎你得到了真傳口授的保養方法。

【研析】日常注重道德學問的修煉和身體保養，就是為了增強自身的表現力和免疫力。一言一行，一舉一動，可知你的修養品位，可知你的健康信息，也就決定著你的社交世界順利與否。

二九 磨墨得省身克己❶之法，膏筆得用人處事之法，寫字得經世宰物❷之法。

【注釋】❶省身克己 檢查自身過失，克制自己非分之想。❷經世宰物 經世，治理國事。又指閱歷世事。宰物，從政治民，掌理萬物。

【語譯】磨墨可以悟得省身克己的方法，蘸筆可以悟得用人處事的方法，寫字可以悟得從政治民的方法。

【研　析】有些道理，人們是可以從一些表面似乎不相關的事中悟得，就在於其行事的方法或策略有相同點，所以說做一個有心人，你會有所得的。

三〇　或問：「士希賢、賢希聖、聖希天，何如？」❶曰：體味之不免有病，士、賢、聖皆志於天，而分量有大小，造詣有淺深者也。譬之適長安者，皆志於長安，其行有疾遲，有止不止耳。若曰跬步❷者希百里，百里者希千里，則非也。故造道❸之等必由賢而後能聖，志之所希，則合下❹便欲與聖人一般。

【注　釋】❶或問三句　宋周敦頤《通書・志學》云：「聖希天，賢希聖，士希賢。」❷跬步　半步；跨一腳。❸造道　謂提高品德修養。❹合下　即時；當下。

【語　譯】有人問道：「士人效法賢人、賢人效法聖人、聖人效法上天，是怎麼回事？」我回答說：仔細體會這種說法，不免覺得有不對，士人、賢人、聖人都是有志效法於上天的人，只是分量有大小、造詣有淺深之別罷了。譬如前往長安的人，心中想著的就是長安，而其行走有快有慢，有休息有不休息。如果說開始行走半步的人是希望能達到百里，走了百里的人希望能達到千里，這種說法是不對的。所以說希望提高品德修養的人必然是由達到了賢人的目標而後才能達到聖人的境界，志向希望所要達到的，眼下就像與聖人一樣。

【研 析】理想和抱負，是人們力圖達到的目標，向聖賢看齊，就有了奮鬥的動力，至於最終能否實現自己的心願，那是另外的事。至少努力，本身就是一種實現，而潛移默化的作用，已使你時有增益，精神的境界日趨高尚。

三一 言教不如身教之行也，事化❶不如意化之妙也。事化信，信則不勞而教成；意化神，神則不知而俗變。螟蛉❷語生，言化也；鳥孚❸生，氣化❹也；鱉思生，神化也。

【注 釋】❶事化 治道教化。❷螟蛉 螟蛾的幼蟲，泛指棉蛉蟲、菜粉蝶等多種鱗翅目昆蟲的幼蟲。又蜾蠃常捕螟蛉餵它的幼蟲，古人誤認為蜾蠃養螟蛉為己子。後因以為養子的代稱。❸孚 禽鳥伏卵育雛，孵化，後作「孵」。❹氣化 指陰陽之氣的變化。又指陰陽之氣化生萬物。也指物質從液態轉化為氣態的過程。

【語 譯】用語言說教不如用自身的行為去教育，通過人治達到教化不如以精神薰陶達到教化絕妙。人治達到教化是為取信於民，百姓信任了就不需要付出更多的艱辛而取得教化；精神薰陶達到教化的神妙，達到了神妙境界就會不知不覺而使風俗改變。螟蛉用語言教化而生，這是言語的教化；烏是孵卵而生，這是陰陽二氣的教化；鱉是用意念而生，這就是神靈的教化。

【研　析】精神層面的潛移默化的作用，往往是高於其他方面的人為作用，人們的精神境界提高了，則其自律自覺的意識也會增強。所以說強調品德學問的修養，就是不斷地完善自己的精神世界。

三二　只一條線把緊要機括❶提掇得醒，滿眼景物都生色，到處鬼神都響應。

【注　釋】❶機括　弩上發矢的機件。比喻治事的權柄或事物的關鍵。又指機關，機械發動的部分。

【語　譯】只需一根線把主要機關控制住，就會覺得滿眼景物都是鮮明生動，就連處處的鬼神也會響應聽從。

【研　析】人們都看過傀儡戲，只需控制好手中的線，一場精彩的表演就會呈現在眼前，活靈活現。同樣的道理，在處理事務、解決問題時，能抓住關鍵，就能控制大局，調動一切有效的資源，使進程朝既定的目標發展，達到目的應該是沒問題的。

三三　地以一氣噓萬物而使之生，而物之受其氣者，早暮不同，則物之性殊也，氣無早暮；夭❶喬❷不同，物之體殊也，氣無夭喬；甘苦不同，物之味殊也，氣無甘苦；紅白不同，物之色殊也，氣無紅白；榮悴不同，物之稟遇殊也，氣無榮悴。盡吾發育之力，滿物各足之分量，順吾生植❸之道，聽其取足之多寡，如此而已，聖人之治天下也亦然。

【注釋】❶夭　指短命。❷喬　高，指長壽。❸生植　生育繁殖。

【語譯】大地用同一氣使萬物呼吸而使它們生育，而萬物受其氣有早晚的不同，是萬物的特性有了差別，氣本身是沒有早晚之別的；有短命和長壽的不同，是萬物的體態有了差別，氣本身是沒有壽夭之別的；有甜與苦的不同，是萬物的味道有了差別，氣本身是沒有甜與苦之別的；有紅與白的不同，是萬物的顏色有了差別，氣本身是沒有紅與白之別的；有繁榮和枯萎的不同，是萬物的遭遇有了差別，氣本身是沒有繁榮和枯萎之別的。大地之氣只是竭盡生長萬物的能力，滿足萬物各自足夠需求的分量，順從生育繁殖的自然規律，聽憑萬物取用自足，如此這般罷了，聖人治理天下也是這樣的。

【研析】大地孕育生長萬物，是順其自然，至於萬物在壽命、顏色、形態等方面千差萬別，那是由於物體本身特性所決定的，而大地對它們是一視同仁的。治理天下也應如此，人為的作用過多，就會影響或改變事物原有的進程，破壞其自然法則，反過來也會產生副作用，甚至危害人類社會本身的健康發展。

三四　口塞而鼻氣盛，鼻塞而口氣盛，鼻口俱塞，腹悶而死。治河者不可不知也，故欲其力大而勢急，則塞其旁流；欲其力微而勢殺也，則多其支派；欲其蓄積而有用也，則節其急流。治天下之於民情也，亦然。

【語　譯】嘴口被堵塞而鼻孔出氣就會增多，鼻孔被堵塞而嘴口出氣就會增多，鼻孔嘴口都被堵塞，腹部就會覺得憋悶而死。治理河流的人不可不懂這個道理，因此欲使水勢大而流勢猛，就把旁流堵塞；欲使流水微弱而沒有強勢，就增多其支流；欲使河水蓄積以備有用，就節制其急流。治理天下，應對民情，也是這樣。

【研　析】對待民情，就像治理河流一樣，該疏導的時候就疏導，該堵塞的地方就堵塞。如果百姓有怨難訴，有恨難洩，對統治者來說就很危險了。

三五　木鐘撞之也有木聲，土鼓擊之也有土響，未有感而不應者，如何只是怨尤？或曰：「亦有感而不應者。」曰：「以髮擊鼓，以羽撞鐘，何應之有？」

【語　譯】即使是木製的鐘，撞之也會發出木質的聲音；即使是土製的鼓，擊之也會發出土質的響聲，未有感物相撞擊而沒有回應的，為什麼只是怨天尤人呢？有人就問：「也有感物相撞擊而沒有回應的。」回答說：「用毛髮敲打鼓，用羽毛撞擊鐘，怎麼會有反應呢？」

【研　析】來自外物的作用，就會產生相應的反應，不能因為自己付出而未見到回報，就怨天尤人，就認為這是對自己的不公正。殊不知，有時回報是要時間的。

三六　四時之氣先感萬物而萬物應，所以應者何也？天地萬物一氣也，故春感而糞壤❶氣升，雨感而礎石❷先潤，磁石❸動而鍼轉，陽燧❹映而火生，況有知乎？格天動物❺，只是這個道理。

【注　釋】❶糞壤　穢土，又指拌有肥料的灰土。❷礎石　柱下石礅。❸磁石　磁鐵礦的礦石，即天然的吸鐵石。❹陽燧　古代利用日光取火的凹面銅鏡。❺格天動物　感通上天，感動萬物。

【語　譯】四時之氣先感應萬物而後萬物才有反應，那麼又會有什麼樣的反應呢？天地間萬物是同一氣孕育而成的，所以有感春天到而冀壤土氣升，有感雨水降而礎石會先濕潤，有感於磁石動而指針作相應地轉動，有感陽燧照映陽光而產生火苗，何況作為有知識的人呢？感通上天，感化萬物，說的就是這個道理。

【研析】天地間的萬事萬物都是互相關聯的，彼此間有著千絲萬縷的聯繫，存在著因果關係，古人講相生相剋，說的就是這個道理。

三七 器械，與其備二之不精，不如精其一之為約，一而精之，萬全之慮也。

【語譯】工具，與其準備二件都不精製的，不如準備一件精製的為簡約有用，一旦是精製的，可保萬全無慮。

【研析】《論語・衛靈公》孔子云：「工欲善其事，必先利其器。」工具精製與否，決定著任務是否能如期完成，能否達到優質。工具貴在精製耐用，不在多少，如果在關鍵時候不能發揮作用，其所導致的後果，有可能是致命的。用人也是如此，選賢任能，在精不在多。

三八 我之子，我憐之；鄰人之子，鄰人憐之；非我非鄰人之子，而轉相鬻育，則不死為恩矣。是故公衙不如私舍之堅，驛馬❶不如家騎之肥，不以我有視之也。苟擴其無我之心，則垂永逸❷者不憚今日之一勞，惟民財與力之可惜耳，奚必我居也？懷一體者當使芻牧❸之常足，惟造物生命之可憫耳，奚必我乘也？嗚乎！天下之有我久矣，不獨此一二事也，學者須要打破這藩籬，纔成大世界。

【注　釋】❶驛馬　驛站供應的馬，供傳遞公文者及來往官員使用。❷永逸　長久安逸。南朝梁任昉〈為蕭揚州薦士表〉：「求賢暫勞，垂拱永逸。」❸芻牧　割草放牧。

【語　譯】我的孩子，我憐愛他們；鄰人的孩子，鄰人憐愛他們；既不是我的孩子，也不是鄰人的孩子，而被輾轉買賣養育，沒有死掉，已經是莫大的恩惠了。所以說官府衙門不如私家房屋堅固，驛站的馬不如家養的馬膘肥健壯，這是由於不被視作我所有的原故。如果能擴展無私之我心，那麼希望長久安逸的人也不懼怕今天的一次辛勞，只是可惜了百姓的財物與勞力罷了，又何必為我一人占有呢？心懷萬物一體的人即使是家畜也會令它們滿足，只是覺得造物主所孕育的生命之體均可憐愛，何必是只為我一人所乘坐呢？哎！天下之人有私心由來已久，不獨這一二件事，學者必須要打破心中的公私界限，才能在心中裝下整個大世界。

【研　析】心中有「我」，就會有私心。俗云人不為己，天誅地滅，這是極端的思想，不可取。不過能摒棄私心，處處做到大公無私，是要付出努力甚至是代價的。先天下之憂而憂，後天下之樂而樂，這種胸懷應是現代人所具有的。

三九　膾炙之處，蠅飛滿几，而太羹❶玄酒❷不至，膾炙日增，而欲蠅之集太羹玄酒，雖驅之不至也，膾炙徹而蠅不得不趨於太羹玄酒矣。是故返朴還淳，莫如崇儉而禁其可欲。

【注釋】❶太羹　不和五味的肉汁。❷玄酒　參見卷下〈廣喻〉第二則注釋❶。

【語譯】肉菜擺放的案几上，蒼蠅飛滿，而祭祀用的太羹、玄酒則沒有蒼蠅，肉菜每天增加，而想要蒼蠅飛集到太羹、玄酒上，即使驅趕它們也不會去，肉菜撤離，而蒼蠅不得不飛到太羹、玄酒上了。所以說返歸質樸淳厚之風，莫如崇尚儉樸而約束自己的欲望。

【研析】欲望太多，就會招致很多不必要的麻煩。克制自己的欲望，節儉樸素，不僅有助於身心的健康，還會提高自己的思想境界。

四〇　駝負百鈞，蟻負一粒，各盡其力也；象飲數石，鼷❶飲一勺，各充其量也；君子之用人，不必其效之同，各盡所長而已。

【注釋】❶鼷 小鼠。

【語譯】駱駝負重可達百鈞，螞蟻負重只是一粒，它們是各盡其力；大象可飲數石，鼷鼠只飲一勺，它們是各盡其量；君子選用人才，不必要求達到同樣的成效，只是各盡所長罷了。

【研析】人才是各有所長的，因此不能用同一個標準作為選用人才的依據，否則就會失去人才，龔自珍「不拘一格降人才」的呼喚，至今仍有其現實意義。

四一 古人云：「聲色❶之於以化民，末也。」這個「末」好容易底，近世聲色不行，動大聲色，大聲色不行，動大刑罰，纔濟得一半事，化不化全不暇理會。常言三代之民與禮教習，若有奸宄❷，然後麗刑❸，如腹與粟菽，偶一失調，始用藥餌。後世之民與刑罰習，若德化，不由日積月累，如孔子之三年，王者之必世❹，驟使欣然向道，萬萬不能。譬之剛腸硬腹之人，服大承氣湯三五劑始覺，而卻以四物四君子補之，非不養人，殊與疾悖，而反生他症矣。却要在刑政中兼德禮，則德禮可行，所謂兼攻兼補，以攻為補，先攻後補，有宜攻，有宜補，惟在劑量。民情不拂不縱始得，噫！可與良醫道。

【注釋】❶聲色　指美好的聲音與顏色。也指疾言厲色。❷奸宄　違法作亂的事情。也指違法作亂的人。❸麗刑　觸犯刑法。麗，通「罹」。❹孔子之三年二句　《論語・子路》云：「子曰：苟有用我者，期月而已可也，三年有成。」又云：「子曰：如有王者，必世而後仁。」期月，一年。世，三十年。

【語譯】古人云：「用疾言厲色教化百姓，這是下策。」這種下策很容易被採用。近來疾言厲色不奏效，動不動就用更加嚴厲的言辭和態度，更加嚴厲的言辭和態度不能奏效，就動用嚴酷的刑罰，這樣也只起一半的作用，至於百姓是否得到教化完全無暇理會。人們常說夏、商、周三代的百姓習慣禮儀教化，至於做了違法作亂的事情，觸犯了刑罰，如同肚裡吃了粟菽，是偶然一次的失調，用藥餌治療即可。後世的百姓習慣了刑罰，至於用道德教化，也不是日積月累的結果，如同孔子所云三年才大有成效，又云稱王天下者必然是三十年後才能施行仁政，而馬上就以為百姓會欣然趨從於王道，這是萬萬不可能的。譬之腸腹剛硬的人，服用大承氣湯三五劑才會有效，又卻以人參、白朮、茯苓、甘草四君子湯藥進補，不但不養人，藥性與疾病也絕然相違背，反而會誘生其他疾病。要在使用刑法政令中兼用道德和禮教，道德和禮教就可施行，所謂既能達到治療疾病又能補益，有的可以用治療達到進補，有的可以先治療後進補，有的只適宜治療，有的只適宜進補，只在劑量的控制。處理民情，既不排斥，也不放縱，這才稱得上了解民情，哎！這個道理只可與良醫談。

【研　析】刑法政令和道德禮教是文明社會中共存的兩種施政方法，道德的感化，禮教的學習，可以提高人們遵紀守法的自覺性，而刑法政令只是迫不得已採用的手段而已。如果把嚴酷的刑法政令作為統治百姓的主要手段，那麼失去民心的日子不會太遠了。

四二　得良醫而撓之，與委庸醫而聽之，其失均。

【語　譯】遇到良醫而阻撓他醫治，與把病人交給庸醫而聽任擺布，其危害是同樣的。

【研　析】不分是非，不知好歹，這是令人悲哀的事。

四三　以莫耶❶授嬰兒而使之御虜，以繁弱❷授蒙瞍❸而使之中的❹，其不勝任，授者之罪也。

【注　釋】❶莫耶　即莫邪，傳說春秋吳王闔廬使干將鑄劍，鐵汁不下，其妻莫邪自投爐中，鐵汁乃出，鑄成二劍。雄劍名干將，雌劍名莫邪。後世因用作寶劍名。❷繁弱　古代良弓名。❸蒙瞍　盲人。❹的　箭靶的中心；目標。

【語　譯】把莫耶寶劍交給嬰兒而使之防禦敵人，把繁弱一樣的良弓交給盲人而使之射向箭靶，他們是不能勝任的，這是授予者的罪過。

【研　析】作為官員，不能識用人才，用人為非，是會給國家造成損失、給百姓帶來災難的。

四四　齊有南北官道，洿下❶者里餘，雨多行潦❷，行者不便，則傍西踏人田行，行數日而成路。田家苦之，斷以橫墻，十步一堵，堵數十焉。行者避墻更西，踏田愈廣，數日又成路。田家無計，乃蹲田邊，且罵且泣，欲止欲訟，而無如多人何也。或告之曰：「墻之所斷，已成棄地矣，胡不仆墻而使之通，猶得省於墻之更西者乎。」予笑曰：更有奇法，以築墻之土墊道，則道平矣，道平，人皆由道，又不省於道之西者乎？安用墻為？越數日，道成，而道傍無一人跡矣。

【注　釋】❶洿下　低窪。❷行潦　溝中的流水。

【語　譯】山東有一條南北大道，其間低窪處長一里多，雨水多時滿是流水，行人覺得不方便，就靠著西邊踏踩人家的田地行走，行走數日而成了一條路。田家為此而苦惱，用橫牆阻斷通路，十步堵一截，共有數十截。行人為了避開牆，向更西的方面繞行，踩踏的田地就愈廣，數日間又踩成了一條路。田家沒有對策，就蹲在田邊，一邊怒罵，一邊哭泣，想阻卻行人，又想起訴，卻對如此多的人沒辦法。有人告訴他說：「被牆隔斷的地方，已成為廢棄之地，為什麼不推倒牆而使之成為通道，還能避免行人踩踏於牆外更西的田地。」我笑著說：還有更奇妙的方法，以築牆之土墊在道路上，那麼道路就平坦了，道路平坦，行人都會走在路上，這不又節省了道路西邊的田地嗎？哪裡需要砌牆呢？過了幾天，道路修成，道傍再沒有一個行人的足跡。

【研析】解決問題，要找到切實有效的方法，而不是腳痛醫腳，頭痛醫頭，這只是權宜之計，要從根本上解決，還是要講究策略的。

四五　君子之教人也，能妙夫因材之術，不能變其各具之質。譬之地然，發育萬物者，其性也，草得之而為柔，木得之而為剛，不能使草之為木而木之為草也，是故君子以人治人，不以我治人。

【語譯】君子教育人，最好的方法是因材施教，不改變各自的本質。譬如大地，使萬物孕育生長，這是它的本性，草長在地上而柔軟，木長在地上而剛硬，大地不能使草變成木和木變成草，所以君子是根據其人的具體情況而施教，不會根據自己的情況而施教。

【研　析】因人施教，因材施教，是使人才健康成長的保障。

四六　羊腸❶之隘，前車覆而後車協力，非以厚之也。前車當關❷，後車停駕，非惟同緩急，亦且共利害，為人也，而實自為也。嗚呼！士君子❸共事而忘人之急，無乃所以自孤也夫。

【注　釋】❶羊腸　比喻狹窄曲折的小路。❷當關　守關。❸士君子　周制，「士」指州長、黨正，「君子」指卿、大夫和士，指上層統治人物。又指有學問而品德高尚的人。也泛指讀書人。

【語　譯】如羊腸般狹窄的小道，前邊的車子翻了而後邊的車子合力幫助，並不是因為它們關係密切。前邊的車子阻擋，後邊的車子就會停止不前，不僅是處在同樣快慢的狀況中，而且也是共處利害關係，為別人著想，而實際是為了自己。哎！士君子與人共事而忘別人的難處，這恐怕是造成自己孤立的原因。

【研　析】人們不是孤立地生活在這個世界上，能處理好人際關係是件快樂的事，與人方便，與己方便，互惠互利，這是明智之舉。

四七　石不入水者，堅也；磁不入水者，密也。人身內堅而外密，何外感之能入？物有一隙，水即入一隙；物虛一寸，水即入一寸。

【語譯】石頭進不了水，是因為質地堅實；磁塊進不了水，是因為質地緊密。人身體內裡堅實而外表緊密，外來的感染怎麼能侵入？物體有一縫隙，水就會從這一縫隙滲入；物體有空處一寸，水就會從這一寸處進入。

【研析】能知道自己的長處，這是不難的，難的是能明白自己的短處在什麼地方，否則，就會給自己帶來不必要的麻煩，俗云蒼蠅不叮無縫的蛋。

四八　頸檠❶一首，足荷七尺，終身由之而不覺其重，固有之也。使他人之首枕我肩，他人之身在我足，則不勝其重矣。

【注釋】❶檠　燈盞，又指有腳的盤碟。

【語譯】鳥獸形燈盞的頸部上托著一個頭，雙腳支撐著七尺長的身軀，終身這樣而不覺得其重，本來就是如此。假使他人的頭枕在我的肩上，他人的身體放在我的腳上，就不堪其負重啦。

【研析】鳥獸形燈盞之所以沒有負重的感覺，是因為它沒有生氣。而人是鮮活的，有知覺，所以即使絲毫的不舒服，也會有反應。

四九　不怕炊不熟，只恐斷了火。火不斷時，煉金煮砂可使為水作泥，今冷竈清鍋，却恁空忙作甚？

【語　譯】不怕煮飯煮不熟，只恐怕火滅了。火不滅時，煉金可以熔化成水，煮砂可以變化成泥，如今是冷灶清鍋，卻還那麼空忙著幹什麼呢？

【研　析】火候到了，什麼事都好辦，趁熱打鐵，解決問題的效率就會高些。

五〇　一人入餅肆，問：「餅直❶幾何？」館人曰：「餅一錢一枚。」食數餅矣，錢如數與之，館人曰：「餅不用麵乎？應麵錢若干。」食者曰：「是也。」與之。又曰：「不用薪水乎？應薪水錢若干。」食者曰：「是也。」與之。又曰：「不用人工乎？應人工錢若干。」食者曰：「是也。」與之。歸而思於路，曰：「吾愚也哉，出此三色錢，不應又有餅錢矣。」

【注　釋】❶直　即「值」。

【語　譯】一人進餅店，問道：「餅要多少錢？」店裡人說：「餅是一錢一塊。」吃了數塊餅，如數付了錢，店裡人說：「做餅不用麵嗎？還應付麵錢若干。」吃的人說：「這是對的。」把錢付了。又說：「不用木柴和水嗎？應付木柴和水錢若干。」吃的人說：「這是對的。」把錢付了。又說：「不用人工費用嗎？應付人工費用若干。」吃的人說：「這是對的。」把錢付了。回去在路上思慮著：「我真愚笨啊，出了這三份錢，不應該另付餅錢了。」

【研　析】如今有一個挺流行的詞語叫「忽悠」（唬弄），被忽悠了，還得感謝人家，等明白過來後，卻已事過境遷，付之一笑罷了，這個故事就是如此。

五一　以佳兒易一跛子，子之父母不從，非不辨美惡也，各有所愛也。

【語　譯】用一個健康的孩子換一個腿瘸了的孩子，後者的父母不聽從，他們不是不明辨美惡，而是各自有所鍾愛。

【研　析】自己所喜歡的，就是有價值的，不在乎別人怎麼看。敝帚自珍，何況是親生骨肉呢？

五二　發去木一截，作神櫝一，鏡臺一，脚桶一。錫五斤，造香爐一，酒壺一，溺器一❶。

【注釋】❶發去木一截八句　此段文字似不全，按六卷本其後尚有一節文字，云：「此造物之象也。一段之木，五斤之錫，初無貴賤榮辱之等，賦畀之初無心，而成形之後各殊，造物者亦不知莫之為而為耳。木，造物之不還者，貧賤憂戚，當安於有生之初；錫，造物之循環者，富貴福澤，莫恃為固有之物。」

【語譯】用木頭一截，製作神龕一個，鏡臺一個，腳桶一個。用錫五斤，製造香爐一個，酒壺一個，溺器一個。

【研析】同樣一塊材料，因製作成不同的器具，就有了等級之分，高貴者如神龕、香爐，低賤者如腳桶、溺器，其本質是一樣的，只是人為製成了外形和功用不一的東西而如此。人也是如此，因身分地位的變化，就有了貴賤高低之別。

五三　某嘗入一富室，見四海奇珍山積，曰某物予取諸蜀，某物予取諸越，不遠數千里，積數十年以有今日。謂余：「公有此否？」曰：「余性無所嗜，設有所嗜，則百物無足而至前。」問：「何以得此？」曰：

「我只是積錢。」

【語譯】我曾經到一富人家，看見四海奇珍寶物如山堆積，自云某種東西是從四川得到的，某種東西是從越地得到的，不遠數千里，積數十年的積累，才有今天。對我說：「你有這些嗎？」回答說：「我天性沒有嗜好，如果有所嗜好，即使有百種也不足以拿到這裡。」他問道：「如何得到這些？」回答說：「我只是積攢些錢物罷了。」

【研析】有錢可以提高生活的質量，但錢多了可能就會助長奢侈浪費之風，就會形成畸形的消費心理。

五四　弄潮於萬層波面，進步於百尺竿頭。

【語譯】敢於萬層波濤的海面戲弄潮頭，敢於百尺高的竹竿上頭更進一步。

【研析】在大海上戲弄潮頭，在百尺竿頭表演，這是份專業技藝，光膽子大是不夠的，技藝越高超，表演也就越精湛。

五五　人之手，無異於己之手也，腋肋足底，己摸之不癢，而人摸之則癢。補之齒不大於己之齒也，己之齒不覺塞，而補之齒覺塞。

【語譯】別人的手，無異於自己的手，但腋下腳底，自己手摸之不覺癢，而別人的手摸之就覺得癢。修補的牙齒不會比自己的牙齒大，自己的牙齒不會覺得塞物，而修補的牙齒會覺得塞物。

【研析】屬於自己的，就不會有陌生感，就不會有特異的感覺。不是屬於自己的，擱在自己身上，就會有不適之感，這是本能的反應。

五六 四脚平穩，不須又加搘❶墊。

【注釋】❶搘 支撐；支持。

【語譯】四腳站立平穩，就不須另增加支撐墊襯的東西。

【研析】本來就很穩固了，若增加支撐墊襯的東西，反倒不穩固了。多此一舉的事，是現實生活中常有的，說白了就是欠考慮。

五七 只見倒了墻，幾曾見倒了地？

【語　譯】只看見牆倒了，何時看見地倒了？

【研　析】牆倒了是因為品質出了問題，在外來因素的作用下，如洪水、狂風、地震等就會如此，但支撐牆體的大地是不會倒的，就在於大地渾然一體，沒有可供被攻擊的死穴。

五八　無垢子浴面，拭之以巾，既而洗足，仍以其巾拭之，弟子曰：「舛矣，先生之用物也，即不為物分清濁❶，豈不為身分貴賤乎？」無垢子曰：「嘻！汝何太分別也？足未濯時，面潔於足，足既濯時，何殊於面？面若不浴，面同於足，潔足汙面，孰貴孰賤？」余謂弟子曰：「此禪宗❷也。」分別與不分別，此孔釋之所以殊也。

【注　釋】❶清濁　清水與濁水。比喻人事的優劣、善惡、高下等。❷禪宗　佛教宗派名。又名佛心宗或心宗，以印度菩提達摩為初祖。禪宗之名稱始於唐代。由達摩而慧可、僧璨、道信，至第五世弘忍門下，分成北方神秀的漸悟說和南方慧能的頓悟說兩宗。但後世唯南方頓悟說盛行，主張不立文字，直指人心，頓悟成佛。

【語　譯】無垢子洗臉，用毛巾擦拭，不久又洗腳，仍然用那塊毛巾擦拭，弟子說：「先生錯了，你使用東西，就不分好壞，難道不為身體分個貴賤嗎？」無垢子曰：「哎！你為什麼要太講究分別呢？未洗腳時，臉比腳乾淨，腳既洗過了，跟臉又有什麼差別呢？臉如果不洗，臉與腳相同，如果是腳乾淨而臉有汙垢，那麼誰高貴誰低賤呢？」我對弟子說：「這就是禪宗。」分別與不分別，這就是儒家與佛家之所以有差別啊。

【研　析】儒家主張入世，功利性較明確。佛家主張出世，四大皆空，也就無所謂分別了。

五九　兩家比舍而居，南鄰牆頹，北鄰為之塗埴丹堊❶而南鄰不歸德，南鄰失火，北鄰為之焦頭爛額❷而南鄰不謝勞。

【注　釋】❶丹堊　塗紅刷白，泛指油漆粉刷。堊，一種白色土。又指粉刷的牆壁。❷焦頭爛額　形容被火燒傷得很嚴重，也指犧牲慘重。

【語　譯】兩家相鄰而住，南邊鄰居那邊的牆有些破敗，北邊鄰居為之修補粉刷，但南鄰的並不感恩戴德，南邊鄰居失火，北鄰為之焦頭爛額而南鄰並不感謝慰勞。

【研　析】真心地幫助他人，並不是要求回報，如果帶著要人感恩戴德的心去幫助人，這份愛心會大大地打折扣的。

六〇　喜者大笑而怒者亦大笑，哀者痛哭而樂者亦痛哭，歡暢者歌而憂思者亦歌，逃亡者走而追逐者亦走，豈以形論心哉？

【語　譯】高興的人大笑，而憤怒的人也大笑；悲哀的人痛哭，而快樂的人也痛哭；歡暢的人歌唱，而憂思的人也歌唱；逃亡的人跑，而追趕的人也跑，難道僅憑藉外在的表現而議論人心嗎？

【研　析】同樣的情感表現，卻因人員的不同，或時間的不同，或環境的不同等而內涵有別，人心難知，外在的表現往往會迷惑人，所以評議他人需要知面又知心，而知心最難。

六一　二商渡江，俱挾重貲❶，舟滿載重而不已也，中流遇風，舟子曰：「須減舟中之十二，始無恐，不然，不沉則覆。」一商曰：「我奇貨可惜，無堪棄者。」一商從之，得達岸，一商竟溺焉，人貨俱喪。其達岸者悔曰：「可惜減吾千金。」怨舟子，舟子曰：「不見某乎？」曰：「彼命當死，減亦死，我命不當死，不減亦不死。」乃向舟子索償。

【注　釋】❶貲　貨物；錢財。

【語　譯】二位商人渡江，都挾帶著貴重的財物，船中盡可能滿載著重物才罷手，到了中途遇風，船家說：「必須減少船中貨物的十分之二，才不會恐懼，不然的話，就算船不沉也會翻了。」一位商人說：「我珍貴的貨物丟了可惜，這樣我會受不了的。」另一位商人聽從了船家的話，到了岸，一位商人竟然溺死了，人和貨物都沒了。而到達岸上的商人後悔地說：「可惜損失了我千金的貨物。」就埋怨船家，船家說：「你沒見那位不願丟貨物的商人嗎？」這位商人說：「他的命本該死，丟了貨物也是死，我的命不應該死，即使不減少貨物也不死。」就向船家索取賠償。

【研　析】錢財是身外之物，而要錢不要命的卻大有人在。至於上述故事，可謂好了傷疤忘了痛，不到黃河心不死的事是很常見的。

六二　抱得不哭孩兒易，抱得孩兒不哭難。

【語　譯】抱著不哭的孩子容易，但抱著孩兒不讓他哭就難了。

【研　析】孩子鬧人，不能打，不能罵，這是最令人頭痛的事。處理人事，往往也是如此，講究策略就很重要。

六三　疥癬❶雖小疾，只不染在身上就好，一到身上，難說是無病底人。

【注　釋】❶疥癬　疥與癬均為皮膚感染黴菌後引起的一種疾病。也指疥癬一類的疾患。

【語　譯】疥瘡與癬雖然是小毛病，只要不傳染在自己身上就好。一旦傳染到身上，很難說不是病人。

【研　析】小的毛病，若不以為然，任其發展，就有可能引起大的問題，甚至是致命的。小心駛得萬里船，謹慎是必要的。

詞章

一　六經❶之文，不相師也，而後世不敢軒輊。後之為文者，吾惑矣，擬韓臨柳❷，效馬學班❸，代相祖述，竊其糟粕，謬矣。夫文以載道❹也，苟文足以明道，謂吾之文為六經可也，何也？與六經不相叛也，否則發明申、韓❺之學術，飾以六經之文法，有道君子以之覆瓿❻矣。

【注　釋】❶六經　六部儒家經典，即《詩》、《書》、《禮》、《樂》、《易》、《春秋》。漢以來無《樂經》，或以為《樂》毀於秦始皇焚書。❷擬韓臨柳　模仿韓愈及柳宗元。韓，韓愈（西元七六八—八二四年），字退之，唐河內河陽（今河南孟州）人。自謂郡望昌黎，世稱韓昌黎。唐代古文運動的倡導者，為唐宋八大家之首，與柳宗元並稱「韓柳」，著有《韓昌黎集》等。柳，柳宗元（西元七七三—八一九年），字子厚，河東解（今山西運城）人，世稱「柳河東」、「柳柳州」，與唐代的韓愈、宋代的歐陽修、蘇洵、蘇軾、蘇轍、王安石和曾鞏，並稱「唐宋八大家」。著有《柳河東全集》。❸效馬學班　仿效司馬遷、班固。馬，司馬遷（西元前一四五或一三五—前八十七？年），字子長，西漢夏陽（今陝西韓城，一說山西河津）人。編寫中國第一部紀傳體通史《史記》（原名《太史公書》）。班，班固（西元三十二—九十二年），字孟堅，扶風安陵（今陝西咸陽東北）人。除蘭臺令史，遷為郎，典校祕書，潛心二十餘年，編撰成《漢書》。❹文以載道　又作「文以明道」，強調文章是用來闡明道的。意思是說「文」像車，「道」像車上所載之貨物，通過車的運載，可以達到目的地。文學也就是傳播儒家之「道」的手段和工具。這種文學觀念偏重於文學的教化目的。韓愈和柳宗元都主張文以明道，韓愈重在提倡「古道」，以恢復自魏、晉以後中斷了的儒家道統；柳宗元比較注重治世之道，從社會需要出發，重在經世致用。❺申韓　戰國時法家申不害和韓非的並稱，後世以「申韓」代表法家，也稱作申韓之學。申不害（約西元前三八五—前三三七年），亦稱申子，河南新鄭人。戰國時期韓國著名的思想家。他在韓為相十九年，使韓國走向國治兵強。韓非（約西元前二八〇—前二三三年），戰國晚期韓國（今河南新鄭）人，戰國法家思想的集大成者。有《韓非子》一書。❻覆瓿　比喻著作毫無價值或不被人重視。

【語　譯】六經所載的文章，彼此間不互相因襲，而後世也不敢評其優劣。後世寫作文章的人，我感到很迷惑，模擬韓愈和柳宗元，仿效司馬遷和班固，代代相互祖述，剽竊前人的糟粕，真是荒謬啊。文章是用來宣傳儒家的思想，如果文章足以宣明儒家道統，把我們的文章稱作六經也是可以的，為什麼這麼說呢？這是因為思想內容與六經不相違背，否則就是宣揚申不害、韓非子的學術，用六經的文法來粉飾，有道君子認為這是毫無價值的東西。

【研　析】儒家經典是中國封建王朝官方哲學思想的代表著作，因此，凡與儒家思想相左的，就會被視為離經叛道。明代擬古風氣盛行，詩文剽竊模仿前人成為時尚，沒有自己的思想，詩文也成了沒有生氣的軀殼，更不要說是宣揚儒家的思想，這對維護政權的統治者來說，是危險的。

二 一先達❶為文，示予令改之，予謙讓，先達曰：「某不護短，即令公笑我，只是一人笑，若為我回護，是令天下笑也。」予極服其誠，又服其智。嗟夫！惡一人面指，而安受天下之背笑者，豈獨文哉？豈獨一二人哉？觀此可以悟矣。

【注釋】❶先達 有德行學問的前輩。

【語譯】一位德行學問極高的前輩把寫好的文章給我看，並讓我修改，我謙讓不敢，他說：「我絕不護短，即使讓你笑我，也只是一人的嘲笑，如果替我祖護，這是讓天下人恥笑我。」我很佩服他的真誠，又心服他的英明。哎！厭惡一個人當面指錯，而安心受天下人背後的恥笑，難道僅僅是文章嗎？難道僅僅是一二個人嗎？觀此可以明白這個道理。

【研析】自己所作的文章，能得到他人的審讀修改，應該感到慶幸。問題是很多人是不會這樣做的，或是自視太高，或是自信心不足，因此留下的遺憾也是不少的。

三　古今載籍之言，率有七種：一曰天分語，身為道鑄，心是理成，自然而然，毫無所為，生知安行之聖人？二曰性分語，理所當然，職所當盡，務滿分量，斃而後已，學知利行之聖人？三曰是非語，為善者為君子，為惡者為小人，以勸賢者。四曰利害語，作善降之百祥，作不善降之百殃，以策眾人。五曰權變語，托詞畫策以應務。六曰威令語，五刑❶以防淫。七曰無奈語，五兵❷以禁亂。此語之外，皆亂道之談也，學者之所務辨也。

【注　釋】❶五刑　五種輕重不等的刑法，所指不一。秦以前為：墨、劓、剕、宮、大辟。又秦漢時為：黥、劓、斬左右趾、梟首、菹其骨肉。又隋唐以後為：死、流、徒、杖、笞。❷五兵　五種兵器，所指不一。又泛指各種兵器，或泛指軍隊。

【語　譯】古今書籍的言語，大概有七類：一是天分語，此身為傳習道統而鑄成，內心想到的即可成為道理，自然而然，毫無做作，這是生來就知道並從容不迫地實行的聖人。二曰性分語，依理應當這樣做，並應當盡自己的職責，滿心地盡自己的義務，直到死才停止，這是後天學而知之並有利即實行的聖人。三曰是非語，行善是君子，做惡成小人，用這個來勉勵人們向聖賢看齊。四曰利害語，行善會降臨百種吉祥，行不善會降臨百種災殃，用這個來鞭策眾人。五曰權變語，就是依假託之詞策劃計謀以應對事務。六曰威令語，制定五種刑法以防備行為放肆過度。七曰無奈語，用軍隊以禁防動亂。以上七種言語之外，都是危害儒家道統的言談，學者務必要辨別。

【研　析】儒家思想是古代中國的統治思想，儒家的著作典籍以及發明儒家思想的文章是其文獻基礎。凡與儒家思想相左的言論，就被視為異端邪說，不利於統治者，應當受限制或被禁止。

四　愁紅怨綠，是兒女語；對白抽黃❶，是騷墨語；嘆老嗟卑，是寒酸語；慕羶附腥，是乞丐語。

【注　釋】❶對白抽黃　指詩文對偶句講究詞性相對，如名詞與名詞對、動詞與動詞對等，諸如此類。又同類詞性的還可細化，如表顏色的字詞、植物用詞等之間的相對。

【語　譯】對紅花綠葉而傷情愁怨的是兒女情語，用白對黃的是騷人墨客的駢偶語，嘆老嗟卑的是寒酸語，滿是對腥羶味傾慕的是乞丐語。

【研　析】使用的詞語不同，表現的內容就不同，體現的風格也不同。因此，讀其文可以知其人。

五　艱語深辭，險句怪字，文章之妖而道之賊也，後學之殃而木之災❶

也。路本平而山谿之，日月本明而雲霧之。無異理，有異言；無深情，有深語，是人不誠而是書不焚，有世教❷之責者之罪也。若曰其人學博而識深，意奧而語奇，然則孔、孟之言淺鄙甚矣。

【注釋】❶木之災　古代印刷書籍，先是要用木料（一般是棗樹、梨樹）雕刻成印版，然後刷印成書。「木之災」是說印刷出版這類文章，純是浪費木材，對出版業來說也是災難。❷世教　指當世的正統思想、正統禮教。

【語譯】艱澀深奧的言辭，險峭怪異的字句，這是文章中的妖孽，又是道德的禍害，是後學者的災難，也是木版印書業的不幸。路本來是平坦的，而有山峰和溪流的阻礙；日月本來是明亮的，而有雲霧的遮蔽。沒有獨特的道理，卻有奇異的言語；沒有深厚的情感，卻有艱深的話語。對這種人不給予告誡，這類書不予以焚燒，負責當世教化的人應當受到譴責。如果說其人學問淵博而識見深刻，意旨深奧而語言奇特，那麼說孔子、孟子的言語就顯得非常浮淺鄙俗了。

【研析】以艱澀深奧的言辭、險峭怪異的字句來粉飾自己的孤陋淺薄，這是文壇常見的現象，不過能傳承千古，為後世楷模的，絕不屬於此類文章。

六　聖人不作無用文章，其論道則為有德之言，其論事則為有見之言，其敘述歌詠則為有益世教之言。

【語譯】聖人不作無用的文章，其闡明的道理就成為有德行的言論，其議論事務就成為有見識的言論，其敘述詩歌吟詠就成為有益當世教化的言論。

【研析】聖人是為造福於民而生的，因此他們不論說什麼，或是寫什麼，其目的就是一個，有益於國家，有益於社會，有益於百姓。

七　聖人作經，有指時物者，有指時事者，有指方事者，有論心事者，當時精意❶與身往矣，話言所遺，不能寫心之十一。而儒者以後世之事物，一己之意見，度之不得，則強為訓詁❷。嗚呼！漢、宋諸儒不生，則先聖經旨後世誠不得十一，然以牽合附會而失其自然之旨者亦不少也。

【注釋】❶精意　誠意，又指精深的意旨，又指精神。❷訓詁　對字句作解釋。

【語譯】聖人作經書，有記述當時事物的，有評議當時政事的，有談說地方事務的，有論說志趣情懷的，他們當時的精神意旨與其身軀一起消逝了，而他們遺留下來的話語，現存的著作中記載和反映其思想情感的不到十分之一。而儒者依據後世的事物，憑藉一己的意見，想到不能探得聖人的真情實意，就強求為之解釋。哎！如果沒有漢、宋時期的諸位儒者，先聖所著經書的旨意，後世所得確實不能達到十分之一，不過因牽強附會而失去其本來旨意的也有不少。

【研　析】聖人的著述和學說，得到後世儒者的代代口傳心授，才得以傳承光大。因歲月久遠等因素，難以明曉原話的旨意，後人的解說難免會走樣，至於穿鑿曲說也是大有人在的。要復原其本來面目，仍需努力。

八　聖人垂世，則為持衡❶之言；救世，則有偏重之言。持衡之言，達之天下萬世者也，可以示極；偏重之言，因事因人者也，可以矯枉。而不善讀書者，每以偏重之言垂訓，亂道也夫，誣聖也夫。

【注　釋】❶持衡　持秤稱物，比喻公允之言。

【語　譯】聖人垂誡世人的，就是公允的言論；挽救世道的，就有側重一方面的言論。公允的言論，傳至天下萬世，都可作為昭示的準則；側重一方面的言論，是針對具體的某事某人，可以糾正偏邪。而不善於讀書的人，常常是把側重一方面的言論作為垂示教訓，這是混亂聖道，誣蔑聖人啊！

【研析】聖人是千秋萬世人學習的楷模，其一言一行，都可以垂範後世。不過能正確地解讀聖人言論的精髓，並能靈活地運用，服務於社會，服務於百姓，這才是主要的。

九　自孔子時，便說史不闕文❶，又曰文勝質則史❷，把「史」字就作了一偽字看。如今讀史，只看他治亂興亡足為法戒❸，至於是真是偽，總是除外底。譬之聽戲文一般，何須問他真假，只是足為感創❹，便於風化有關。但有一樁可恨處，只緣當真看，把偽底當真，只緣當偽看，又把真底當偽，這裏便宜了多少小人，虧枉了多少君子。

【注釋】❶史不闕文　《論語．衛靈公》云：「子曰：吾猶及史之闕文也。」意思是說古代史書的記載，對有疑問的地方就空闕之，以待知者補寫。❷文勝質則史　《論語．雍也》：「質勝文則野，文勝質則史，文質彬彬，然後君子。」指既有文采，又很樸實，文華質樸配合得宜。史，虛飾；浮誇。❸法戒　楷式和鑑戒。❹感創　疑作「感愴」，感慨悲傷之意。

【語譯】自孔子那時起便說史書的記載不應有空闕的文字，又說文采勝於質樸就會虛浮，這裡把「史」字就作了一「偽」字看。如今閱讀史書的人，只看其中治亂興亡足以作為楷式和鑑戒，至於是真是假，總是不在思考範圍內的。譬如聽戲文一般，不必問故事的真假，只要足以感動人心，與風氣教化有關就行了。但是有一處令人覺得遺憾，只因為是把戲中演的故事當真的看，這就把假的當成真的；只因把它當假的看，又把真的當作假的。這樣就便宜了多少小人，冤枉了多少君子。

【研　析】人生大舞臺，每時每刻都在上演著一幕幕人世間的故事。戲曲又是人生的反映，作為文學作品，存在虛構是很正常的，不過「假作真來真亦假」，增強辨識能力，自然顯得很重要了。至於史書所載，一般認為是對歷史的忠實記錄，不過其間也有與事實不相符合者，有些因歷史久遠，已無從考核，但是真是假，還是可以明辨的。

一〇　文章有八要：簡、切、明、盡、正、大、溫、雅。不簡，則失之繁冗；不切，則失之浮泛；不明，則失之含糊；不盡，則失之疏遺；不正，則理不足以服人；不大，則失冠冕❶之體；不溫，則暴厲刻削❷；不雅，則鄙陋淺俗。廟堂文要有天覆地載❸，山林❹文要有仙風道骨❺，征伐文要有吞象食牛，奏對文要有忠肝義膽，諸如此類，可以例求。

【注　釋】❶冠冕　古代帝王、官員所戴的帽子。又指冠族、仕宦之家。又指體面、光彩。❷暴厲刻削　暴厲，凶暴乖戾；粗暴嚴厲。刻削，剪裁；刪節。又指造語工巧，文筆峻拔。❸天覆地載　形容範圍至大至廣，又是對帝王仁德廣被之讚頌。❹山林　借指隱居，或指隱居之地。❺仙風道骨　道教用語，謂有仙人及得道者的氣質神采。比喻超凡絕俗的品貌風度。

【語　譯】寫文章，有八方面的要求：簡潔、貼切、明晰、透徹、純正、宏大、溫潤、典雅。不簡潔，就會失之繁雜冗長；不貼切，就會失之浮淺虛誇；不明晰，就會失之敷衍含糊；不透徹，就會失之疏忽遺漏；不純正，所說的道理就不足以服人；不宏大，就會失去尊貴的體面；不溫潤，就會粗暴乖戾、工巧峻拔；不典雅，就會鄙俗淺陋。廟堂體文章要有讚頌帝王仁德廣被的內容，山林體文章要有仙風道骨的特色，征伐體文章要有吞象食牛的氣概，奏對體文章要有忠肝義膽的思想，諸如此類，可以類推。

【研　析】每一種文體，都有自己的特色，但它們都有一個共同點，即思想內容要純正，行文要明晰簡潔，或貼切透徹，或流暢通達，便於人們理解接受。

一一　《太玄》❶雖終身不看亦可。

【注　釋】❶太玄　西漢揚雄所撰，是模擬《周易》而創作的一部書。

【語　譯】《太玄》這部書即使終身不看也沒有什麼關係。

【研　析】《太玄》是模仿《周易》而創作的一部書，又稱《揚子太玄經》，簡稱《太玄》、《玄經》。如同《周易》一樣，《太玄》講述辯證法思想，認為陰與陽、因與革、寒與暑、禍與福都是相互轉化、對立統一的。內容十分艱澀，是儒、道、陰陽三家之說的混合體，全書以「玄」為中心思想，相當於《周易》的「易」、《老子》的「道」，作者藉此闡發自己的哲學思想。

一二　自鄉舉里選❶之法廢，而後世率尚詞章❷。唐以詩賦求真才，更為可嘆。宋以經義❸取士，而我朝因之。夫取士以文，已為言舉人矣，然猶曰言，心聲也。因文可得其心，因心可知其人。其文爽亮者，其心必光明，而察其粗淺之病；其文勁直者，其人必剛方，而察其豪悍之病；其文藻麗者，其人必文采，而察其靡曼❹之病；其文莊重者，其人必端嚴，而察其寥落之病；其文飄逸者，其人必流動，而察其浮薄之病；其文典雅者，其人必質實，而察其樸鈍之病；其文雄暢者，其人必揮霍，而察其跅弛❺之病；其文溫潤者，其人必和順，而察其巽軟❻之病；其文簡潔者，其人必修謹❼，而察其拘攣之病；其文深沉者，其人必精細，而察其隱險之病；其文沖淡❽者，其人必恬雅，而察其懶散之病；其文變化者，其人必圓通，而察其機械之病；其文奇巧者，其人必聰明，而察其怪誕之病；其文蒼老者，其人必不俗，而察其迂腐之病。有文之長而無文之病，則其人可知矣。文即未純，必不可棄，今也但取其文而已。見欲深邃，調欲新脫，意欲奇特，句欲飣餖⑨，鍛鍊欲工，態度欲俏，粉黛欲濃，面皮欲厚，是以舉業⑩之家，棄理而工辭，忘我而循世，剽竊湊泊，全無自己神情。口語筆端，迎合主司好尚，沿習之調既成，本然之天不露，而校文者亦迷於世調，取其文而忘其人，何異暗摸而辨蒼黃，隔壁而察妍媸，欲得真才，豈不難哉？隆慶戊辰，永城⑪胡君格誠登第，三場文字皆塗抹過多，西安鄭給諫大經⑫所取士也，人皆笑之。後余閱其卷，乃嘆曰：塗抹即盡，棄擲不能，何者？其荒疏狂誕，繩之以舉業，自當落地。而一段雄偉器度，爽朗精神，英英⑬然一世豪傑，如對其面，其人之可收，自在文章之外耳。胡君不羈之才，難挫之氣，吞牛食象，倒海衝山，司理⑭常州，佐海剛峯⑮，多所調停⑯，自非尋常庸眾人，惜也以不合世調，竟使沉淪。余因拈出，以為取士者不專在數篇工拙，當得之牝牡驪黃⑰之外也。

【注釋】❶鄉舉里選　古代選拔人才的一種方式，從鄉里中考察推薦。❷詞章　詩文的總稱。❸經義　科舉考試科目之一，宋代以經書中文句為題，應試者作文闡明其義理，故稱。明清沿用而演變成八股文。❹靡曼　華美；華麗。又指纖弱柔美、輕豔卑弱。又指奢侈淫靡。❺跅弛　放蕩不循規矩。❻巽軟　怯懦。❼修謹　謂行事或處世謹慎，恪守禮法。❽沖淡　指詩歌語言質樸，意境閒適恬靜。❾飣餖　將食品堆疊在盤中，擺設出來。比喻堆砌、雜湊。❿舉業　為應科舉考試而準備的學業，明清時專指八股文。⓫永城　今屬河南開封。⓬鄭給諫大經　鄭大經，字正之，西安（今浙江衢州）人。嘉靖丙辰進士，歷吏科都給事中、太僕寺少卿。給諫，唐宋時給事中及諫議大夫的合稱。⓭英英　俊美而有才華；奇偉的；傑出的。⓮司理　五代以來，諸州皆有馬步獄，以牙校充馬步都虞侯，掌刑法。宋太祖以為刑獄人命所繫，當選士流任之。開寶六年秋，敕改馬步院為司理院，以新進士及選人為之，掌獄訟勘鞫之事，不兼他職。元廢。明時用為對推事的別稱。⓯海剛峯　即海瑞（西元一五一五—一五八七年），字汝賢，號剛峯，廣東瓊山（今屬海南）人。明朝著名清官。為政清廉，潔身自愛。為人正直剛毅，直言敢諫，深得民心。⓰調停　居間調解，平息爭端。⓱牝牡驪黃　古代善相馬的伯樂年老，推薦九方皋為秦穆公訪求駿馬。三月後於沙丘求得之。穆公問為何馬，回答說是「牡而黃」，穆公派人去看，卻是「牝而驪」，於是責備伯樂。伯樂喟然嘆息說：「若皋之所觀，天機也。得其精而忘其粗，在其內而忘其外；見其所見，不見其所不見；視其所視，而遺其所不視。若皋之相馬，乃有貴乎馬者也。」意思是說九方皋所注意的是馬的風骨品性，那些外表他已不去留心，這正是他善於相馬的證明。等到馬取來，果然是天下稀有的良馬。後以「牝牡驪黃」比喻非反映事物本質的表面現象。

【語　譯】自從由鄉里推舉選拔人才的方法廢止，後世大多崇尚詩文。唐代通過考試詩賦以求取有真才實學的人，更令人稱嘆。宋朝通過考試經義錄取人才，我們明朝因襲宋朝科舉的制度。根據文章錄取人員，已經是通過言語推舉人才，然而這仍可以說是言語是心聲的表達。依據文章可以知道作者的心思，依據心思可以了解其人。其文章豪爽明亮的，其心必然是光明正大，要注意其粗淺的毛病；其文章堅勁挺直的，其為人必然是剛直方正，要注意其豪放強悍的毛病；其文章詞藻豔麗的，其為人必然是富有文采，要注意其纖弱輕豔的毛病；其文章典雅莊重的，其為人必然是端莊嚴謹，要注意其寂寥冷落的毛病；其文章清新飄灑的，其為人必然是靈動活潑，要注意其輕浮淺薄的毛病；其文章典重文雅者，其為人必然是質樸誠實，要注意其樸實愚笨的毛病；其文章雄壯奔放的，其為人必然是任意揮霍，要注意其放蕩不羈的毛病；其文章溫和柔潤的，其為人必然是和善溫順的，要注意其軟弱怯懦的毛病；其文章簡明扼要的，其為人必然是恪守禮法，要注意其拘束窘迫的毛病；其文章深刻持重的，其為人必然是精明能幹，要注意其表裡不一的毛病；其文章沖和閒淡的，其為人必然是恬靜文雅，要注意其懶惰散漫的毛病；其文章富於變化的，其為人必然是圓滑通達，要注意其呆板不靈的毛病；其文章奇異巧妙的，其為人必然是聰慧明智的，要注意其離奇荒誕的毛病；其文章雄健老練的，其為人必然是超脫不俗，要注意其迂腐的毛病。有上述文章的長處而無其弊病，那麼他的為人就可以知道了。文章即使不純正，也必然不可放棄，如今錄取人才只是看其文章罷了。見識要精深，格調要清新脫俗，意境要奇特，字句要堆垛，錘鍊文辭要工致，氣勢姿態要俊俏，粉黛要濃，面皮要厚，所以為應付科舉而學習的人，拋棄義理而專工文辭，忘掉自己的風格以迎合世俗的要求，剽竊拼湊，全然沒有自己的面目神情。口頭說的，筆頭寫的，都是為了迎合主考官的愛好和崇尚。相沿襲因循的格調已經形成，天賦的本性不再顯露，而審閱文章的人也被世俗的觀點所迷惑，只是根據文章錄取而不管其人品，這與在黑暗中摸索或辨識青色和黃色有什麼差別呢？隔著牆壁而識別美和醜，想要得到真正才能之士，豈不是件難事嗎？隆慶二年，永城縣胡格誠考中進士，所參加的三場文字都是塗改過多，卻被西安的鄭大經給諫所錄取，世人都恥笑這事。後來我審閱其試卷，就感嘆說：幾乎全是塗改，卻不能廢棄，這是為什麼呢？其荒疏狂妄怪誕，用科舉錄取的原則衡量，理應落選。而其器度雄偉非凡、精神爽朗、英俊傑出，是一世豪傑，就像在眼前，可以被錄取，而文章可能不符合要求。胡格誠負不羈之才，有難以挫敗的氣概，如吞牛食象的氣魄，可翻江倒海，衝破高山險阻。他曾為常州司理，輔佐海剛峯，多所平息事端，自非尋常庸俗的眾人可比，遺憾的是與世俗不合，竟然沉淪下屬。我因此舉他為例，作為負責錄取才能之士的人知道不只是依據數篇文章的精妙或拙劣，應當看到的表面現象之外的內在品質。

【研　析】俗云文如其人，意思是說通過詩文的閱讀，可以窺見作者的為人及其特性。一般來說，人都有自己的個性，這種個性可以從其言行舉止中透露出來，詩文也僅僅是其中一方面。國家通過考試詩文和經義錄取人才，而所寫的從內容形式等方面又需要符合程式化和規範化的要求，個性的張揚和表現就會被制約。有真才實學的未必能達標，而善於迎合投機的人卻高中榜首，以這種方式選用人才，要達到理想目標是不容易的。慧眼識英雄，這要靠主考官的眼光了。

一三　《左傳》❶、《國語》❷、《戰國策》❸，春秋❹之時文也，未嘗見春秋時人學三代。《史記》❺、《漢書》❻，西漢❼之時文也，未嘗見班、馬學《國》、《左》。今之時文，安知非後世之古文，而不擬《國》、《左》則擬《史》、《漢》，陋矣，人之棄己而襲人也。六經四書❽，三代以上之古文也，而不擬者何？習見也，甚矣！人之厭常而喜異也。余以為文貴理勝，得理，何古何今？苟理不如人，而摹仿於句字之間，以希博洽之譽，有識者恥之。

【注釋】❶左傳　是中國現存的第一部敘事詳細的編年體史書。原名《左氏春秋》，漢代改稱《春秋左氏傳》，簡稱《左傳》。相傳是春秋末年左丘明為解釋孔子的《春秋》而作。❷國語　是中國最早的一部國別史著作。記錄了周朝王室和魯國、齊國、晉國、鄭國、楚國、吳國、越國等諸侯國的歷史。❸戰國策　是一部國別體史書，主要記述了戰國時期的縱橫家的政治主張和策略，是研究戰國歷史的重要典籍。西漢末劉向編定為三十三篇，書名也是劉向所擬定。❹春秋　時代名。今多以周平王東遷至韓、趙、魏三家分晉（西元前七七〇—前四七六年）共二百九十五年，為春秋時代，是各諸侯國爭霸的時代。❺史記　司馬遷編寫，是中國第一部紀傳體通史。記載了上自上古傳說中的黃帝時代，下至漢武帝元狩元年（西元前一二二年）間共三千多年的歷史。❻漢書　又稱《前漢書》，東漢時期班固編撰，是中國第一部紀傳體斷代史，記載了上自西漢高祖元年（西元前二〇六年），下至新朝王莽地皇四年（西元二十三年），共二百三十年間的史事。❼西漢　朝代名，自劉邦稱帝（西元前二〇二年）起至王莽代漢（西元八年）止，共歷十二帝。建都長安（今陝西西安），因在東漢國都洛陽的西面，故稱西漢，又稱前漢。❽六經四書　六經，參見卷下〈詞章〉第一則注釋❶。四書，《論語》、《大學》、《中庸》、《孟子》的合稱。南宋理學家朱熹注《論語》，又從《禮記》中摘出〈中庸〉、〈大學〉，分章斷句，加以注釋，配以《孟子》，「四書」之名始立。

【語　譯】《左傳》、《國語》、《戰國策》，是春秋時流行的文章，未曾看見春秋時的人模擬夏、商、周三代的文章。《史記》、《漢書》，是西漢時流行的文章，未曾看見班固、司馬遷模擬《國語》、《左傳》。如今流行的文章，又怎知不被後世看作古文呢？而如今人們不是模擬《國語》、《左傳》，就是模擬《史記》、《漢書》，識見真是淺陋啊，這是拋棄了自己的思想而抄襲別人的東西。《詩》、《書》、《禮》、《樂》、《易》、《春秋》之六經和《論語》、《大學》、《中庸》、《孟子》之四書，是夏、商、周三代以上的古文，為什麼不去模擬呢？因為它們是常見的書。太過分了，人們厭惡常見的而喜歡怪異的。我認為文章貴在以說理取勝，只要符合義理，又何必在乎是古文還是今文？如果闡述義理不如前人，卻想靠摹擬前人的字句語氣，以期望獲得學識博洽的聲譽，必然被有見識的人所恥笑。

【研　析】明代文壇擬古之風盛行，文章模擬東西漢，詩歌模仿唐詩和漢樂府等，主張兩漢之後的文章、盛唐以後的詩歌不足觀，模擬抄襲，聯篇累牘，成了古人的傳聲筒，沒有自己的思想，如同僵屍一般。

一四　正大光明，透徹簡易，如天地之為形，如日月之垂象❶，足以開物成務❷，足以濟世安民，達之天下萬世而無弊，此謂天言。平易明白，切近精實，出於吾口，而當於天下之心，載之典籍，而裨於古人之道，是謂人言。艱深幽僻，弔詭❸探奇，不自句讀❹，不能通其文，通則無分毫會心之理趣；不考音韻，不能識其字，識則皆常行日用之形聲，是謂鬼言。鬼言者，道之賊也，木之孽❺也，經生❻學士之殃也，然而世人崇尚之者何？逃之怪異，足以文凡陋之筆，見其怪異，易以駭膚淺之目，此光明平易大雅君子為之汗顏泚顙❼，而彼方以為得意者也，哀哉！

【注釋】❶垂象　顯示徵兆。古人把某些自然現象附會人事，認為是預示人間禍福吉凶的跡象。《周易・繫辭上》：「天垂象，見吉凶，聖人象之。」❷開物成務　《周易・繫辭上》：「夫《易》，開物成務，冒天下之道，如斯而已者也。」指通曉萬物的道理並按這道理行事而得到成功。❸弔詭　奇異；怪異。❹句讀　古人指文辭休止和停頓處。文辭語意已盡處為句，未盡而須停頓處為讀。❺木之孽　參見卷下〈詞章〉第五則注釋❶。❻經生　漢代稱博士，掌經學傳授。又指研治經學的書生。❼汗顏泚顙　汗顏，臉上出汗，形容羞愧的樣子。泚顙，即泚額，額上冒汗，多用以表示羞愧。

【語　譯】正大光明，清徹簡易，如同天和地呈現出的各種形態，如同太陽和月亮顯現出各種的徵兆，足以啟示人們遵從事理以達到成功，足以救助世人、安撫百姓，通達於天下萬世而不會有弊病，這就是所說的天言。平易明白，貼切親近，精深樸實，自我口中出，而符合天下人的想法，記載於圖書中，有裨於古聖賢之道，就是所謂的人言。深奧難懂，幽隱孤僻，怪異離奇，自己都讀不通，不能明白其意思，即使通曉其意思，也沒有絲毫可使人領悟的義理和趣味；不考核音韻，不能識別其字義，即使能識別，也都是日常使用的形聲字，這就是所謂的鬼言。鬼言，是道義的危害，是木版印書業的災難，是讀書人的禍患，然而世人卻推崇重視它，這是為什麼呢？沉溺於怪異，足以粉飾文筆的平庸淺陋，看見怪異的文筆，容易用來使見識膚淺的人驚異，這種做法，作為光明正大、崇尚平易的大雅君子為之羞愧難當，而那些人正以為得意，可悲呀！

【研　析】就文章而言，天言就是指自然流暢的文筆，如行雲流水，內容高尚豐富，充滿魅力，為眾人所信服。鬼言是指刻意雕琢的文筆，故作艱深險怪，以文其淺陋平庸。而人言則是指大眾化的文筆，切近當時人的普遍閱讀習慣，反映的是世俗社會，充滿了人情味。

古籍今注新譯叢書

【哲學類】

新譯四書讀本　謝冰瑩等編譯
新譯學庸讀本　王澤應注譯
新譯論語新編解義　胡楚生編著
新譯孝經讀本　賴炎元等注譯
新譯易經讀本　郭建勳注譯
新譯乾坤經傳通釋　黃慶萱著
新譯易經繫辭傳解義　吳　怡著
新譯禮記讀本　姜義華注譯
新譯儀禮讀本　顧寶田等注譯
新譯孔子家語　羊春秋注譯
新譯老子讀本　余培林注譯
新譯帛書老子　趙　鋒注譯
新譯老子解義　吳　怡著
新譯莊子讀本　黃錦鋐注譯
新譯莊子讀本　張松輝注譯
新譯莊子本義　水渭松注譯
新譯莊子內篇解義　吳　怡著
新譯列子讀本　莊萬壽注譯
新譯管子讀本　湯孝純注譯
新譯墨子讀本　李生龍注譯
新譯公孫龍子　丁成泉注譯
新譯晏子春秋　陶梅生注譯
新譯鄧析子　徐忠良注譯
新譯荀子讀本　王忠林注譯
新譯尹文子　徐忠良注譯
新譯尸子讀本　水渭松注譯
新譯鬼谷子　王德華等注譯
新譯韓非子　傅武光等注譯
新譯呂氏春秋　朱永嘉等注譯
新譯韓詩外傳　孫立堯注譯
新譯淮南子　熊禮匯注譯
新譯春秋繁露　朱永嘉等注譯
新譯新書讀本　饒東原注譯
新譯新語讀本　王　毅注譯
新譯潛夫論　彭丙成注譯
新譯論衡讀本　蔡鎮楚注譯
新譯申鑒讀本　林家驪等注譯
新譯人物志　吳家駒注譯
新譯張載文選　張金泉注譯
新譯近思錄　張京華注譯
新譯傳習錄　李生龍注譯
新譯呻吟語摘　鄧子勉注譯
新譯明夷待訪錄　李廣柏注譯

【文學類】

新譯詩經讀本　滕志賢注譯
新譯楚辭讀本　傅錫壬注譯
新譯文心雕龍　羅立乾注譯
新譯六朝文絜　蔣遠橋注譯
新譯世說新語　劉正浩等注譯
新譯昭明文選　周啟成等注譯
新譯古文觀止　謝冰瑩等注譯
新譯古文辭類纂　黃　鈞等注譯
新譯樂府詩選　溫洪隆注譯
新譯古詩源　馮保善注譯
新譯千家詩　邱燮友等注譯
新譯詩品讀本　成　林等注譯
新譯花間集　朱恒夫注譯
新譯南唐詞　劉慶雲注譯
新譯唐詩三百首　邱燮友注譯
新譯宋詞三百首　汪　中注譯
新譯宋詞三百首　劉慶雲注譯
新譯元曲三百首　賴橋本等注譯
新譯明詩三百首　趙伯陶注譯
新譯清詩三百首　王英志注譯
新譯清詞三百首　陳水雲等注譯
新譯唐人絕句選　卞孝萱等注譯
新譯唐才子傳　戴揚本注譯
新譯拾遺記　石　磊注譯
新譯搜神記　黃　鈞注譯
新譯唐傳奇選　束　忱等注譯
新譯宋傳奇小說選　束　忱注譯
新譯明傳奇小說選　陳美林等注譯
新譯容齋隨筆選　朱永嘉等注譯
新譯明散文選　周明初注譯
新譯人間詞話　馬自毅注譯

新譯白香詞譜　劉慶雲注譯
新譯幽夢影　馮保善注譯
新譯菜根譚　吳家駒注譯
新譯小窗幽記　馬美信注譯
新譯圍爐夜話　馬美信注譯
新譯郁離子　吳家駒注譯
新譯歷代寓言選　黃瑞雲注譯
新譯賈長沙集　林家驪注譯
新譯揚子雲集　葉幼明注譯
新譯諸葛亮集　朱永嘉等注譯
新譯曹子建集　曹海東注譯
新譯建安七子詩文集　韓格平注譯
新譯阮籍詩文集　林家驪注譯
新譯嵇中散集　崔富章注譯
新譯陸機詩文集　王德華注譯
新譯陶淵明集　溫洪隆注譯
新譯江淹集　羅立乾等注譯
新譯庾信詩文選　歸　青注譯
新譯初唐四傑詩集　李福標注譯
新譯駱賓王文集　黃清泉注譯
新譯王維詩文集　陳鐵民注譯
新譯孟浩然詩集　楊　軍注譯
新譯李白詩全集　郁賢皓注譯
新譯李白文集　郁賢皓注譯
新譯杜甫詩選　張忠綱等注譯
新譯杜詩菁華　林繼中注譯
新譯高適岑參詩選　孫欽善等注譯

新譯昌黎先生文集　周啟成等注譯
新譯劉禹錫詩文選　閻　琦注譯
新譯柳宗元文選　卞孝萱等注譯
新譯白居易詩文選　陶　敏等注譯
新譯元稹詩文選　郭自虎注譯
新譯李賀詩集　彭國忠注譯
新譯杜牧詩文集　張松輝注譯
新譯李商隱詩選　朱恒夫等注譯
新譯范文正公選集　王興華等注譯
新譯蘇洵文選　羅立剛注譯
新譯蘇軾文選　滕志賢注譯
新譯蘇軾詞選　鄧子勉注譯
新譯蘇轍文選　朱　剛注譯
新譯曾鞏文選　高克勤注譯
新譯王安石文選　沈松勤注譯
新譯唐宋八大家文選　鄧子勉注譯
新譯柳永詞集　侯孝瓊注譯
新譯李清照集　姜漢椿等注譯
新譯陸游詩文選　韓立平注譯
新譯辛棄疾詞選　聶安福注譯
新譯歸有光文選　鄔國平注譯
新譯唐順之詩文選　馬美信注譯
新譯徐渭詩文選　周　群等注譯
新譯薑齋文集　平慧善注譯
新譯顧亭林文集　劉九洲注譯
新譯方苞文選　鄔國平等注譯
新譯袁枚詩文選　王英志注譯

新譯聊齋誌異全集　袁世碩等注譯
新譯聊齋誌異選　任篤行等注譯
新譯閱微草堂筆記　嚴文儒注譯
新譯浮生六記　馬美信注譯
新譯弘一大師詩詞全編　徐正綸編著

歷史類

新譯史記　韓兆琦注譯
新譯漢書　吳榮曾等注譯
新譯後漢書　魏連科等注譯
新譯三國志　吳樹平等注譯
新譯資治通鑑　張大可等注譯
新譯史記—名篇精選　韓兆琦注譯
新譯尚書讀本　吳　璵注譯
新譯尚書讀本　郭建勳注譯
新譯周禮讀本　賀友齡注譯
新譯逸周書　牛鴻恩注譯
新譯左傳讀本　郁賢皓等注譯
新譯公羊傳　雪　克注譯
新譯穀梁傳　顧寶田注譯
新譯春秋穀梁傳　周　何注譯
新譯戰國策　溫洪隆注譯
新譯國語讀本　易中天注譯
新譯說苑讀本　左松超注譯
新譯說苑讀本　羅少卿注譯
新譯新序讀本　葉幼明注譯
新譯吳越春秋　黃仁生注譯

新譯西京雜記　曹海東注譯
新譯列女傳　黃清泉注譯
新譯越絕書　劉建國注譯
新譯燕丹子　曹海東注譯
新譯東萊博議　李振興等注譯
新譯唐六典　朱永嘉等注譯
新譯唐摭言　姜漢椿注譯

宗教類

新譯金剛經　徐興無注譯
新譯高僧傳　朱恒夫等注譯
新譯碧巖集　吳　平注譯
新譯百喻經　顧寶田注譯
新譯楞嚴經　賴永海等注譯
新譯梵網經　王建光注譯
新譯法句經　劉學軍注譯
新譯六祖壇經　李中華注譯
新譯禪林寶訓　李中華注譯
新譯維摩詰經　陳引馳等注譯
新譯經律異相　顏洽茂注譯
新譯阿彌陀經　蘇樹華等注譯
新譯無量壽經　邱高興注譯
新譯無量壽經　蘇樹華注譯
新譯妙法蓮華經　張松輝注譯
新譯景德傳燈錄　顧宏義注譯
新譯大乘起信論　韓廷傑注譯
新譯釋禪波羅蜜　蘇樹華注譯

新譯八識規矩頌　倪梁康注譯
新譯永嘉大師證道歌　蔣九愚注譯
新譯華嚴經入法界品　楊維中注譯
新譯地藏菩薩本願經　李承貴注譯
新譯悟真篇　劉國樑等注譯
新譯无能子　張松輝注譯
新譯坐忘論　張松輝注譯
新譯列仙傳　張金嶺注譯
新譯抱朴子　李中華注譯
新譯神仙傳　周啟成注譯
新譯性命圭旨　傅鳳英注譯
新譯老子想爾注　顧寶田等注譯
新譯周易參同契　劉國樑注譯
新譯道門觀心經　王　卡注譯
新譯養性延命錄　曾召南注譯
新譯樂育堂語錄　戈國龍注譯
新譯沖虛至德真經　張松輝注譯
新譯長春真人西遊記　顧寶田等注譯
新譯黃庭經・陰符經　劉連朋等注譯

軍事類

新譯司馬法　王雲路注譯
新譯尉繚子　張金泉注譯
新譯三略讀本　傅　傑注譯
新譯六韜讀本　鄔錫非注譯
新譯吳子讀本　王雲路注譯
新譯孫子讀本　吳仁傑注譯

新譯李衛公問對　鄔錫非注譯

教育類

新譯爾雅讀本　陳建初等注譯
新譯顏氏家訓　李振興等注譯
新譯聰訓齋語　馮保善注譯
新譯曾文正公家書　湯孝純注譯
新譯三字經　黃沛榮注譯
新譯百家姓　馬自毅等注譯
新譯幼學瓊林　馬自毅注譯
新譯增廣賢文・千字文　馬自毅注譯
新譯格言聯璧　馬自毅注譯

政事類

新譯商君書　貝遠辰注譯
新譯鹽鐵論　盧烈紅注譯
新譯貞觀政要　許道勳注譯

地志類

新譯山海經　楊錫彭注譯
新譯水經注　陳橋驛等注譯
新譯佛國記　楊維中注譯
新譯大唐西域記　陳　飛等注譯
新譯洛陽伽藍記　劉九洲注譯
新譯徐霞客遊記　黃　珅注譯
新譯東京夢華錄　嚴文儒注譯